근대 일본
국가신도의
창출과
그 후

지은이

시마조노 스스무 島薗進, Shimazono Susumu

도쿄대학 문학부 종교학·종교사학과와 동 대학원 졸업 후 도쿄외국어대 일본어학과 조교수를 거쳐 1987년부터 2013년까지 도쿄대학 교수를 지냈다. 2013년부터 죠지(上智) 대학 교수. 『현대구제종교론』, 『정신세계의 행방』, 『현대종교의 가능성』, 『포스트모던 신종교』, 『시대 속 신종교』, 『생명시작의 생명윤리』, 『정신성의 융성』, 『종교학 세계명저 30선』, 『일본불교의 사회윤리』, 『명치대제의 탄생』, 『신종교를 묻는다』, 『전후 일본과 국가신도』, 『교양으로서의 신도』 등 다수의 저술이 있다.

옮긴이

최석영 崔錫榮, Choe Seok-yeong

공주사범대학교 역사교육과와 한국학중앙연구원 대학원 석사과정(한국사 전공)을 거쳐 일본 국립 히로시마대학에서 역사인류학 전공의 근대무속연구로 학술박사를 취득하였다. 이후 국립민속박물관 학예연구사와 단국대학교 동양학연구소 연구 조교수, 국립극장 공연예술박물관장(학예연구관)을 지냈다. 현재는 공주대학교와 경희대학교 후마니타스칼리지 강사로 활동하고 있다.
『전통의 창출과 날조』를 번역 출간한 이래『일제 무속론과 식민지권력』, 『일제 동화이데올로기의 창출』, 『일제의 조선연구와 식민지 지식의 생산』(우수도서), 『한국의 박물관 역사 100년』, 『일제의 조선 식민지고고학과 식민지 이후』 등의 저서와 『일본의 식민지와 인류학자』(우수도서), 『일본 국립박물관 탄생의 드라마』, 『근대 일본미술의 탄생』, 『일본 근대미술사 노트』, 『식민지 건축』 등의 역서가 있다. 공저로는『문화관광과 박물관』, 『전통창안과 문화변용』, 『博物館という装置』 등이 있다. 또한 박물관학 시리즈를 발간(현재까지 9권) 중에 있다.

근대 일본 국가신도의 창출과 그 후

초판인쇄 2024년 6월 3일 **초판발행** 2024년 6월 17일

지은이 시마조노 스스무 **옮긴이** 최석영

펴낸이 박성모 **펴낸곳** 소명출판 **출판등록** 제1998-000017호

주소 서울시 서초구 사임당로14길 15 서광빌딩 2층

전화 02-585-7840 **팩스** 02-585-7848

전자우편 somyungbooks@daum.net **홈페이지** www.somyong.co.kr

값 24,000원

ISBN 979-11-5905-872-1 93910

ⓒ 소명출판, 2024

國家

神　道

復　出

근대 일본
국가신도의
창출과
그 후

시마조노 스스무 지음
최석영 옮김

KKOKA SHINTO TO NIHONJIN

by Susumu Shimazono

ⓒ 2010 Susumu Shimazono

Originally published in 2010 by Iwanami Shoten, Publishers, Tokyo.

This Korean edition was published in 2024

by Somyong Publishing, Seoul

by arrangement with Iwanami Shoten, Publishers, Tokyo

옮긴이 일러두기

◎ 이 책은 2013년에 도쿄대학 교수를 정년퇴임한 후 현재 죠지(上智)대학 Grief Care연구소 소장으로 재직하고 있는 시마조노 스스무(島薗進, 1948~) 교수가 2010년에 저술한 『國家神道と日本人』(岩波新書 1259, 岩波書店)을 옮긴이의 주를 각주로 달아 완역한 것이다. 이 책의 제목은 원저의 취지와 의도를 살려 옮긴이가 붙인 것이다.
◎ 이 책은 일반교양을 높이는 데 취지를 두고 있는 이와나미신서(岩波新書 1259)의 문고판이다. 각주 등이 없고 다만 참고문헌만 제시되어 있었기에 독자의 이해를 돕기 위해 전문 역사 용어나 인명 등에 대해서는 옮긴이 역주를 달아 각주로 처리하였다.
◎ 본문 중 명치 · 대정 · 소화 등 연호는 각각 메이지 · 다이쇼 · 쇼와 등으로 표기했다.
◎ 찾아보기의 인명과 주제어는 번역 속성상 옮긴이가 뽑은 것이다.
◎ 본문 가운데 역주의 참고문헌 표기가 없는 경우에는 야후재팬 위키피디아(wikipedia)를 참고한 것이다.

국가신도[1]가 왜 문제인가

국가신도의 창가唱歌[2]를 외우는 일본인

일본인들은 '무종교無宗敎'라고 많이들 말한다. 확실히 많은 일본인은 오늘날 특정 종교의 가르침이나 예배에 익숙하지 않다고 말한다. 그러나 과연 일본인에게는 계속 '종교가 없었는가'. 단적으로

---

1 '국가신도'는 일본 근대사의 산물이다. 천황에 대한 숭경과 제사를 통한 국민통합은 메이지 정부의 중요한 과제 중 하나였다. 그런데 대일본제국헌법에서 신교(信敎)의 자유를 규정함으로써 메이지 정부로서는 천황 중심의 국가신도 체제를 구축하기 위한 여러 방안을 강구하지 않으면 안되었다. 황전강구소(皇典講究所), 도쿄제국대학의 신도학강좌(神道學講座), 이세신궁 내 황학관(皇學館) 등을 설치하여 신도를 연구한 결과, 국가신도의 '비종교론(非宗敎論)'이 주창됨으로써 제사와 종교 분리를 통해 제정일치가 구현될 가능성이 나타났다. 신도사무국에 속해 있던 신도계열 제종교(諸宗敎)의 별파독립(別派獨立)이 차례차례 승인을 받게 되었고 이러한 제종교는 교파신도(敎派神道)의 독립교파 또는 부속교회에 편성되었다. 교파신도 각 교단은 종교 차원의 신도로 자리매김이 되어 제사로 한정된 '비종교(非宗敎)', '초종교(超宗敎)'의 국가신도와 명확하게 구분이 되었다. 村上重良,『日本宗敎事典』, 講談社, 1988 참조.

2 창가는 일본 역사에서 1872년 학제 발포부터 1941년 '국민학교령' 발포까지 소학교의 교과목 가운데 하나였다. 그 과목은 일본의 대외전쟁과 관련한 인물, 비행기, 병사 등을 주제로 한 것, 애국(국기게양 포함)에 관한 주제 등을 포함하여 천황 중심의 통치와 전쟁을 미화하고 그것을 정당화하였다.

제2차 세계대전 이전에는 어떠하였는가. 제2차 세계대전 이전의 일본인에게는 '종교가 없었는가'. 이 문제를 푸는 열쇠의 하나는 '국가신도는 무엇인가'를 밝히는 일이다.

1890년에 교육칙어敎育勅語[3]가 발포되었다. 이것은 메이지 천황 明治天皇[4]이 교육의 근본이 되는 정신을 국민에게 내려준 '성스러운

3　흔히 일본 근대의 교육칙어와 박정희 정부의 국민교육헌장을 비교하기도 한다. 비교는 양자 간 영향 관계를 전제로 한다. 교육칙어는 본래 '교육에 관한 칙어' 가 정식명칭이다. 칙어라는 것은 천황의 정치, 행정 등에 대한 의사표시를 전달 하는 말하자면 천황의 '말씀'을 문서형식으로 공표한 것이다. 교육칙어는 당시 문부성대신 이노우에 코와시(井上毅)와 유학자 모토다 나가자네(元田永孚)가 기초한 것으로 알려져 있다. 1940년에 문부성에서 이를 알기 쉽게 현대어로 번 역한 것(「천황의 가르침을 기술한 뜻에 관한 협의회보고서(聖訓ノ述義ニ関ス ル協議会報告書)」)을 토대로 교육칙어 전문을 소개하면 아래와 같다.

짐(메이지 천황 – 역자)이 생각하기에, 우리 조상들이 국가를 창조하게 된 것은 매우 광원하고 덕을 세우신 것은 매우 깊고 두껍게 나타났으며 또 우리 신민은 충성에 힘쓰고 효도를 다하며 국가의 모든 사람이 모두 한마음으로 대대로 미풍을 만들어 왔다. 이것은 우리 국가 모습의 정 수이고 교육이 토대를 하는 바도 진실로 여기에 있다.

너희 신민은 부모에게 효행을 다하고 형제자매 간 우애를 좋게 하고 부부가 서로 화목하며 친구 서로 신의로써 교제하고 기분 내키는 대로 하지 말며 사람들에게 자애를 펼치도록 하고 학문을 닦고 업무를 배워 지식재능을 키우고 선량하고 쓸모 있는 인물이 되며 나아가 공공의 이익을 넓 혀 세상을 위한 일을 일으켜 늘 황실전범 및 헌법을 비롯하여 여러 법령을 존중 준수하고 만일 위 급한 큰일이 일어나면 대의에 토대하여 용기를 발휘하여 몸을 던져 황실국가를 위해 다하라.

이렇게 하여 신의 칙명대로 천지와 함께 한없는 보조(寶祚)의 영예를 받들어 도우라. 이와 같 은 것은 다만 짐에 대하여 충량스러운 신민일 뿐만 아니라 그것이 우선 너희들의 조상이 일으 킨 미풍을 확실히 나타내는 것이 된다.

여기에서 보여주는 길은 '실로 우리 조상들이 남긴 교훈이고 황조황종의 자손다운 사람 및 신 민이 되는 사람들이 함께 따라서 지켜야 할 것이다. 이 길은 고금을 관통하여 영구히 틀림없으 며 또 우리 국가는 본래부터 외국에서 이용해도 올바른 길이다. 짐은 너희 신민과 함께 이 길을 귀중하게 지켜서 모두 이 길을 체득 실천하기를 절실히 바란다.

1890년 10월 30일

가르침'이다. 이후 소학교[5]는 천황의 성스러운 가르침을 교육하는 공간이 되었다. 그로부터 제2차 세계대전 전까지 수십 년 동안 많은 일본인에게 신도적인 예배는 익숙한 것이었다. 이세신궁伊勢神宮[6]이나 황거皇居[7]를 바라보고 머리를 숙이고 야스쿠니신사靖國神社(정국신사)[8]나 메이지신궁明治神宮[9]을 찾아 절을 하며 천황의 초상 사진眞

---

4   1852~1912. 메이지 정부의 천황으로서 재위 기간은 1867년 2월 13일부터 1912년 7월 30일까지였다.

5   1872년 학제(學制) 발포로 시작되었고, 1941년 3월 1일, 칙령 제148호로 '국민학교령'이 발포되기 이전까지의 초등교육기관이었다.

6   이세신궁은 일본 미에현(三重縣) 이세시(伊勢市)에 있는 신궁으로 정식명칭은 지역 이름이 없이 신궁으로 통한다. 메이지시대부터 제2차 세계대전 전까지 모든 신사 위에 존재하는 신사로서 사격(社格) 밖의 존재였다. 이 신궁에는 아마테라스 오미카미를 제사하는 황대신궁(皇大神宮)과 의식주를 지켜주는 신 도요우케 오미카미(豊受大御神)를 제사 지내는 도요우케대신궁과 같이 정궁 2개가 있다. 보통 전자를 내궁, 후자를 외궁으로 부른다.

7   일본 천황의 거주공간으로서 도쿄 치요다쿠(千代田區)에 있다. 메이지시대 이후의 황거는 에도시대의 도쿠가와 쇼군(德川將軍)들이 거주하고 있던 에도성(江戸城) 터에 있다. 따라서 에도성 터 일대를 보통 황거로 부른다.

8   도쿄도 치요다쿠 쿠단기타(東京都千代田区九段北)에 있는 신사로 메이지 천황에 의하여 세워진 초혼사(招魂社)에서 그 유래를 찾을 수 있다. 근대 일본의 대내외 전쟁(무진전쟁, 서남전쟁, 청일전쟁, 러일전쟁, 만주사변, 중일전쟁 등)의 전몰자들의 영혼을 제사 지내는 신사이다. 다른 신사처럼 현세 이익(現世利益)을 구하는 기능보다는 '위령(慰靈)'이 그 주된 목적으로 전쟁을 정당화하려는 정치인들의 참배로 정치 문제를 불러일으키고 있는 신사이기도 하다. 赤澤史朗,『戰歿者合祀と靖國神社』(吉川弘文館, 2015) 참조.

9   일본 도쿄 시부야쿠(渋谷区)에 있는 신사로 메이지 천황과 쇼켄황태후(昭憲皇太后)를 제신으로 하는 신사이다. 내원과 외원으로 나누어져 있고 특히 내원에는 일본 국내뿐만 아니라 일제의 통치하에 있던 조선과 대만으로부터도 헌목(獻木)된 365종, 약 12만 수의 나무가 심어졌다. 근대 일본에서 처음으로 천황의 죽음과 함께 신사 건립의 발언이 나왔고 이를 유치하기 위한 지역 간 경쟁 속에서 결국 도쿄에 신궁을 조영하게 되었다. 제2차 세계대전 이전에는 이 메이지

影(진영)[10]과 교육칙어 앞에서 머리를 숙였다. 이것은 국가신도를 숭배하고 존경하는 양식에 따르는 셋이었다. '국가신도'라는 단어의 문제는 제2장에서 다시 검토하겠지만, 그것은 천황과 국가를 공경하는 국민으로서의 결속과 일본의 신에 대한 숭배와 존경을 서로 연결하여, 신앙생활의 중심축이 된 신도 형태이다. 제2차 세계대전 이전에는 많은 일본인은 국가신도의 영향을 받으면서 생활하였고 그 숭배와 존경 양식에 익숙해 있었다.

다이쇼大正(대정) 시대[11] 후반에 태어난 나의 부모 세대는 2월 11일 기원절紀元節[12]에 소학교에서 불렀던 다음과 같은 창가를 줄줄 외우고 있었다. 우리도 어린 시절 그 창가를 들었던 기억이 있다.

신궁의 정치적 기능도 커서 메이지신궁을 기념하는 행사(마라톤, 축구, 야구 등)들이 열리기도 하였다. 山口輝臣, 『明治神宮の出現』, 吉川弘文館, 2005 참조.

10　일본에서 천황의 초상사진이나 초상화를 지칭한 단어로 1890년 교육칙어가 발포된 이후에는 학교에 배포되어 천황과 동일시되어 최대 경의로 취급되었다. 1920년대부터는 봉안전(奉安殿)에 보관되기에 이르렀다.

11　다이쇼 천황의 재위 기간은 1912년 7월 30일부터 1926년 12월 25일까지이다.

12　1873년에 일본의 대표적인 역사서 『고사기(古事記)』나 『일본서기(日本書紀)』에서 일본의 초대 천황으로 되어 있는 진무 천황(神武天皇)의 즉위일 2월 11일이 경축일로 정해져 제2차 세계대전 이전 일본의 4대 경축일 가운데 하나였는데 1948년에 연합군 총사령부(GHQ)에 의하여 폐지되었다. 제2차 세계대전 이전에는 일본 국내뿐만 아니라 일본의 식민지 조선과 대만에서도 기원절 행사는 성대하게 치러졌다. 이 행사 때에 불렀던 기원절 노래는 가인(歌人) 다카자키 마사카제(高崎正風)가 작사하였고 교육가 이자와 슈지(伊沢修二)가 작곡한 것으로 1888년에 발표되어 1893년 문부성에 의하여 축일대제의 창가로 선정되었다. 그러나 1966년에 그 날을 '건국기념의 날'로서 일본 국가의 경축일로 정하여 그다음 해부터 적용되었다. 이로써 제2차 세계대전 이전과 그 이후의 천황 중심의 국가적 역사가 단절되지 않고 연속적으로 이어지고 있다.

구름 속에 솟아있는 다카치호高千穗(고천수)[13]의, 높은 산 위에서 불어 내려오는 바람에 풀도 나무도 너울거리고 천황의 치세오미요(大御世)를 우러러보는 오늘이야말로 즐거워라.다카자키 마사카제(高岐正風(고기정풍)) 작사, 이자와 슈지(伊澤修二(이택수이))[14] 작곡

아이들은 '다카치호'는 아마테라스 오미카미天照大神[15]의 혈통을 잇는 천손天孫 니니기노미코토瓊瓊杵尊(경경저존)[16]가 하늘에서 내려온 휴가日向(일향), 미야자키현의 산이라고 교육을 받았다. '오미요大御世'는 니니기노미코토의 자손으로서 만세일계萬世一系[17]의 천황, 즉 황조황종皇祖皇宗을 잇는 천황이 다스린 세상을 말한다. 그러나 이 창가의 중심은 휴가가 아니라 아스카飛鳥, 奈良縣(나라현)이다. 이 노래의 세 번

---

13 일본 미야자키현과 가고시마현 사이에 있는 다카치호봉은 아마테라스 오미카미의 손 니니기노미코토(瓊瓊杵尊)가 통치를 위해 강림했다고 하는 산으로 되어 있다. 기원절의 노래에도 구름에 우뚝 솟은 다카치호가 묘사되어 있어 일반 사람들 사이에 이 봉이 널리 알려지게 되었다. 이로써 천손강림의 지역을 미야자키현 북부의 다카치호마을에 비정하기도 하였다.

14 1851~1917. 메이지시대 일본의 교육가, 문부 관료로서 특히 음악교육에 힘을 기울였다. 미국유학을 거쳐 일본에 서구의 음악교육을 도입하였고 대만총독부 민정국 학무부장 대리를 역임하였다.

15 아마테라스 오미카미는 일본 신화상 주신(主神)으로서 등장하며, 여신으로 해석되며, 천상의 나라 다카마가하라(高天原)를 통치하는 주재신으로 황조신(皇祖神)으로 되어 있다. 아마테라스 오미카미는 『고사기』와 『일본서기』에서 태양신과 무녀의 성격을 함께 가지는 존재로 묘사되어 있다.

16 아마테라스 오미카미의 손자로 3종의 신기(구슬, 거울, 칼)를 가지고 다섯 부족과 함께 휴가(日向) 다카치호(高千穗)의 구지후루타케(久土布流多氣) 봉우리로 내려왔다. 박규태, 『신도와 일본인』, 이학사, 2017, 27쪽.

17 영원히 하나의 계통이 계속된다는 것으로 황실과 황통(皇統)에 대해서 말할 때 사용하는 단어이다.

째는 초대 천황 진무 천황神武天皇의 즉위를 기술하고 있다.

아마츠天津(천진) 히츠기日嗣(일사)의 천황의 자리. 천대 만대 움직임 없이.
토대가 정해지고 그 신을 우러러보는 것만으로 즐거워라.

"아마츠 히츠기"는 아마테라스 오미카미의 신칙神勅[18]에 의하여
천황 자리를 이어받는 사람, "천황의 자리"는 계승될 만한 천황의
옥좌玉座를 가리킨다. "토대가 정해지고 그 신을"이라는 것은 진무
천황이 최초의 천황으로서 제정일치의 통치를 시작한 그 처음을
말한다. 신화상 존재 진무 천황이 즉위하였다고 하는 곳에 카시하
라신궁橿原神宮(강원신사)[19]이 처음 세워진 것 또한 1890년의 일이다.

국가신도는 신사神社와 함께 아니 그 이상으로 학교까지 퍼졌다.
기원절에 한정되지 않고 제2차 세계대전 이전의 축제일에는 대개
천황이 거주하는 황거에서 중요한 천황 제사가 거행되었다. 황실
신도·신사신도·학교 행사가 국가신도의 주요한 의례 장소였다.
아이들은 교육칙어나 수신과修身科[20]나 역사 수업을 통해서 '만세

---

18 아마테라스 오미카미(天照大神)가 니니기노미코토(瓊瓊杵尊)를 아시하라(葦
    原)로 내려보낼 때 신보(神宝)와 함께 건넨 말.
19 일본 나라현(奈良県) 카시하라시(橿原市)의 우네비야마(畝傍山)의 구루메쵸
    (久米町)에 있는 신사로 『고사기』와 『일본서기』에서 초대 천황으로 되어 있
    는 진무 천황과 황후를 제사 지내기 위해 진무 천황의 궁이 있었다고 하는 이
    곳에 카시하라신궁 창건에 대한 민간 차원의 청원을 메이지 천황이 받아들여
    1890년 4월 2일 관폐대사로서 창건되었다.
20 1890년 교육칙어 발포부터 1945년까지 일본의 소학교와 국민학교에서 가르

일계'의 천황 통치를 찬미하는 국체國體사상[21]이나 천황 숭경의 가르침에 익숙하였다.

신도와 신사는 같지 않다

신도神道를 신사神社와 신직神職[22]과 그 숭경자崇敬者의 종교로 자주 오해를 하고 있다. 이것은 신도를 좁게 이해했기 때문이다. 신도는 일본 각지에 뿌리를 내린 신들에 대한 신앙을 널리 포함한다. 신사참배 외의 형식으로, 예를 들어 천황 숭경의 형식으로 신들에 대한 신앙이 장려되고 힘을 받는 경우도 많다. 실제 천황 숭경은 그야말로 국가신도를 이끌어가는 주요 견인차였다. 국가신도는 신사 외의 공간, 특히 근대국가의 구성원에게 익숙한 학교나 국민 행사나 대중매체를 통해 퍼져 나갔다. 그것은 에도江戸 시대에 그 형태가 굳혀진 국체론國體論을 근거로 국민국가와 함께 만들어진 신

친 교과목의 하나로 도덕교육 교과이다.

21 국체라는 것은 일본 근대정치사에서 등장하는 용어로 국가의 근본체제를 가리킨다. 국체론은 대일본제국헌법과 교육칙어에서 공식화된 것이다.

22 칸누시(神主)는 본래 신사에서 신직의 장을 가리킨 것이었으나 현재는 신직과 같은 의미로 사용되고 있다. 신칸(神官)은 제사를 주관하는 직업으로 제2차 세계대전 전에는 이세신궁의 '신궁사청(神宮司庁)'의 것에 한해서만 그렇게 불렸다. 1946년 11월 3일에 공포된 일본국헌법 시행 이후 신도는 국가관리로부터 분리되었기 때문에 신관은 존재하지 않는다. 에도시대까지는 모노기미(物忌), 기미코(忌子) 등의 이름으로 여성의 역할이 있었고 다른 업무에서도 여성 신직이 있었다. 그러나 유교 사상의 영향을 받은 메이지 정부의 종교정책에 의하여 여성 신직은 없어졌다. 그 후 제2차 세계대전 후 1946년에 남녀동권(男女同權) 사상과 신사의 후계자 문제(주로 전쟁 중 신직의 전사, 장기간 미귀환 등)로 다시 여성신직이 인정되기에 이르렀다.

들어가기 | 국가신도가 왜 문제인가 9

도의 새로운 형태였다.

그러면 신도의 오랜 역사에 비추어 보면 국가신도는 어떠한 위치에 있었는가. 민간의 신도는 신도라고도 말할 수 없는 것 같은, 형태가 뚜렷하지 않은 민속종교로 이어져 왔고 그 기원은 알기 어렵다. 역사 이전의 야요이彌生(미생)시대, 아니 죠몬繩文(승문)시대[23]부터 시작하였는지 모른다. 이것을 '고신도古神道'라 부르는 사람도 있다.

그러나 황실皇室신도·궁정宮廷신도에 대해서는 어느 정도 그 기원을 말할 수 있다. 7세기가 끝날 무렵부터 8세기 초 무렵 덴무天武(천무) 천황, 치토持統(지통) 천황 등의 시대에 당나라의 국가체제를 본떠서 국가의례[24]나 법[25] 체계가 정비되었고, 궁정신도의 기초가 마련되었다. 그런데 중세가 되어서는 불교가 우세하게 되자, 궁정신도는 일본열도 여러 지역의 주민 생활과 관련성이 희박하여, 눈에 띄지 않게 되었다. 이것을 국가 중심에 자리를 잡으려고 한 것이 국체론이나 제정일치론祭政一致論이었고 에도江戶시대에 이를 높여 메이지 국가의 기본 이념으로 삼았다.

---

23 일본 역사상 죠몬시대(繩文時代) 다음의 시대가 야요이시대로 야요이토기(弥生土器)등의 특징을 보인 기원전 3세기부터 기원후 3세기까지이다. 또 이 시기에는 청동기나 철기, 수도(水稻) 경작 등의 특징도 나타나고 있었다. 야요이시대부터 농경문화가 시작됨에 따라서 정착 거주 생활이 이루어졌다. 참고로 야요이토기라는 명칭은 1884년 도쿄 분쿄쿠(文京區) 야요이쵸(彌生町)에 있던 무코우가오카(向ヶ丘) 패총에서 호형(壺形)토기가 발견된 데에서 붙여졌다.

24 관사제(官社制)와 신기관(神祇官)을 가리킨다. 박규태, 『신도와 일본인』, 이학사, 2018 참조.

25 율령법을 말한다. 위의 책 참조.

제2차 세계대전 후 GHQ^{연합국군최고사령관 총사령부}는 일본의 군국주의나 초^超국가주의는 종교의 존재 방식과 깊은 관련이 있었다고 생각하였다. 특히 정교^{政敎} 관계에 큰 문제가 있었다고 보고 일본인을 무모한 침략전쟁으로 내몬 종교와 이데올로기의 악영향을 제거하지 않으면 안 된다고 판단하여 손을 급히 대려고 하였다. 그래서 1945년 12월 15일에 이른바 '신도지령^{神道指令}'26이, 1946년 1월 1일에 이른바 '천황의 인간 선언'이 이루어졌다.

국가신도의 가르침에서 일본인론^{日本人論}으로

이렇게 국가신도는 '해체'되었다고 이해해 왔다. 오히려 일본인론이 크게 논의뙤있고 일본인의 '무종교'나 민간 신도로 대표되는 '고유신앙', '자연종교'야말로 일본인 종교의 변하지 않는 기반이라는 논의가 활발하게 이루어지게 되었다. 제2차 세계대전 이전에는 국가신도나 국체론에 비추어서 일본인으로서 자기 이해를 해왔는데, 일본인론은 그 부족한 부분을 메꾸는 것 같은 의의를 띠게되었다고 말할 수 있을 것이다.

그러나 이 지령에서 말하는 "국가신도"는 '국가 제사 기관으로서 특별한 지위를 부여받은 신사신도'라는 좁은 범주로 한정되어 있다. '해체'된 것은 국가와 신사신도의 결합이었고, 황실 제사는 대충 유지되었다. 그 후 황실 제사와 신사신도의 관계를 회복하

---

26 1945년 GHQ는 일본 정부에게 국가신도의 폐지, 정치와 종교의 철저한 분리, 신사신도의 민간종교로서의 존속 등을 지시하였다.

여 신도의 국가행사적 측면을 강화하려는 움직임이 활발하게 계속 나타났다. 예를 들어 건국기념일을 제정'기원절 부활운동'하고, 이세 신궁과 황위皇位가 떨어질 수 없다는 것을 정부로부터 인정을 받은 일'신궁의 진정한 모습을 드러내는 운동[眞姿顯現運動]', 행행行幸하는 천황에게 3종의 신기神器를 함께 지참하도록 한 일'검새어동좌 복고운동(劍璽御動座復古運動)' 등이다.

1945년 이후에도 국가신도는 계속 존재하고 있다. 메이지시대 초기에는 국민에게 덜 익숙했던 국가신도도 메이지시대 후기 이후 천황 숭경과 결합이 된 민간운동으로 뒷받침되어 민간운동과 부합하며 강화되기에 이르렀다. 제2차 세계대전 이후는 민간단체가 된 신사 · 신직神職 조직신사본청이 국가신도운동에서 주 담당의 하나가 되었다. 제2차 세계대전 이전과 비교해 약해졌다고는 하지만, '신의 국가'의 신앙을 이어받은 국가신도는 지금도 많은 지지를 받고 있다. 그것도 신교信敎의 자유에 속하는데 다른 사람의 신교 자유「일본국헌법」제20조, 사상 · 양심의 자유「일본국헌법」제19조를 억압하지 않는 범위이지 않으면 안 된다.

그런데 이 책에서 주로 말하려는 것은 이것이 아니다. '국가신도는 무엇인가'가 안 보이게 되어 일본의 문화사 · 사상사나 종교사에 대한 이해도 모호하게 되었다. 이에 따라 당연히 '일본인'의 정신사적 차원의 정체성正體性이 명확하지 않게 되었다. '국가신도가 무엇인가'를 이해하는 것은 근대 일본의 종교사 · 정신사를 밝히는 열쇠가 된다. 이 작업을 통하여 메이지유신 후 일본인의 자기정립自

己定立이 어떻게 변하여 현재에 이르고 있는가가 쉽게 보이게 될 것이다. 이것이야말로 이 책에서 더 강하게 주장하고 싶은 주제이다.

제2차 세계대전 이후 일본에서의 일본인론이나 일본문화론[27]이 여러 외국에서 그 예를 찾아볼 수 없을 정도로 유행하게 된 주된 이유 중 하나는 여기에 있다고 생각한다. 일본인론이나 일본문화론은 도움이 되는 점도 많지만, 대체로 다양한 일본인을 단순화하는 한편 다른 국민과의 차이가 지나치게 강조되고 있다. '국가신도는 무엇인가'를 생각하여 너무 대략적이고 또 일본인·일본문화의 독자성을 과도하게 강조하는 경향이었던 일본인론이나 일본문화론을 상대화한다면 일본의 문화사·사상사나 종교사를 더 명확하게 이해할 수 있다고 생각한다.

국가신도의 구조와 골격을 그린다

이 책에서는 우선 메이지유신부터 제2차 세계대전까지, 국가신도와 그 외 종교나 정신문화가 계속 서로 겹치면서 각자 존재하는 종교의 지형세계관의 구조이 형성되었다는 점을 보여주고 있다. 국민 사이에 널리 공유되는 국가신도와 각자 신봉하는 종교나 사상이

---

27 이시자와도 "일본인만큼 '일본인론' 혹은 '일본론'을 좋아하는 국민도 없을 것이다. 일설에는 1,000권을 넘는 이런 책이 출판되어 있을 정도"라고 말한다. 또 그는 이런 '일본인론' 혹은 '일본론'의 원인을 메이지유신에서 찾고, 서구에 의한 근대화 과정에서 "늘 자신들과 서구의 거리를 물질적인 부분만이 아니라 정신적인 부분에 대해서도 재는 것을 의식하고 자신들의 아이덴티티의 확립을 위해 고민"해 온 산물이라고 주장한다. 石澤靖治, 『日本人論·日本論の系譜』, 丸善ライブラリー, 1997.

있고, 많은 국민은 그 양쪽에 걸친 이중구조에서 사물을 생각하고 생활질서를 이루었다.제1장 이 점을 명확하게 확인하는 데 중요한 것은 황실 제사나 국체 사상이 신사·신직이 관련하는 신도와 어떠한 관계에 있었는가를 이해하는 일이다. 그런데 종래 '국가신도'라는 용어가 갖는 의의가 혼란되어 있었기 때문에 황실 제사나 국체 사상과 신사·신직이 관련하는 신도와의 관계가 명확하지 않게 되었고 국가신도의 전체 모습을 보기 어렵게 되었다. 그래서 '국가신도는 무엇인가'를 다시 이해하는 작업은 빠뜨릴 수 없다.제2장

제3장에서는 국민의 힘을 결집하여 서양의 여러 국가에 대항하고 근대국가를 세우려는 메이지유신에서 국가신도의 수립을 기둥의 하나로 삼은 과정을 알아본다. 국가신도의 구상이 어떻게 제시·강화되어 갔는가. 제정일치제정교일치에 의하여 천황을 중심으로 한 국가를 만든다고 하는 이념이 제시되면서부터 국가신도의 여러 장치가 정해지기까지에는 우여곡절이 있었다. 그 대체적인 과정을 보여주려는 것이 제4장의 과제이다. 국가신도가 절대적인 위력을 발휘한 것은 아시아태평양전쟁 시기1931~1945인데 패전과 함께 일본을 점령한 연합국최고사령부는 그 '해체'를 목적으로 일련의 시책을 세웠다. 그러면 실제 국가신도는 해체되었다고 말할 수 있는가. 제5장에서는 이 질문에 대해 황실 제사의 기능에 주목하게 되면 국가신도가 해체되었다고는 반드시 말할 수 없다는 점을 보여준다.

이같이 이 책은 제1장과 제2장에서 '국가신도는 무엇인가'를 근

대 일본의 종교나 사상의 구조적 관계라는 관점에서 논하고 제3장부터 제5장에서 에도시대 후기부터 제2차 세계대전이 끝날 때까지의 '국가신도의 역사' 골격을 그려낸다. 한 권의 작은 책에 큰 문제를 담기 위해서 '구조'나 '골격'을 분명하게 하는 것을 목표로 한 것인데, 사람들의 정신생활과 생활세계의 구체성을 보여주기 위해 가능한 실례에 토대하여 서술하려는 노력도 하였다.

왜 국가신도의 해명이 중요한가

말할 필요도 없이 근대 일본인의 정신생활은 복잡·다양한 내적 가치들을 포함하고 있다. 그런데 그 전체상이나 조감도 필요하다. 많은 일본인론이 생산된 이유는 이럴 필요가 뿌리 깊게 있었다는 것을 보여준다. 이 책에서 '국가신도는 무엇인가'를 논하는 이유는 그러한 필요에 부응하려고 하는 데에 있다. 그렇다고 이것이 또 하나의 일본인론을 보여주려는 것은 아니다. 물론 '국가신도는 무엇인가'를 해명함으로써 일본인론이 보여준 정신사적 배경을 상당히 해명할 수 있을 것이다. 국가신도는 정신생활의 전체상을 제시하면서 한층 높은 객관성 있는 서술을 하기 위한 핵심 개념 key concept이다.

이 책의 목적은 역사 연구와 비교 연구를 통해서 보다 정확한 사실 인식과 개념 구성에 토대한 역사서술에 가까이 접근하는 데에 있다. 실증적인 역사 연구와 공공철학적·비교문화적·사회학적 연구를 연결하려는 것이다. 국가신도의 구조와 역사를 밝힘으로써 근대 일본의 종교사·정신사·사상사의 현실을 자료에 토대하여 전체적으로 전망하여 적절하게 이해를 할 수 있게 된다— 이것이 내가 우선 주장하고 싶은 점이다. 이 의도가 실제 어디까지 이루어질 수 있었는지 독자에게 꼭 비평을 받고 싶다.

국가신도가 무엇인가라는 질문은 제2차 세계대전까지 천황 숭경이나 공격적인 대외정책에 종교가 어떻게 관계하고 있었는가 하는 문제와 크게 관련이 있다. 또 그것은 제2차 세계대전 후 일본에서 신교의 자유나 사상·양심의 자유가 어떻게 지켜져 왔는가, 또 오늘 이후 어떻게 그것을 지켜나갈 것인가 하는 문제와도 깊이 관련이 있다.

국가신도가 무엇인가를 명확하게 이해하고 근대 일본의 종교 구조를 깊이 고찰하는 것, 이것이 이 책의 첫 번째 목표이다. 그리고 그것을 통해서 근대종교사의 여러 측면을 새롭게 조명하고자 한다. 이러한 작업을 통해서 오늘날 일본에서 신교의 자유나 정교분리를 어떻게 생각하면 좋은가, 그 실마리의 제공도 기대하고 있다.

여러 입장의 사람들이 개념의 의의·내용을 공유하고, 서로 다른 역사 인식을 서로 이해할 수 있도록 그 토대를 만들고자 한다. 그때 '국가신도는 무엇인가'를 해명하는 데 매우 큰 의의를 둔다. 이것이 오랫동안 이 문제를 다루어 온 저자가 굳게 믿는 것이다.

차례

제1장

국가신도는 어떠한 위치에 있었는가

종교의 지형地形

1. '공公'과 '사私'의 이중구조

진종眞宗 승려, 아케가라스 하야曉烏敏(효오민)가 말하는 일본정신론

중생구제를 목적으로 하는 정토진종淨土眞宗[1]의 승려로 다이쇼 시기부터 쇼와 시기에 걸쳐서[2] 영향을 크게 끼친 인물로 아케가라스 하야曉烏敏, 1877~1954가 있다. 카가加賀의 농촌기타야스다(北安田), 현 이시카와현(石川縣) 하쿠잔시(白山市)의 진종眞宗 오타니파大谷派(대곡파)[3] 사찰의 장남으로 성장한 아케가라스는 학창 시절에 교토에서 도쿄제국대학

---

1   중생구제를 목적으로 하는 대승불교(大乘仏教) 종파의 하나이다. 정토 신앙에 토대하는 일본불교의 종지(宗旨)이다. 가마쿠라(鎌倉)시대 초기 승려 신란(親鸞)이 그의 스승 법연(法然)에 의하여 밝혀진 정토왕생(浄土往生)설이 계승되어 불교 종파의 하나로 전개되었다.

2   다이쇼 시기는 1912년 7월 30일부터 1926년 12월 25일까지, 쇼와 시기는 1926년 12월 25일부터 1989년 1월 7일까지이나 여기에서는 아케가라스 하야가 활동한 1954년까지를 말한다.

3   아미타여래불을 본존으로 하고 친란(親鸞)이 이 불교의 종파를 열었다. 정토진종의 한 파이다.

철학과 출신의 학승 기요자와 만시淸澤滿之(청택만지), 1863~1903[4]를 만나 신앙을 키운다.

기요자와는 신란親鸞(친란), 1173~1263[5]의 가르침을 근대사상의 표현이라고 해석하고, 일본 근대 종교 사상의 기초를 쌓은 인물 중 한 사람으로 그 문하에서 뛰어난 제자들이 많이 배출되었다. 아케가라스도 기요자와 만시의 영향을 받으면서 악업惡業을 피할 수 없는, 올바른 이치를 깨닫지 못한 범부凡夫라는 점을 뼈저리게 자각하고, 다만 오로지 아미타불의 자비를 믿는 절대타력絶對他力의 신심信心을 얻는다. 도쿄로 나와 공동생활을 하면서 기요자와 만시가 주장하는 '정신주의' 운동에 깊이 관여하고 잡지『정신계精神界』의 간행에 관계하였다. 일찍부터 그는『환이초강화歡異抄講話』[6] 등의 저술로 주목을 받았고 쇼와 시기에는 진종眞宗 오타니파大谷派의 저명한 신앙자로서 강연이나 저술 활동으로 바쁜 시간을 보냈다.野本永久,『曉烏敏傳』

아케가라스는 1930년경부터『고사기古事記』[7]나 쇼토쿠태자聖德太

---

4 일본 메이지 시기에 활약한 진종 오타니파(본산 : 히가시혼간지(東本願寺))의 승려로 진종대학(眞宗大学, 현 오타니대학) 초대 학장을 지냈다.

5 가마쿠라(鎌倉)시대(12세기 말부터 1333년) 전반부터 중기에 걸쳐 활동한 일본의 불교가로 정토진종(淨土眞宗)를 연 종조(宗祖)로 알려져 있다.

6 공공연한 개인으로서 살아가는 것을 강요받은 사람들에게 정신의 입각지(立脚地)를 확립하기 위한 안내를 하려는 목적에서 간행.

7 712년에 오노 야스마로(太安万侶)가 편하여 겐메이 천황(元明天皇)에게 헌상한 사서로 천지개벽부터 스이코 천황(推古天皇)까지의 기록이다. 720년에 편찬된『일본서기(日本書紀)』와 함께 근대에는 일본의 성전(聖典)으로 취급되었다. 흔히 기기(記紀)로 통칭하고 있다.

子[8]에 관한 문헌을 열심히 탐독하였고 황도皇道(야마토혼(大和魂), 일본 정신)[9]와 진종신앙이 하나라고 주장하였다. 전쟁을 반대하는 '비전론자非戰論者'를 자칭하던 아케가라스는 1931년 만주사변이 일어나자 입장을 바꾸게 된다. 당시 강연에서는 "나는 전쟁에는 반대한다"라고 말하면서 '감옥에 보내도 죽임을 당해도 반대를 할 것인가'라는 질문을 던지고 "나는 전쟁을 하는 것이 나쁘다고 일단은 말하나 그러한 자신이 역시 평범한 사람이다", "전쟁을 한다는 것은 아마 진정한 길인지 모른다", "넓은 마음에는 집착이라는 것이 없다. 가볍게 자신의 의견을 버리고 갈 수 있는 것이다"위의 책, 538~539쪽라고 서술하였다.

1936년 11월 강연에서는 "지금까지 신란親鸞 성인聖人의 안내로 쇼토쿠태자에 이끌려 왔는데 지금은 일본 옛 신들의 안내로 쇼토쿠태자에 이끌려 왔습니다. 일본의 국체國體정신을 분명히 하기 위해서라도 일본불교의 정신을 분명히 하기 위해서라도 쇼토쿠태자의 마음에 부합하지 않으면 안 되는 것입니다"라고 기술하고 있다. 이것은 경성 남산 본원사本願寺[10]에서 행한 강연 기록의 한 구절로 『신도・불도・황도・신도臣道를 쇼토쿠태자 17조 헌법[11]에 의하여 말한

---

8 아스카시대의 황족・정치가로 쇼토쿠태자는 후세에 붙여진 존칭 내지 휘호이다. 일본의 화폐 중 백 엔, 천 엔, 5천 엔, 1만 엔 표지 인물이 되었던 때가 있다.

9 천황이 행하는 정치의 도(道).

10 일본 각지에 같은 이름의 절이 있으나 일반적으로 본원사(本願寺)계열의 정토진종 각파의 본산인 '본원사(本願寺)'를 가리키는 경우가 많다. 정토진종에서 사찰 이름은 13세기에 카메야마 천황(亀山天皇, 일본의 제90대 천황)이 신란에게 하사한 '구원실성아미타본원사(久遠実成阿弥陀本願寺)'에서 유래되었다.

다』라는 제목으로 그 전체를 아케가라스 자신이 운영하는 향초사香草舍에서 간행하고 있다. 이 강연기록에서 교육칙어를 언급한 부분을 보면 교육칙어는 그야말로 일본 정신을 명확하게 보여준 문장이라고 말하고 "일본 정신은 학설이 아닙니다. 인간이 생각하는 것 같은 학설이나 주장과는 다른 것입니다. 일본이 의지하여 섬기는 역대 천황의 혼이 일본 정신입니다"위의 책, 37쪽라고 주장한다.

황도皇道 · 신도臣道와 진종신앙의 관계

이 강연이 열린 시기에 아케가라스는 스스로가 '황도'를 따르는 사람이라고 강하게 깨닫게 되었다. 제목에 '황도'와 '신도'의 두 단어가 있는데, '황도'라는 것은 천황 자신의 도이고, 그것을 따르는 신민臣民의 도道는 '황도'라고 부를 만한 것이 아니라 '신도', '신민도臣民道'라고 부르는 것이 어울린다고 그는 생각하였다. 아시아태평양전쟁 시기에 아케가라스는 스스로 진정한 불교도이고, 더욱이 '도', '신도'의 무리이기도 하다는 입장에 있었다. 대승불교 정토종의 중심이 되는 아미타불阿彌陀佛로의 귀의와 교육칙어의 칭송이 병존하고 있다고 이야기되고 있다.

일본 신민의 교육은 메이지 천황의 마음 가운데 본존을 섬기는 것이다. 그런데 이렇게 말하는 나는 일본이 높은 아마테라스 오미카미의 마

---

11   쇼토쿠태자에 의하여 604년에 제정된 17조헌법은 당시 귀족이나 관료 등에게 도덕이나 유의할 점을 이야기한 것이다.

음으로 시작된 국가이며 아마테라스 오미카미의 덕으로 장엄莊嚴하게
된 국가라고 생각하고 있습니다. 『무량수경無量壽經』을 읽으면 극락정토
가 아미타여래의 본원本願으로 세워지고 아미타여래의 수행으로 장엄
하게 된 국가라는 것과 같이 우리 일본은 아마테라스 오미카미의 본원
과 아마테라스 오미카미의 수행으로 이루어진 나라입니다. 우리의 조
상 신은 그 마음을 받들어 수천만 년 동안 이 국가를 이루어 온 귀한 나
라라고 생각되는 것입니다. (…중략…) 나 자신이 흐리고 악하며 사악
한 마음으로 더럽혀져 있었던 것입니다. 자신의 힘을 자랑하여 이 귀한
큰마음을 더럽혀 온 것이라는 점을 점점 깨닫게 되었습니다.위의 책, 32~33쪽

이러한 입장이 있기까시에는 국가 ㅏ 정치와 종교나 제사의 관
계를 생각하는 방식에 변화가 있었다. 결국 '정교분리'에서 '제정
일치'로 전환하였거나 강조점이 옮겨진 것이다.

처음 일본 사찰은 천황의 은혜를 위해 부모의 은혜를 위해 세운 것
입니다. 진종사원眞宗寺院에 천패天牌가 안치되는 것은 이 마음을 나타내
고 있는 것입니다. 오늘날 사람은 정치와 종교는 별개라고 생각하고 있
는데 일본은 이전부터 제정일치의 나라입니다. 나도 이전에는 종교는
정치가 아닌 것으로 생각하고 있었습니다만, 오늘날에는 정치와 종교
는 별개라고는 생각하지 않습니다.위의 책, 14~15쪽

'천패'라는 것은 진종 교단이 천황을 존경하여 불단佛壇에 놓은

것이다. 지금까지 아케가라스는 신도와 떨어질 수 없는 천황 숭경과 자신의 존재 전체를 건 진종신앙은 치원이 다르다고 당연히 생각하고 있었다^{정교분리}. 그런데 지금 그 세계 안으로 국민 제사로서의 천황 숭경^{제정일치}을 정면으로 편입할 것을 선언하고 있다.

이것은 진종 교단 활동으로까지 전면적으로 제정일치를 가지고 들어오려는 것인데 이 같은 생각이 받아들여진 것은 당시 일본 사회에서 '제정일치'가 일상생활에까지 매우 깊숙이 들어가 있었기 때문이었다. 진종 교단 소속의 사람들^{문도(門徒)'라 부른다}, 그 주위 사람들에게 '제정일치'나 '황도'는 그렇게 위화감이 있는 단어가 아니었다.

서민과 고학력자 간 차이

교육칙어를 외우고 부르며 천황을 예배하며 수신 교육을 받아온 세대들, 특히 고학력이 아닌 사람들, 즉 서양풍의 학문 지식이나 개념에 익숙하지 않은 사람들은 천황 숭경이나 황도나 제정일치를 매우 자연적인 것으로 받아들이고 있었다. 그들 가운데에는 불교도나 기독교인들이나 천리교^{天理敎},[12] 금광교^{金光敎}[13] 등과 같은

---

12 일본 나라현의 경작지주의 주부였던 나카야마(中山) 미키는 19세기 후반에 강신(降神) 체험에 의하여 1867년 '천륜왕명신(天輪王明神)'으로서 공인을 받아 농민, 직인(職人), 소수의 하급 무사 등을 대상으로 합법적으로 포교 활동을 전개하게 되었다. 천리교 최초의 교전으로서 '미카구라우타'가 정리되었다. 그 후 1869년부터 교의(敎義) 노래로서 '오후데사키'가 확립되었다. 그러나 메이지 정부가 『고사기』와 『일본서기』의 신화를 중심으로 정치 권력과 종교적 권위를 강화하려는 정책과 천리교의 '고후키'신화는 서로 배치되는 내용

교파신도教派神道[14]를 믿는 신도信徒도 있었는데 그들에게는 천황 숭경과 여러 종교의 신앙이 이중구조를 이루고 있었다.

다만 다른 한편 '정교분리'나 '신교의 자유'도 보장하지 않고서는 안 된다고 생각하는 사람도 많이 있었다. 고학력 계층으로 서양에서 성숙이 된 근대 제도나 사상을 중학교 이상의 교육관으로 충분히 몸에 익힌 사람들은 천황 숭경을 형식적인 것이라고 생각하는 것도 적지 않았다. 아케가라스 자신은 '정교분리'나 '신교의 자유'를 전제로 당시까지 자신의 진종 신앙이 성립해 왔다고 생각하고 있었다. 그런데 이 시기에는 당시까지의 진종 신앙의 틀을 무너

이었다. 교부성에 의한 국민교화 운동이 전개되면서 천리교는 유사종교로서 심한 압박과 탄압을 받게 되었고, 여러 고민 끝에 '고후키'신화는 숨기고 1903년 이른바 '메이지교전(明治敎典)'을 만들어 국가신도에 종속하는 교의를 마련하였다. 이에 1908년에 천리교는 교파신도의 한 파로서 별파 독립의 승인을 받게 되었다. 그러나 여진히 천리교는 감시의 대상이 되었고 일본의 식민지 대만이나 조선 등에서의 포교를 통해서 일본 정부의 국가신도 사상을 뒷받침하였다. 1945년 일본 패전 후 종교법인이 되었다(村上重良, 『新宗教−その行動と思想』, 岩波書店, 2007 참조). 천리교단 안에는 천리대학이 있으며 그 대학은 조선학 연구의 중심으로서 조선학회를 운영하고 있다.

13 1859년 아사구치군(浅口郡) 오타니촌(大谷村, 현 오카야마현 아사구치시 오타니)에서 아카자와 분찌(赤沢文治), 후에 금광대신(金光大神)이 개조한 창창종교(創唱宗教)이다. 에도시대 말기에 개조한 흑주교(黒住教), 천리교(天理教)와 함께 막부 말기 3대 신종교로 불린다.

14 일본 막부시대와 메이지시대에 개조한 민간신앙으로 메이지 정부에 의하여 종교로서 인정을 받은 총 13개의 신도 계열 교파를 말한다. 1876년에 흑주교, 신도수성교, 1882년에 신궁교, 대사교, 부상교, 실행교, 대성교, 신습교, 어악교, 1886년에 신도 대교, 1894년에 신리교, 계교, 1900년에 금광, 1908년에는 천리교가 각각 독립종파로 공인되었다. 이 가운데 조선에 포교에 나선 교파는 10개 교파이다.

뜨리지 않고도 '제정일치'를 중요하게 생각하는 입장으로 옮겨갈 수 있다고 생각하게 되었다.

전쟁 시기 중 아케가라스는 '제정일치'를 구현하는 '황도', '신도' 와 '정교분리'하에서 당연히 존재하는 진종 신앙이나 불교의 '신심信心'이 이중구조를 이루고 있다고 생각했다. 진종 신앙을 당연히 강하게 주장하는 승려가 그 같은 입장으로 돌아선 것은 '비상시非常時' 상황에 쫓겼기 때문일 것이다. 그러나 일반 진종 문도門徒, 특히 그 정도로 열심이지 않은 문도의 생활에서는 그 이전부터 '황도', '신도'에 해당하는 천황 숭경과 '신심信心' = 진종 신앙은 공존하고 있었다. 공적으로는 '황도'에 토대하는 태도, 사적으로는 '신심信心'에 토대하는 행위가 요구되고 있었다. 사회에 그러한 종교의 지형세계관 구조이 있었고 그것에 적응하고 있었다.

'정교분리'와 '제정일치'의 공존

여기에서 '황도', '천황 숭경'과 '여러 종교의 신앙', '신심信心'의 관계로 보아 왔으나, 제2차 세계대전 이후에는 '국가신도'와 '종교교단'의 관계로 논하게 된다. 그 용어법을 제2차 세계대전 이전으로 거슬러 올라가 적용하면 1930년경부터 1945년까지는 '국가신도'와 '종교교단'의 일체성이 강요되었다고 말할 수 있다.

그런데 이미 그 이전부터 '국가신도'와 '종교교단'은 일상생활에서 나누어져 서로 관련을 맺으면서 양립하고 있었다. '국가신도'는 '종교'가 아닌 국가통치의 의례察(제)나 도덕의 가르침敎(교)에 속하였고 그 점에서 '제정일치'나 '제정교祭政教일치'는 성립할 만한 것이었다. 그 의미에서 '제정일치'에 관한 국가나 정치의 의례나 가르침과 각 개인의 '종교' 영역은 별개였다. 결국 '정교분리'도 '제정일치'도 그 나름으로 성립하고 있었다.

이처럼 언뜻 보면 기이한 상황은 '국가신도'가 '종교'가 아니라 '제사'에 관한 것이라는 국가제도적 전제와의 관련이다. 1870년대부터 대일본제국헌법의 공포1889까지 정비된 종교 제도와 법체계에서는 '국가신도'는 '종교'가 아니라 '제사'에 관한 것으로 규정되었다. 그리고 '국가의 종사宗祀'1871.5.14, 태정관 포고 제4장 제3절라는 단어가 보여주고 있듯이, '국가신도'의 '제사'는 국가 전체가 관여할 만한 공적인 것이 되었다'제정일치'. 다른 한편 여러 '종교' 집단은 국정國政과는 다른 것으로 본래의 공간이 있고 그 점에서 자유로운 활동을 인정받고 있었다'정교분리', '신교의 자유'. 이것은 국가행사나 학교에서는 '국가신도'가, 사원이나 가정이나 전통의 공동체에서는 '종교'가 규범이 되는 상황에 일치하도록 대응한 체제이다. 이 같은 '국가신도'와 여러 '종교'의 공존 방식은 종교의 이중구조라고 불러도 좋을 것이다.

그러면 이 같은 상황은 어떻게 생긴 것인가. 메이지유신 이후 '제정일치'와 '정교분리'가 각각 어떻게 제도화되었는가. 근대 일본의 종교 구조를 분명히 하기 위해서는 종교나 제사 제도가 형성된 과정을 검토할 필요가 있다. 잠깐 메이지유신1868부터 대일본제국헌법의 공포1889와 교육칙어'교육에 관한 칙어'의 발포1890에 이르기까지 '제

정일치'나 '정교분리'에 관한 제도의 성립 과정을 돌아보기로 한다

2. '일본형日本型 정교분리政敎分離'의 실태

'신도국神道國 교화정책敎化政策'으로 돌진하다

에도막부 말기 일본을 생각하는 사람들을 단결시킨 슬로건은 '존황양이尊皇攘夷'였다. 그러나 메이지유신 전까지 그 이념의 실제 결실은 심하게 요동을 쳤다. 미국 페리Matthew C. Perry 제독의 일본 내 항來航으로부터 대정봉환大政奉還[15]에 이르는 동안 대체로 '양이'에서 '개국', '문명개화'로 바뀌었는데 그동안 대외전략과 함께 국가 구상도 계속 모색되었다.

일단 개국 방침이 정해지자, 어떻게 어디까지 강력한 서양 여러 국가의 여러 제도를 도입할 것인가를 판단하기 어렵게 되었고 정부의 방침은 때로 서로 모순되는 것처럼 비추어지기도 하였다. 부국강병을 위해서는 서양의 여러 제도를 도입하지 않으면 안 되었고 그것을 위해서는 국민 통합을 가치 이념으로 하는 표면상 방침과는 반대되는 시책을 취하지 않으면 안 되기도 하였다.

그런데 '존황'을 구체화하는 제정일치의 체제를 목표로 한다는 점에서는 흔들림이 없다. 유신 정부는 대정봉환이 있던 다음해,

---

15   1867년 에도막부가 천황에게 국가 통치권을 돌려준 사건을 말한다.

1868년 3월 13일에 제정일치, 신기관神祗官을 다시 불러일으킬 것을 포고하였다. 또 다음 날에는 5개 조의 서약문을 위한 제사로 '서제誓祭'가 이루어졌다. 후자서제는 전자제정일치를 구체화한 것으로 볼 수 있다. 국가적인 의사를 결집할 때에 신도의례가 이루어진다는 체제의 선례가 여기에서 만들어졌다. 특히 기독교 금제禁制의 확인 강화3월 15일와 신도와 불교를 분리한다는 「신불분리령神佛分離令」3월 17일이 공포되었다.

제정일치의 이념은 신사를 우대하여 신국神國을 세울 목적으로 그 정책이 구체적으로 나타났다. 신불분리령은 당시까지 신사를 지배해 온 불교사원의 영향력을 배제하고 신사를 자립시켜 불교 위에 놓으려고 하는 것이다. 이후 전국 각지에서 폐불훼석廢佛毀釋[16]이라 하여 불교나 민속종교에 대한 탄압의 바람이 거세게 불었다. 당시까지 승려 밑에 있었던 신직이나 그 지지자가 이것을 기회로 불교시설을 파괴하기도 하고 지역의 권력자가 국학이나 유학이나 문명화의 사상에 토대하여 무리하게 사찰을 없애기도 하고 통합하기도 하였다. 신불습합[17]의 종교 활동에 익숙한 사람들 가운데에는 불교사원에 희망이 없다고 보고 신도적인 종교 활동으로 방

16　메이지 정부에 의하여 1868년 4월 5일에 신불분리령(神佛分離令)으로서 태정관 포고와 함께 1870년 2월 3일에는 대교 선포(大教宣布)가 이루어졌다. 이는 신도와 불교의 분리를 목적으로 한 것으로 불교 배척이 궁극적인 것이 아니었으나 오랫동안 불교로부터 학대를 당해왔다고 생각한 신직들은 불교를 배격하고 불상, 경권(經卷), 불구 등을 소각하였다.

17　일본 고유 민간신앙과 불교가 융합하여 존재한 체계.

향을 바꾸는 사람도 있었다.

신도국가의 국가체제도 정비되었다. 1871년 5월부터 7월에 걸쳐서 전국의 신사를 관사官社와 여러 신사[諸社]로 나누고 관폐사官幣社,[18] 국폐사國幣社,[19] 부사府社, 현사縣社, 향사鄕社, 촌사村社, 무격사無格社로 순위를 매기는 사격社格 제도가 만들어졌다. 전국의 신사를 국가가 조직화하려는 것이었다. 같은 해 7월에는 종래의 종파를 바꾸는 종문개제宗門改制 대신에 우지코조사제도氏子調制度[20]를 만들어 모든 국민이 지역의 신사에 우지코氏子[21]로서 주민등록을 하는 것을 목표로 하였다. 국민 전체를 신사에 등록시켜 신사 귀속을 확인시키려고 하였다.

비현실적인 정책으로부터 궤도의 수정

이런 급변하는 종교 통제정책, 신도국가를 세우려는 정책에 격한 저항이 나타나기도 하였다. 불교 억압에 위기감을 느낀 지역 사람들이 반란을 일으켰고 불교 교단은 정부에게 불교 배척을 억제해 달라고 요구했다. 폐불훼석은 1870년대 중반에는 정리되어 갔다. 또 비현실적인 구상이었기 때문에 철회하지 않으면 안 되었던

---

18 조정 또는 국가에서 폐백(幣帛) 내지 폐백료(幣帛料)를 지불받는 신사.

19 도도부현에서 폐백(幣帛) 내지 폐백료(幣帛料)를 지불받는 신사.

20 1871년부터 1873년에 걸쳐서 메이지 정부가 국민에 대해 지역의 신사(향사(鄕社))의 우지코가 되는 것을 의무화한 종교정책이다.

21 일본에서 같은 지역에 사는 사람들이 공동으로 제사를 지내는 신도의 신, 우지가미(氏神)를 믿는 사람들을 우지코(氏子)라고 한다.

새로운 제도도 있다. 신기관神祇官은 바로 신기성으로 격이 떨어졌고,[1871.8] 그 참에 신기성도 다음해에 폐지되었다. 그것과 함께 신기에 관한 업무를 나눌 때 궁중 제사를 분리하여 천황에 관한 특수영역으로 자리매김을 하는 한편, 신도·불교 양쪽을 취급하는 행정 조직으로 교부성敎部省[22]이 설치되었고 신사에 관한 업무는 교부성이 맡게 되었다.[1872] 1873년에는 우지코조사제도도 철회되었다. 서양 여러 국가의 요구를 배려하여 대등한 외교 관계를 세우기 위해 1873년에는 기독교 포교도 받아들였다[기독교 금지 고찰[高札]의 철거].[23]

메이지 초기의 종교정책 대략 연표

1868년 세갱일치, 신기관 부흥, 시복부리령 포고, 선교사 설치

1869년 황도를 불러일으킨다는 어하문御下問

1870년 대교 선포의 조詔

1871년 태정관 포고신사는 '국가의 종사', 신기관을 신기성으로 격하

1872년 신기성 폐지, 교부성 설치대교원을 중심으로 신도불교 합동 포교

1873년 기독교 금지한다는 고찰널판지[高札] 철거

---

22 메이지 정부는 1871년에 설립된 신지성(神祇省)을 폐지하고 그 대신 그다음 해에 종교정책을 관장하는 교부성을 설치한다. 교도직을 두어 교화를 담당하게 하고 사사의 폐립(廢立), 신관·승려의 임명승급 등 일체의 사무를 관장하였다. 1877년에 폐지되어 관련 업무는 내무성으로 이관되었다.

23 일본사에서 고대부터 메이지 초기까지 법령을 판자 표면에 적어 왕래가 많은 곳에 걸어두고 이것을 널리 알렸던 것으로 이 표면에 제목, 본문, 연월일, 발행 주체가 적혀 있었다. 이 고찰(다카사츠)은 1874년에 폐지가 결정되었고 2년 후에 완전히 철거되었다.

1875년 진종 4파, 대교원을 탈퇴. 대교원 폐지,

　　　　신교 자유에 대해 말로 전달[口達](교부성)

1877년 교부성 폐지, 내무성 사사국[社寺局]으로 사무 이관

1882년 신관의 교도직 겸보직을 폐지하고

　　　　장의에 관여하지 않도록 하다

1884년 신불교도직 전면 폐지성직자의 국가인정제 폐지

1885년 '신사개정의 건'이세신궁 이외의 신사에는 재정을 지원하지 않는다고 예고

1889년 대일본제국헌법 발포

1890년 교육칙어 발포

1900년 내무성, 신사국을 설치. 사사국은 종교국이 됨

1906년 국고공진금[國庫供進金] 제도신사에 재정지출의 제도화

　　이런 경과는 '신도의 국교화' 정책이 철회 내지는 수정된 과정으로 이해되고 있다. 그런데 '신도의 국교화'에 대한 '철회'는 무엇을 의미하는가, 반드시 명확하지 않다. 이는 그 후에도 신도는 어떤 국교의 지위를 지키고 그 참에 높아져 갔다고도 말할 수 있기 때문이다. 확실히 '정교분리'로 나아가는 내적 충실도 포함되어 있었으나 '제정일치'의 이념도 유지되었다.

　　1868년부터 1870년대 중반까지 몇 가지 시책에서 보이는 특징은, 황실 제사나 신사와 관련지은 특정한 신도의 방식을 국민에게 강제하고 그것과는 다른 종교집단이나 신앙생활 방식을 공격하기도 배제하기도 하는 내적 상황이 전개되는 가운데 신도를 우대하는

정책이었다. 그런데 그 이후에도 강제적인 강요나 종교집단에 대한 공격·배제는 피하면서도 황실 제사와 신사와 관련을 맺은 특정 신도의 방식을 국민에게 유효하게 침투시키려는 정책이 착착 진행되었다.

'정교분리'의 내적 충실

1872년에 설치된 교부성은 신도·불교·민속종교의 모든 종교집단을 관장하는 관청으로 '대교 선포大敎宣布'[24]를 위한 기관으로 자리매김이 되었다. 신도 외의 세력도 종교집단으로 받아들여 '대교'를 확산시키는 국가정책에 협력하게 하는 점에서는 일단 보다 융화적 태도로 변했다고 말할 수 있다. 신사는 신기성으로부터 교부성으로 그 관할이 바뀌었고 불교의 여러 종파나 민속종교의 집단과 마찬가지로 민간 종교집단으로서의 처우를 받게 되었다.

다른 한편 불교는 국가로부터 '대교 선포'라는 공적 역할을 부여받아 지위가 향상되었다. 실제로는 공적인 역할이 무엇인가, 반드시 명확하지 않았으나 새로운 국가 건설에 협력하지 않으면 종교 활동이 가능하지 않은 체제라는 점은 분명하였다. 인정을 받으면 종교 활동의 자유는 얻을 수 있었으나 그것은 어디까지나 '대교 선포'라는 틀 안에서였다.

교부성은 종교가를 '교도직敎導職'으로 인정 등록하고 그들에게

---

24   신도에 의한 국민교화정책.

종교 활동을 허가함과 동시에 대교원大敎院, 중교원中敎院, 소교원小敎院이라는 시설을 활동거점으로 하는 체제를 만들었다. 대교원은 이활동의 중심시설로 도쿄에 설치되었고 중교원은 부현청府縣廳의 소재지에, 그리고 각 지역의 사원이나 신사에 소교원이 설치되었다. 종교 활동을 하는 데에는 '3조의 교칙敎則'을 기둥으로 설교를 하라는 명령이 떨어졌다. '3조의 교칙'은 '대교'의 큰 틀을 간략하게 보여주는 다음과 같은 것이다.

> 제1조 경신애국敬神愛國의 뜻을 체현할 것
> 제2조 천리인도天理人道를 밝힐 것
> 제3조 황상皇上을 섬기고 조지朝旨를 준수하도록 할 것

제2조 '천리인도'를 밝히는 것이라는 것은 너무 넓은 내용인데 제1조 '경신애국', 제3조 '황상을 섬기는' 것은 '제정일치' 이념에 합치하는 것이고 신도 신앙을 확산시킴과 동시에 신교 자유의 제한 가능성을 말한 것이었다.

생각대로 나아가지 않은 다른 이유는 여러 종교가 공동으로 활동해서는 안 된다, 그것도 신도의 우위하에서 활동하지 않으면 안된다는 것이었다. 대교원은 1873년 1월에 도쿄의 기슈택紀州邸에서 개원식을 열고 그 참에 도쿄의 시바芝공원의 증상사增上寺[25] 원류원

25　도쿄의 시바공원에 있는 불교사원으로 이 사원에는 도쿠가와 쇼군(德川將軍) 15대 가운데 6대의 제사를 지내고 있다.

源流院으로 옮겼는데 거기에서는 조화造化 3신천어중주신(天御中主神), 고황산영신(高皇産靈神), 신황산영신(神皇産靈神)과 아마테라스 오미카미에 대한 제사를 지내고 승려도 신직과 함께 신도식의 예배를 올렸다. 중교원에서도 조화 3신과 아마테라스 오미카미를 제사 지내는 규칙으로 되어 있었다.

이 때문에 불교계에서는 강한 불만이 터져 나와 1875년에는 진종의 4파본원사파(本願寺派), 오타니파(大谷派), 불광사파(仏光寺派), 흥정파(興正派)가 대교원을 탈퇴하게 되었고 이에 대교원은 해산하게 되었다. 그렇지만 교부성하에서 교도직의 자격을 가진 사람에게는 종교 활동이 허용된다는 체제가 계속되었으나, 1884년에는 교도직 제도가 폐지되었고 신사를 세외틴 신도교파신도(敎派神道), 불교, 여러 종파의 종교집단은 마침내 국가의 통제를 벗어나 자유롭게 종교 활동을 할 수 있게 되었다.

이것이 일본의 종교집단이 '정교분리'나 '신교의 자유'를 자각적으로 지향, 설정한 최초의 기회였다고 이해되고 있다. 그러나 대교원을 탈퇴한 종교인도 많게는 신성한 천황 숭경에 의한 국민 통합을 반대하고 있었던 것은 아니었다. 메이지 일본에서 이루어진 '정교의 분리'가 어떠한 의미와 어느 정도로 '신교의 자유'의 기초를 잡게 하였는가를 곰곰이 다시 생각하지 않으면 안 된다.

여러 종교집단, 국가제사 기구로서 신사

지금 언급해 왔듯이 교부성이 종교인들을 통제하고 교부성에서 인정한 교도직에게만 종교 활동을 허용한다는 체제가 무너지는 것은 1880년대의 일이다. 그 과정에서 불교 종파나 교파신도는 교단의 자치를 인정받았다. 국가로부터 공인을 받아 어느 정도 종교 활동의 자유를 인정받은 집단이 나란히 존재하게 되었다. 다른 한편 신사는 이런 개인적인 종교집단과는 다른 국가기구로 자리매김이 되었고 '종교'와는 다른 '제사'를 관장하는 시설이 되었다.

관폐사나 국폐사에서는 신장제神葬祭[26]가 금지되었다다만 부현 이하의 신직의 장례는 당분간 인정을 받게 되었다. 또 병이 없고 재앙이 없는 무병식재無病息災, 상업 번성, 집안 안전을 기원하기 위해 신에게 비는 것 등 종교 활동에도 억제가 요구되기도 하였다. 국가로부터 재정적 지원도 있기까지는 빈곤하였다. 공적 기관이기 때문에 '종교' 위에 당연히 있을 만한 신사인데 메이지 시기에는 형식에 비해 반드시 우대를 받았다고는 말할 수 없는 상황이 계속되었다. 이것은 신도사학자로서 '국가신도' 연구자가 강조하는 점이다阪本是丸, 『국가신도형성과정의 연구』 등.

종교집단과 신사의 법적 지위가 다르다는 점이 행정조직에서도 분명히 나타난 것은 얼마 안 지난 1900년의 일이다. 대교원을 중심으로 한 신불神佛합동포교 체제와 불가분의 관계에 있던 교부성敎部省은 이미 1877년에 폐지되어, 종교 행정은 내무성 사사국社寺局으로

---

26 이것은 일본 고유의 신앙 신도의 장의(葬儀)로서 전국적으로 통일된 제식은 없다. 신도는 자연발생적인 민속신앙이기 때문에 각 지역마다 그 제식(祭式)이 다르다.

옮겨졌다. 이 해 내무성 사사국은 신사국神社局과 종교국宗教局으로 분리되고 신사신도는 '종교가 아닌 제사'를 관장하는 집단으로서 여러 종교집단과는 다른 별도의 소속 관청 부국部局을 가지게 되었다.

신사계에 대한 국가의 경제적인 지원도 1906년부터 관·국폐사에 국고공진금國庫供進金[27]이 지급되기에 이른다. 부·현사 이하의 사격 신사에 지방공공단체가 신찬폐백료神饌幣帛料[28]를 바칠 수 있게 되었다. 신사는 우선 관·국폐사로부터 이 참에 부현사 등도 국가기구로서의 성격을 강화해 갔다. 작은 신사를 큰 신사에 통합하고 국가기구로서의 신사에 어울리는 신사만 남기려는 신사합사合祀정책이 시작하는 것도 1900년대의 일이다. 그 진척은 지역에 따라서 큰 차이가 있으나 1900년대 10년 정두의 사이에 20만 개의 신사 가운데 6만 개 정도의 작은 신사가 정리되었다.『일본제국통계연감』이렇게 국가와 신사의 일체성이 강화되어 갔다.

국가기구로서의 성격을 강하게 띤 신사

이 같은 경과를 거쳐 민간단체로서의 여러 '종교'와 국가의 '제사'기구로서의 신사가 나누어지는 체제가 확립된다. 메이지 초기 여러 해 동안 여러 종교는 무리하게 신도에 종속하는 것 같은 지위에 있었으나, 1870년대부터 서서히 신교의 자유를 획득해 갔다. 그리고 '종교'와 '제사'의 분리로 일단 안정을 되찾았다.

---

27 신에게 폐백을 바치기 위한 국고.
28 신도의 제사 때 신에게 봉헌하는 신찬과 폐백.

이 경과에서 결정적인 전환점은 교부성의 합동 포교 체제로부터 진종 4파가 탈퇴하는 1895년, 또 신도계가 종교 측종파신도, 교파신도과 제사 쪽신사신도으로 나누어지게 되는 1882년경으로 볼 수 있다. 이 후자로 '일본형 정교분리'安丸良夫, 『신들의 메이지유신』, 208쪽가 이루어졌다고 간주해 왔다. 대일본제국헌법1889의 제28조에 "일본 신민은 안녕질서를 방해하지 않고 신민다운 의무에 반하지 않는 한, 신교의 자유를 갖는다"라고 기술되어 있었고 이럭저럭 신교의 자유가 제도화되어 갔다.

이것은 분명히 불교, 교파신도, 기독교가 일단 '자유로운' 종교활동을 보증받았다는 것인지 모른다. 그러나 그렇다고 하여 국가가 신도의 색을 벗어났는가 하면 그렇지 않다. 신도는 종교가 아닌 국가적 기관으로서 국민의 정신생활에 강한 영향력을 끼치는 존재가 되어 갔다. 이 점에서 특히 의의 깊은 것은 야스쿠니신사나 초혼사이후 호국신사의 존재일 것이다. 전쟁에서 사망한 병사를 제신祭神으로서 국가가 제사를 지내고 천황이 예배하는 장엄한 의례를 국민은 강하게 의식하게 되었다.

또 이 사이에 천황과 황실이 국가 중추로서 그 지위를 강화하게 되었고 그 천황과 황실이 신도의 상징적 존재로서 그 지위를 높였다. 그리고 신사와 '천황의 제사'는 긴밀하게 결합하게 되었다. 국가 '제사'기관으로서 신사는 전사자의 제사에 관련하고 또 '천황의 제사'와 결합을 강화함으로써 국민 생활에 끼치는 영향력을 강화해 갔다.

야스쿠니신사에 대해서는 제4장에서 언급하기로 하고 여기에서는 메이지 전기의 '천황의 제사'를 서술해 가고자 한다.

3. 황실 제사와 '제정일치祭政一致'체제의 창출

제정일치 국가 구상의 재편再編

앞 절에서는 메이지 국가가 신사를 '공公'적 국가기관으로 하고, '사私'적인 영역인 불교·기독교·교파신도 등의 '종교' 단체와 구별하는 체제를 만들게 되었다는 점을 언급했다. 이 책의 문제의식에서 중요한 것은 제정일치의 국가 구상이 형태를 바꾸면서도 굳게 지켜졌다는 점이다.

황실 제사와 신사가 구성하는 신도는 종교가 아닌 것으로 자리매김이 되었다. 1882년에 신직神職은 교도직敎導職을 겸할 수 없게 하고, 1884년에는 교도직 그 자체가 폐지되었다. 행정조직상으로도 1900년에 신사는 내무성 신사국神社局에, 다른 종교단체는 내무성 종교국宗敎局에 소속시켜 '공'으로서의 신사와 '사'로서의 종교단체로 구분하게 되었다. 1913년에 내무성 종교국이 문부성으로 옮겨가자, 신사행정과 종교행정의 분리는 더욱 분명하게 되었다.

이것은 '일본형 정교분리'가 명확하게 되는 과정이고 다른 한편 메이지유신 초기부터 그린 제정일치祭政敎一致 국가 구상이 당초 계획과는 다른 형태로 구체화되었다고 하는 점이기도 하다. 여기에서 주의할 만한 것은 '공'에 속할 만한 '제사' 체계는 신사만으로 성립하고 있는 것이 아니라는 섬이다. 우선은 '공'의 중핵에 위치할 만한 것으로 황실 제사, 혹은 '천황 제사'라고 할 만한 것을 생각할 수 있었다. 신사가 '제사'를 맡아 주관하는 국가기구로 자리매김이 되었다는 것은 '천황 제사'와 연결된 제사 체계의 일환으로 '공'의 존재에 편입되었다는 것을 말한다.

메이지 정부가 당초 생각한 제정일치 국가 구상에서는 신사가 중심이 되어 종교적인 역할도 계속하면서 국민교화를 적극적으로 추진하는 것을 목표로 설정하고 있었다. 신장제神葬祭를 하고 우지코조사도 실행할 수 있는 것이 당시의 국학자나 신도가의 이상이었다. 그러나 신사계를 종교계의 일부로 자리매김해 보니 그 힘이 부족하다는 점이 눈에 띄었다. 또 불교계를 비롯한 여러 세력으로부터 저항도 강하여 국민의 신념을 강제로 변용시키는 것이 곤란하다는 점도 드러났다. 그래서 각 종교종파에게는 각각의 포교 활동, 신앙 활동을 '자유롭게' 하도록 계속 허용하고, 제정일치 국가의 통합질서에 편입해 가면 좋겠다는 생각 쪽으로 옮겨 갔다.

황실 제사에 국민의 참가 전망

실제 신사계가 교화의 주도권을 쥘 수 없어도 황실의 신도 제사를 기축으로 하는 제정일치 국가의 형태를 충분히 만들 수 있다는 전망이 이 참에 열리게 되었다. 대개 제정일치 국가 구상의 중심은 아마테라스 오미카미와 황실의 조상신黃祖黃宗의 제사였다. 메이지유신 이후 이 참에 천황의 존재감이 높아지자 천황의 역대 선조에 대한 제사를 전 국민에게 침투시켜 가는 방책이 보이게 되었다.

그때 신사도 중요한 역할을 하였으나, 그 이상으로 축제일의 시스템이나 천황·황실과 관련한 의례를 매체로 하는 참여가 국민 통합의 유효한 수단이 되었다. 또 예상치 않았던 경로로서 학교를 통해서 천황·황실에 대한 숭경을 길러간다는 새로운 '교화' 방책의 전망이 열리게 되었다. 특정한 정치가나 집단이 이것들을 계획적으로 추진한 것이 아니다. 근대국가의 장치가 어떻게 기능할 것인가를 이해함과 동시에 제정일치 국가의 이념에 공감하는 여러 입장의 사람들 — 정치계 관련 지도부사츠마(薩摩(살마)), 죠슈(長州(장주)), 번벌 세력이 부속이있다, 신사계, 신도, 국학 세력, 천황 주변의 사람들 — 의 힘이 작용하여 이 참에 형태가 만들어지게 되었다.

제정일치의 국가 구상에서 황실 제사가 매우 중요한 위치를 차지하였음은 말할 필요가 없을 것이다. 그러면 메이지유신 때에 황실 제사는 어떻게 근대국가체제로 편입되어 국민 생활에 깊이 관여하게 되었을까. '전통적'이나 '고대古代 이래'라고 이야기되는 것이 많은 황실 제사인데 실제는 메이지유신 때에 대규모로 크게 확충되어 그 기능에 현저한 변화가 일어났다. 대부분 새로운 시스템의 창출이라고 말해도 좋을 정도의 변용이 일어났다. 이것을 취급하지 않은 채 국가신도를 논하는 것도 근대 일본의 종교지형을 논할 수도 없을 정도로 깊은 의의를 띤 변용이었다.

새로운 황실 제사 시스템의 창출

메이지유신 이후 신사신도의 존재 방식에 나타난 변화를 종교 집단을 둘러싼 종교제도의 측면에서 이해해 왔으나, 근대의 법 제도나 '신교의 자유'의 관점에서 종교와 국가와의 관계를 물으면 저절로 그러한 측면이 중요시된다. 그래서 신도의 경우 신사에 초점을 맞추게 된다.

그러나 근대 일본의 신사조직은 황실 제사와 밀접하게 관련되는 것으로 정리되었다제3·4장. 그런데 연구자들 사이에서는 황실 제사의 기능을 종교와 국가와의 관계로 문제 삼는다는 관점을 빠뜨리기 일쑤였다. 그 때문에 서양에서 기독교의 교회그와 비슷한 종교집단와 국가와의 관계를 문제 삼아 온 틀을 그대로 다른 문명·문화의 상황에 맞추려 하다 보니 혼란이 계속되고 있다. 일본의 경우 실제로는 근대의 지역사회에 있는 신사나 신도의 존재 방식을 볼 때도 황실 제사와의 관계에 주목하는 것이 매우 중요하다. 새로운 황실 제사 시스템의 형성을 이해하는 것은 근대에 형성된 종교집단으로서 신사신도를 이해하는 데에도 매우 중요한 의의를 띤다.

메이지유신 때 황실 제사는 고대의 '제정일치'의 존재 방식으로 되돌아간다는 이념에서 대규모적으로 확충되었다. 더욱이 고대처럼 많은 제사를 제사직에게 맡기는 것이 아니라 천황 스스로가 제사의 주재자가 되는 '천황친제天皇親祭'가 아니면 안 된다는 생각이었다. 이미 언급하였던 신기관神祇官을 불러일으키는 것이나 신불분리神佛分離, 사격社格제도 등 신사의 지위 강화와 관련한 정책도 황실 제사를 정점으로 하는 제정일치 국가의 조직화의 하나로서 구상되었다. 정교분리를 계속 구가하면서도 제정일치의 국가 구상이 굳건히 지켜지게 되었다고 말했는데 그것은 근대국가에 어울리는 제도로서 새로운 황실 제사 시스템을 창출함으로써 가능하게 되었다.

황실 제사의 중심시설 궁중 3전

교토의 어소御所[29]에는 가시코도코로賢所(현소)라는 시설이 있었다. 이세신궁의 신체神體[30]로 3종 신기神器의 하나인 야타노카가미八咫鏡라는 신성한 거울[神鏡(신경)]의 카타시로形代, 본래의 것을 대체하는 것를 제사 지내는 장소이다. 가시코도코로는 1869년에 수도를 도쿄로 옮기고 니시 항거 니시마루西の丸의 산리山里의 앞뜰에 임시로 만들어 놓은 '어배소御拜所'가 되었다. 한편 황거 밖에 새롭게 만들어진 신기관神祇官에서는 황령皇靈 : 메이지유신 이전에는 불교식으로 어소의 '흑호(黑戶)'에 놓여 있었다과 팔신八神 : 신황산령신(神皇産靈神), 고황산령신(高皇産靈神), 혼류산령(魂留産靈) 등 및 천신지기天神地祇의 제사가 이루어졌다. 고대古代 신기관의 것[31]을 부흥하려고 한 것이다.

그 이후 우선은 1871년에 천황의 혼령이 궁중으로 옮겨졌고 이어서 신기관이 신기성神祇省[32]으로 격하된 후 폐지됨에 따라 팔신

---

29 주로 천황 등 지위가 높은 사람의 저택.

30 신도에서 신이 머물러 있다는 물체로 신앙의 대상이 된다.

31 야마토시대(大和時代).

32 1871년 9월부터 그다음 해 4월 21일까지 신기(神祇)의 제사와 행정을 관장하는 기관으로서 야마토시대의 율령제 이래의 신기관 대신에 설치되었다. 형식

과 천신지기도 궁중의 가시코도코로의 성역으로 옮겨졌다. 제3장에서도 언급할 것이지만 이것은 신사의 입장에서는 신사신도의 신들의 '격하'로 볼 수도 있으나, 다른 각도에서 보면 천황이 직접 제사를 주재하는 친제親祭를 기축으로 하는 황실 제사, 궁중 제사의 '격상'이기도 하였다.

이렇게 국가적 신기제사의 중심 공간은 메이지 초기 여러 해 동안 교토에서 도쿄로, 그리고 신기관에서 궁중으로 옮겨졌다. 1889년에는 새로운 천황 저택을 만들 때 천황이 거주하는 후키아게어원吹上御苑[33]에 멋진 신전이 건립되어 가시코도코로, 황령전, 신전으로 구성되는 '궁중 3전'으로 불리게 되었다. 그것은 또 천황의 선조신 아마테라스 오미카미를 제사 지내는 이세신궁에 대응하는 국가 중추의 시설로서 천황이 직접 제사를 주재하는 친제, 제정일치 체제의 '제사'가 계속 이루어지는 독자적인 의례 공간이다. 3전 앞은 흰 모래가 깔리고 다이죠사이大嘗祭, 혹은 오나메마츠리[34] · 니나메노마

만으로 이야기하면 태정관보다도 위에 있던 신기관에 대해 태정관의 한 기관으로 격하된 신기성은 언뜻 보면 지위가 떨어진 것처럼 보이나, 실제로는 천황에 의한 제정일치, 더 나아가 신도의 국가종교화를 목표로 정부의 관여를 강화한 것이었다.

33 지리적으로는 무사시노(武蔵野)대지의 동쪽 해안을 따라 있는 토지이고 현재는 황거의 일부로서 구(舊) 니시마루의 서쪽에 접해 있다. 메이지유신 이후 이쪽으로 어소를 옮긴 이후 정원이 조성되었고 골프장까지 있었는데 골프장은 1937년에 없어졌다.

34 새로운 천황이 즉위한 후에 새로운 곡식을 신들에게 바치고 자신도 그것을 먹는다. 이러한 마츠리의 의의는 국가와 국민을 위해 안녕, 오곡 풍요와 황조 아마테라스 오미카미 및 천신지기에 감사하고 이를 기원하는 것이다.

츠리新嘗祭[35]가 이루어지는 신가전神嘉殿이나 가구라사神樂舍 등과 합쳐 2,200평의 넓은 신역이다. 이 궁중 3전은 지금도 실재하고 있으며 제5장에서 기술하듯이 황실 제사의 중심적인 공간으로서 여전히 큰 역할을 계속하고 있다.

황거 안에 이같이 멋지게 정리된 신전을 갖춘 것은 일본 역사상 전례가 없다. 근대국가의 기둥으로서 천황친제에 의한 황실 제사 체계의 이념이 나타났기 때문에 이 같이 전혀 새로운 시설이 필요하게 되었다. 물론 황실 제사 자체는 긴 역사를 가진다. 그 때문에 당시까지도 소규모의 황실신도는 있었다. 그러나 메이지유신에 의하여 종래와는 질적으로 다른 대규모적 황실신도가 새롭게 창출되었다고 말해도 좋을 것이다. 더욱이 그것들은 궁정 사회에서 매우 적은 사람의 관여로 이루어지고 있었던 당시까지의 상황과는 다르게 대다수 국민의 정신생활에 깊은 영향을 끼치게 되었다.

새로운 황실 제사의 체계 정기적인 축제

그러면 새롭게 구축된 황실 제사 체계는 어떠한 것인가. 메이지유신 전부터 이어받은 것은 무엇이며 새롭게 추가된 것은 무엇인가. 천황이 직접 제사를 주관하는 황실 제사, 결국 천황이 스스로

---

35 천황이 그 해에 수확한 신곡 등을 천신지기에게 바치고 감사를 전하며 이러한 것들은 신으로부터 받은 것이라 하여 자신도 먹는 의식이다. 이 마츠리는 매년 11월 23일에 궁중 3전과 가까운 신가전(神嘉殿)에서 이루어지며 같은 날 전국의 신사에서도 이루어진다. 단 천황이 즉위 후 처음으로 하는 니이사이노 마츠리를 오나메마츠리(大嘗祭)라고 한다.

제사장의 역할을 하는 제사는 13개인데 그 가운데 고대부터 내려온 것은 매년 벼의 신곡을 천황이 천신지기天神地祇에게 바치고 천지지기와 함께 먹는 니나메노마츠리新嘗祭(신상제)뿐이다. 또 칸나메마츠리神嘗祭(신상제)는 신곡을 신에게 바치는 것으로 이세신궁伊勢神宮36에서 매우 중요한 제사였는데, 새롭게 궁중에서도 지내게 되었다. 다른 11개 제사는 새롭게 정해진 것이다.

전혀 새로운 제사로서 눈에 띄는 것은 원시제元始祭와 기원절紀元節37 제사이다. 원시제는 1월 3일에 지내는 것으로 천손 강림, 즉 아마츠 히츠키天津日嗣(천진일사)38의 시작을 축하하는 것, 기원절 제사는 초대 천황이 되는 진무 천황의 즉위를 축하하고 그 즉위일에 올리는 제사이다. 천황이 직접 제사를 주관하는 다른 9개의 제사는 예년 이루어지는 진무천황제, 춘분일과 추분일에 팔신과 천신지기에 제사를 지내는 황령제와 신전제神殿祭, 선제제先帝祭, 메이지 시기는 고메이 천황제39 등 천황가의 조상 제사로 이른바 진무 천황으로부터 현재 천황에 이르기까지의 '만세일계'라고 주창된 역대 천황에게 올리

---

36 일본 미에현 이세시(三重縣 伊勢市)에 있는 신궁으로 정식명칭은 "진구(神宮)"이다. 다른 신사와 구별하기 위해 이세신궁이라고 부른다. 일본 모든 신사 중 가장 우위에 위치하는 신사로 메이지시대부터 제2차 세계대전 일본 패전까지 모든 신사 가운데 최상위에 위치하는 신사로서 사격 대상 밖에 있었다.

37 일본 『고사기(古事記)』나 『일본서기(日本書紀)』에서 일본 초대 천황으로 되어 있는 진무 천황의 즉위일(2월 11일)을 축제일로 정하였다. 1874년에 정해져 1948년 연합군 총사령부(GHQ)에 의하여 폐지되었다.

38 황위를 계승하는 일.

39 메이지 시기에 고메이 천황제는 1월 3일이었다.

는 제사이다. '만세일계'는 국체론의 핵심 개념이다. 국가신도와 국체론의 관계에 대해서는 후에 기술하는데 새로운 황실 제사가 국체론과 떨어질 수 없는 시스템으로서 도입된 측면이 여기에서도 잘 나타나고 있다.

그 외에 천황친제가 아니라 천황 대신에 장전직掌典職[40]이 신 앞에 봉사하는 제사가 많이 있다. 1월 1일 사방배四方拜[41]와 세단제歲旦祭,[42] 2월 17일의 기년제祈年祭,[43] 12월 중순의 가시코도코로 가구라賢所御神樂,[44] 천황의 탄생일에 이루어지는 천장절天長節[45] 제사, 6월, 12월 말에 이루어지는 오하라이大祓(대불)[46]와 요오리節折(절절), 매월 3

40 제2차 세계대전 이전에는 궁내성의 외국(外局)으로서 궁중 제사를 담당했다.
41 천황이 청량전(清涼殿) 동쪽 뜰에 나아가 천지, 사방 및 산릉(山陵)에 절을 하고 재앙을 물리치며 황위(皇位)의 장구를 비는 의식으로 현재는 오전 5시 30분 신가전(神嘉殿)의 남좌(南座)에서 이루어진다.
42 제2차 세계대전 일본 패전까지 소제(小祭)의 하나로 현재는 양력 1월 1일에 궁중 3전에서 새로운 해가 시작되는 것을 축하하는 제사이다. 1월 1일 오전 5시 30분부터 장전장(掌典長)이 주재하여 축사를 올리고 오전 5시 40분경 사방제를 마친 천황이 절을 하면 황태자가 이어 절을 한다.
43 매년 2월 17일에 이루어지는 궁중 제사의 소제로 그 해의 오곡 풍요를 비는 제사이다.
44 매년 12월 중순에 황거에서 천조대신의 위패인 신 앞의 거울을 놓고 제사를 지낼 때 행해지는 무악으로 궁중 마츠리의 하나이다.
45 천황의 탄생일을 축하한 축일로 1873년에 제정되어 1948년에 천황탄생일로 개칭되었다.
46 불(祓)은 정화(浄化) 의식으로서 궁중이나 신사에서 일상적으로 이루어지는데 특히 천하 만민의 더러운 죄를 없앤다는 의미에서 오하라이라고 한다. 매년 6월과 12월 보름, 즉 양력 6월 30일과 12월 31일에 이루어진 것으로 항례(恒例)로 하고 있는데 천황 즉위 후 최초의 니나메마츠리인 오나메노마츠리 전후 혹은 미증유로 역병이 유행한다거나 재궁·재원(斎宮斎院)을 정할 때라든가 재해가 엄습했을 때에도 임시로 할 경우도 있었다.

회 지내는 순제旬祭 등이다. 이 가운데 '요오리'라는 것은 특별한 대나무와 다지를 이용하는 의데로 내나누도 선왕의 신체身體를 측정하고 단지로 천황이 죄와 비정상적 생리적 사태로서 부정不淨을 토해내는 등의 행위를 하는 것이다. 이러한 것들 가운데에는 고대로 거슬러 올라가는 것도 새롭게 만들어진 것도 있는데 고대에 유래하는 것도 역사상 장기간 중단하고 있던 것이라든가 이전에는 계속 간략히 했던 것이 많다.

에도시대 말기에는 국학이나 미토학水戶學[47]의 영향도 있고 황실 제사에 관심이 높아져 궁중에서도 진무천황제 등 역대 천황에 대한 산릉에서의 신도 제사나 궁중에서의 황령 제사가 이미 고메이 천황재위 1846~1866의 주재하에 충실히 도모되고 있었던 점이 밝혀지고 있다.武田秀章,『유신기 천황 제사의 연구』황실 측에서도 신도화를 목표로 하는 의례 생활을 변용하려는 움직임이 있었고, 뜻있는 사람들이 변혁세력의 제정일치 국가 이념에 호응하면서 천황친제의 이념을 세우고 이는 메이지유신 정부의 새로운 황실 제사 시스템이 되었다.

국민에게 천황 숭경을 불어넣는 황실 제사

이러한 황실 제사가 전통적인 제사와 다른 것은 그 양이 많다는 점과 꼼꼼한 정도만이 아니다. 앞에서도 언급했듯이 보다 중요한 차이는 전통적인 황실 제사는 소수의 궁정 관계자나 관리가 관여

---

47   에도시대에 일본의 히타치노쿠니(常陸国) 미토번(현재의 이바라키현 북부)에서 형성된 정치사상의 학문이다.

하는 데 그쳤고 대다수 사람들이 일상적으로 참여한 것이 아니었지만, 메이지유신 이후의 제사는 축제일에 이루어졌고 대다수 국민의 일상생활과 관련되었다는 점이다. 학교 행사나 매스컴 보도 등을 통해서 황실 제사가 많은 국민에게 생활規율을 훈련하는 공간 혹은 정서를 드높이고 북돋아 공유하는 기회를 제공하고, 일상생활의 경사, 비정상적 생리적 사태로서 부정不淨의 리듬과 깊이 관련하게 되었다.

국민 생활과 큰 관련성을 가진 축제일은 1873년까지 기원절, 천장절, 니나메노마츠리新嘗祭 등 8일이 제정되었으나, 대부분이 황실 제사와 관련된 것이었다. 신년연회만 황실 제사와 관련이 없으나, 그것도 궁중 축하 행사에 맞춘 것이었다. 축제일에는 소학교를 비롯하여 다양한 장소에서 국민이 황실 제사를 함께 축복하는 행사가 널리 행해졌다. '시작하기'에 적은 기원절의 창가는 황실 제사에 국민이 참여하는 축제일 행사의 일단을 보여주는 것이다.

국민의 1년 달력에 대한 의식意識이 황실 제사를 기축으로 전개되기에 이르렀다. 덧붙여 이것보다 앞서 1868년에 일세일원제一世一元制, 천황 1대를 하나의 원호(元號)로 하는 것가 정해지고 있다. 이러한 제도화로 국민의 시간 의식이 천황의 존재와 깊이 결합이 된 포석이 놓이게 되었다. 〈기미가요君が代〉[48]가 축제일에 소학교에서 부르게 되는 고시告示가 이루어진 것은 1893년의 일이다.

---

48 고대 일본에서 기원한 일본의 국가(國歌)이다.

근대국가 의례 시스템의 일본적 전개

평상적인 축제일에다가 국민이 특히 높은 관심을 가지고 참여한 황실 제사는 천황 즉위나 천황·황족의 결혼·장례식 때 이루어졌다. 메이지 천황의 즉위식이나 오나메마츠리大嘗祭는 옛 제도를 복원하려고도 하였고 천황 중심의 근대국가에 어울리는 위용을 과시하기 위해 새로운 내용을 포함하려고 한 것이다. 이러한 행사 가운데 몇 가지는 그 전신前身이 되는 것과 같은 행사가 메이지유신 이전에도 이루어졌는데, 대다수 국민이 전혀 모르는 곳에서 행해지고 있었다. 그러나 메이지유신 이후에는 천황·황족의 교체의례나 결혼식이 대다수 국민이 보는 가운데 이루어진 국가적 행사로서 중요한 의의를 띠게 되었다.

국민이 바라보는 대규모적 축제로서 빠른 것은 1889년 대일본제국헌법의 발포식전式典이다. 이 시기는 서구의 선진국이 대규모적인 국가의례를 개최하는 이른바 의례경쟁과 같은 양상이 나타나게 되었다.후지타니(Takashi Fujitani), 『천황의 행진』 헌법발포식전은 기원절 날에 이루어졌고 궁중 3전에서 옥충玉串[49]을 올리고 헌법의 발포를 알리는 문장을 봉독하고 있다. 그리고 천황·황후를 마차에 태우고 천황이 거주하는 황거 앞 광장으로부터 아오야마靑山 연병장까지의 대행진은 화려한 축제 분위기를 자아냈다. 오쿠보 토시미치大久保利通[50] 등이 발의한 천황의 순행은 1870·1880년대에 크게 행

---

49 신도 제사에서 참배자나 신직(神職)이 신에 바치는 흰 종이나 목면을 붙인 비쑤기나무 가지이다.

해져 천황 숭경을 확산시키는 계기로서 중요한 역할을 하였다. 황실 제사나 도시 공간을 결합한 새로운 의례 시스템의 이러한 효과는 국민의 일체감을 불러 일으키는 데 특히 큰 기능을 했다.

근대 국가의례와 '고대적' 황실 제사

그 이후 '천황·황족의 장관의례壯觀儀禮 행진'은 점차로 퍼지게 되었다. 1894년의 메이지 천황의 은혼식銀婚式, 1900년의 다이쇼 천황大正天皇의 결혼식 등이다. 다이쇼 천황의 결혼식은 신전결혼식神前結婚式[51]의 원형이 되었다. 근대 국민으로서 일본인도 서양풍 결혼식과 같은 것을 생각하도록 한 것인데 그것을 퍼지게 하는 데에는 왕실 제사의 획충이 그 역할을 하였다. 1912년에 메이지 천황이 세상을 뜨자 궁중에서의 신도 행사에 이어서 아오야마靑山 연병장練兵場에 설치된 신도 방식의 상례식전에서 근대국가에 어울리는 위엄 있는 의례가 이루어졌다. 관은 영구靈柩 열차로 교토로 옮겨져 모모야마릉桃山御陵[52]에서는 역사적 유래가 반영된 궁정 옷차림 등의 취향을 함축한 장엄한 행진이 이루어졌으며 많은 국민이 슬픔을 서로 나누게 되었다.

1915년 다이쇼 천황의 오나메노마츠리大嘗祭는 교토에서 이루어

---

50 1830~1878. 일본의 사츠마(가고시마) 출신의 무사, 정치가이다. 사이고 다카모리(西鄕隆盛), 기도 다카요시(木戶孝允)와 함께 메이지유신의 삼걸(三傑)로 불린다. 초대 내무경(內務卿)을 지냈다.
51 신사나 신 앞에서 이루어지는 일본 전통 결혼식
52 교토시 후시미구(伏見區)에 있는 메이지 천황의 묘.

저 전통과 연속성이 강조되었고 새로운 천황은 칙어를 내려 '짐은 그대 신민의 충성 그 뜻을 지키고 그 업에 종사하도록 장려하고 그럼으로써 황운皇運[53]을 돕는 것을 알며 바라건대 마음을 함께 하여 힘을 합쳐서 점점 국가의 영광을 드높이도록 할 것'이라 하여 국민과의 일체성에 인상을 주었다. 이렇게 황실 제사는 전통적이라고 생각되어 온 신도의례를 중심으로 국민의 연대감을 높이고 선명한 인상을 남기는 행렬로 장식되었으며 천황 숭경의 의례 시스템의 핵심에 자리매김하는 것으로 그 중요성이 높아지게 되었다.

근대국가의 통치에 그 역할을 하는 의례 체계의 수립은 어느 국가든 중대한 과제였다. 19세기 후반 서양 여러 국가는 서로 경쟁하면서 새로운 '전통의 창출'을 추구해 갔다.홉스봄(E. Hobsbawm) 외편, 『만들어진 전통』 일본에서는 황실 제사를 축으로 각지의 신사 제사도 계속 편입하여 '전통의 창출'이 이루어지게 되었다.

역설적으로 들릴지도 모르겠으나 근대 서양에서 만들어진 국가 의례 시스템을 참고하여 국민의 충성심이나 단결심을 높이는 방안을 짜내 고대적인 이상理想이 다시 나타난 것으로 이해된 제정일치 체제의 구축이 촉진되었다. 이같이 언뜻 보면 후진적인 것으로 보이는 이상理想과 민족주의에 의한 새로운 국가의 건설이라는 목표가 서로 영향을 받아 진폭이 두드러지게 증가하는 사태는 결코 드문 일이 아니다. 현대세계의 종교 민족주의나 원리주의原理主義가

---

53 황실의 운명.

세차게 일어나 서로 대응하는 현상이라고 말할 수 있다.

4. 종교사에서 본 제국헌법과 교육칙어

천황 숭경과 국체론國體論_ 국가신도의 새로움

이같이 새로운 황실 제사가 창출되었고 그것은 신사 제사를 뒷받침으로 하여 국민 생활 속으로 침투했다. 그것은 '일본형 정교분리'와 병행하며 '제정일치'를 근대 국민국가의 공적 질서로서 구체화해 감과 동시에 새로운 근대적인 형태의 신도의례를 창출하는 것이기도 하였고 그 후의 역사에 심대한 영향을 끼치게 되었다.

황실 제사가 국민으로 침투하는 데 뒷받침을 한 것은 신사 제사만이 아니다. 학교나 공적 행사나 인쇄물을 비롯한 매체가 관련하였다. 천황 숭경이나 국체론이라는 점에서는 신사조직 외의 기관이나 시스템이 더 큰 영향을 끼쳤다. 이렇게 제2차 세계대전까지, 황실 제사와 천황 숭경을 중핵으로 하는 신도적인 의례와 사상 질서가 '공적' 생활의 넓은 영역에 미치게 되었다. 이 시기 일본의 민족주의는 신도 제사를 지내고 역대 천황의 영령의 권위에 토대하여 도덕을 가르치는 천황에 대해 국민이 두렵고 존경하는 생각과 애착의 심정을 함께 나눔으로써 강한 통합력을 발휘하였다. 이것이 '국가신도'라는, 내적으로 충실하고 매우 새로운 종교성이다.

국가신도가 무엇인가를 이해하는 데에는 신사 역사의 전체를 보고 그 가운데에 자리매김하지 않으면 안 된다. 이 과제를 위해서 앞쪽으로도 종종 되돌아갈 생각인데 여기에서는 매우 큰 대강만 언급해 둔다.

불교 우위優位의 체제로부터 신도가 자립해 가는 과정

궁정을 중심으로 하는 의례 체계로 신도가 출발한 것은 고대부터이다. 그러나 근대 이후 신사신도로 통합되는 것 같은 지역의 신기神祇제사가 신도로 부를 만한 통합된 형태를 갖추는 것은 상당히 역사가 내려가고부터이다. 지역의 신기제사를 황실 제사와 결합하려고 하는 사상이 근세가 되면 그 참에 나타나게 된다. 특히 근세 중기 이후 퍼지게 되는 국학운동에는 황실 제사나 천황 숭경과 지역의 신기제사를 하나로 통합하여 발전시키려는 구상이 많은 지지를 얻게 되었다.

그러나 대다수 사람들은 여전히 불교와 신불습합의 종교문화의 틀에 머물러 있었다. 역사가 구로다 다카오黑田俊雄[54]는 중세에 지배적이었던 불교의 주요 세력을 '현밀불교顯密佛教'[55]라고 불렀다. 현교顯教와 밀교密教로 구성되는 불교라는 것이다. 헤이안平安시대,[56]가

---

54 1926~1993. 일본중세사 전공 역사가.

55 밀교는 다이니치료라이(大日如來)가 스스로 깨달은 심오한 절대 진리를 가르친 것으로 『대일경(大日經)』, 『금강정경(金剛頂經)』이 대표적인 경전이다. 밀교는 특히 기도를 중시하기 때문에 의식(儀式)과 주문(呪文)을 정비하고 있다. 이에 대해 현교는 언어에 의하여 분명하게 가르침을 보여주는 것이다.

56 794년 간무천황(桓武天皇)이 헤이안쿄(平安京, 교토)로 수도를 옮기고 가마쿠라막부가 성립(1185년 또는 1192년)되기 전까지의 시기를 말하며 교토의

마쿠라鎌倉시대[57]의 불교의 중심세력은 홍복사興福寺,[58] 동대사東大寺,[59] 비예산比叡山 연력사延曆寺[60] 등 남도북령南都北嶺, 나라(奈良)와 비예산(比叡山)의 관승官僧을 중심으로 한 승려 집단이었다. 국가를 지탱하고 국가로부터 지지를 받은 불교였고 그 사상과 실천은 천태교학天台教學, 화엄교학과 나란히 동아시아의 불교교학, 현교의 대표적 존재과 밀교의 영향을 짙게 받은 것으로 밀교 불교라고 불리고 있다. 전국 큰 규모의 신사와 신직들도 이 현밀 체제에 편입되어 있었다.末木文美士, 『일본불교사』

불교의 종파화宗派化가 진행되는 한편 유교나 신도로부터 강하게 사상적 영향을 받게 되는 근세에는 일본 종교문화 전통의 주류를 형성해 온 현밀 불교는 그 참에 뒤로 밀려나게 된다. 그 대신 신도와 유교가 성합하면서 지배체계를 지탱하는 새로운 종교성이 모색되었다.헤르만 오무스(Herman Ooms), 『도쿠가와(德川) 이데올로기』 그리고 19세기에 들어서서 황실 제사나 기기記紀신화에 기반을 두는 천황 숭경에 의한 국가통합의 비전이 제시되었고, 강한 지지를 얻게 되었다. 신도 제사와 신도 신앙의 역사에서는 황실 제사를 기축으로 하면

헤이안쿄가 정치의 중심이었기에 헤이안시대로 불린다.

57 12세기 말에서 1333년까지의 시기로 이 시대 막부의 중심이 가나가와현(神奈川縣)의 가마쿠라에 있었기에 가마쿠라시대로 불린다.

58 일본 나라현(奈良県) 나라시(奈良市) 노보리오지쵸(登大路町)에 있는 법상종(法相宗) 대본산의 불교사원으로 남도 7대사의 하나이다.

59 일본 나라현(奈良県) 나라시(奈良市) 죠우시쵸(雜司町)에 있는 화엄종 대본산의 사원이다.

60 일본 시가현(滋賀県) 오츠시(大津市) 사카모토혼쵸(坂本本町)에 있는 표고 848미터의 히에산 전역을 경내로 하는 사원.

서 유교 전통이 추구하려는 강한 교화적教化的 지도의 성격을 띤 국가의 모습이 형성되었다. 19세기가 되면 일본의 종교문화의 여러 측면에서 신도가 불교로부터 자립하고 지지 세력을 확대해 나가는 경향에 있었다. 황실 주변으로부터 무사, 서민에 이르기까지 신도가 광범하게 융성하였고 그것이 국가신도 구상의 기운을 내포하고 있었으며 새로운 제정일치 체제를 떠받드는 역할을 하게 되었다.

물론 신도의 근세적 전개는 이 같은 국가신도적 방향을 가진 것만은 아니었다. 후에 천리교나 금광교金光教와 같은 교파신도로 전개되는 구제救濟종교적인 경향을 띤 동향도 각지에서 나타나고 있었다. 유행신流行神이나 산악신앙이나 세상 바꾸기의 방향성을 띤 민중종교적인 신도의 동향이다. 에도시대 말기를 보면 민중 사이에서는 민중종교적인 신도운동이후 교파신도이 융성하고 있었던 것에 대해 무사 특히 변혁의 주체가 된 하급 무사 사이에서 황실 제사를 중핵으로 한 신도국가 형성의 비전이 급속하게 지지를 얻어 갔다.

그리고 메이지유신 후에는 후자가 새로운 국가의 중핵적 이념으로 높아졌고 많은 국민이 국가의 정치 질서에 관여하였으며 나아가 국가에 대한 공헌을 요구하는 제도형태가 모색되었다. 이러한 모색기의 시행착오를 거쳐 국가신도가 제도로서 확립되는 것은 1890년경의 일이다.

대일본제국헌법과 '공公'적 질서의 신성성

이하에서는 이러한 국가신도의 제도적 기제가 된 '대일본제국헌법'이나 '교육칙어'에 대해 언급하기로 한다. 이 양자는 그야말로 국가신도, 즉 근대적인 제정일치 체제가 확립되는 데에 획을 그었다. 이것들은 또 황실 제사와 천황 숭경의 강력한 국가제도화를 결정짓기도 하였다.

1889년에 발포된 대일본제국헌법에서는 제28조에 '일본 신민은 안녕질서를 방해하지 않고 신민다운 의무에 반하지 않는 한 신교의 자유를 가진다'라고 규정하여, 국민에게는 '신교의 자유'가 있다는 형식이었다. 그러나 동 헌법 제1조에는 '대일본제국은 만세일계의 천황이 이를 통치한다'라고 규정했고 제3조에는 '천황은 신성하여 범해서는 안 된다'라고 규정하였다. '신민다운 의무'에는 '만세일계'의 천황에 대한 숭경이 포함되어 있었다. 신교의 자유, 사상·양심의 자유는 국체론을 전제로 하는 천황 숭경에 반하지 않는 한限이라는 제약이 설정되어 있었다. 그 하나 선을 넘어서면 '공'의 신성한 질서를 범하게 되기 때문에 신교의 자유, 사상·양심의 자유는 거기에는 미치지 않는 '사'의 영역으로서 허용되었다.

대일본제국헌법이 천황의 종교적 권위를 전제로 한 것이라는 점은 조문의 내용 이상으로 그 발포형식에 분명히 나타나 있었다. 이 헌법은 천황이 정한 흠정欽定헌법이고 발포 시에는 궁중에서 아마테라스 오미카미나 역대 천황皇祖皇宗과 신들을 제사 지내는 신전 앞 봉고제奉告祭가 치러졌다. 전국의 신사에서도 마찬가지로 봉고

제가 행해졌다. 또 '역대 천황의 신령'을 향하여 '고문告文'이, 또 국민을 향해서는 '칙어'가 빛을 발하여 이루어졌다.

'고문'에서는 우선 '짐 나는 끝이 없는천양무궁 원대한 도모[宏謀(굉모)]에 따라 신의 자리[寶祚(보조)]를 계승한다'와 천황 스스로가 신적인 권위를 계승한 사람이라는 것을 선언하고 있다. 여기에서 '천양무궁'이라는 것은 천손강림 시에 아마테라스 오미카미가 니니기노 미코토에게 고한 '신의 계시神勅'의 한 구절을 가리키며 역대 천황이 영원히 국토를 통치할 만한 신성한 임무를 받은 존재라는 것을 근거로 삼은 것이다. 『일본서기』에 기록된 「천양무궁의 신칙」은 다음과 같은 것이다.

> 아시하라의 천오백 가을의 벼 이삭의 국가는 우리가 자손의 왕이 될 만한 땅이고 지금 황손 임하여 통치하라. 신의 자리를 융성시키는 것 그야말로 하늘과 땅에 끝이 없게 하라.이와나미 문고판

'천양무궁'을 읽는 방식은 몇 가지가 있는데 '천지와 함께 영원히'라는 것이 원래의 의미이다. '굉모'는 '크게 도모하는 일'을, '보조'는 '대대로 이어받는 신성한 천황의 자리'를 의미한다. 이것은 헌법이 기능하는 '공'의 영역이 아마테라스 오미카미의 자손인 신성한 천황을 중심으로 하는 신도적인 영역이라는 점을 보여주는 것이다.

'고문'의 끝맺음은 '짐은 우러러 역대 천황 및 세상을 떠난 황고皇考의 신의 도움神佑(신우)을 빌며 아울러 짐이 현재 및 장래에 신민

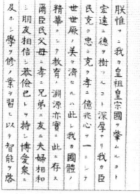
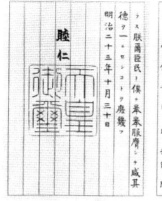

교육칙어 전문(도쿄대학 소장)

에 솔선하여 이 헌장을 이행하고 게을리하지 않을 것을 서약한다. 원하는 것은 신령이 이를 거울로 삼아'로 되어 있다. 여전히 '황조'는 아마테라스 오미가미 혹은 진무 천황, '황종'은 그 이후의 역대 천황, '황고皇考'는 선대의 천황을 가리킨다. 신이나 신적인 역대 천황부터 선대까지 대대 천황의 '신령'에 헌법의 이행을 서약하고 또 현 천황과 국가를 지키며 '신우신의 도움'를 줄 것을 비는 단어이다. 헌법 본문에는 신도의 신앙을 촉구하는 단어는 명백히 써넣고 있지 않다. 그러나 이 '고문誥文'은 헌법은 국가신도적인 틀에서 발포되는 것이라는 점을 분명히 보여주고 있다.

교육칙어가 말하고 있는 것

지금까지 본 대일본제국헌법에 대한 '고문'이나 '헌법발포칙어'를 언급한 국민은 적었을 것이다. 그러나 다음해에 나온 교육칙어는 많은 국민이 자주 읽거나 암송하게 되었고 국민 생활에 절대적

인 효력을 발휘하게 되었다. 교육칙어의 본문은 우선 아래와 같이
시작한다.

짐이 생각하니 우리 역대 천황의 국가를 시작하는 바 넓고 깊은 덕
을 세우는 것이 매우 심오하고 우리 신민이 충과 효로 만민의 마음을
하나로 하여 대대로 그 아름다움을 이루는 것은 우리 국체의 정화로서
교육의 심오함이 또 실로 여기에 있다.

여기에서 천황과 '신민'의 있을 만한 관계가 나타나 있다. 천황
은 '황조황종'을 이어받아 덕치를 계속해 온 신성한 존재이고 '신
민'은 국가가 건국된 이래 천황을 끝까지 섬기는 관계에 있었던
점, 또 그것이 칭송할 만한 규범이고 이 칙어가 내리는 신성한 가
르침이기도 한 점을 보여주고 있다.
　계속해서 교육칙어는 '신민'이 지켜야 할 덕목과 쌓아야 할 만한
사회관계에 대해서 서술한다.

신민 부모에게 효로, 형제에게 우애로, 부부 서로 화애하고 친구 서
로 믿고 공검 이러한 것들을 가지며
　널리 사랑하기에 이르고 배움에 힘쓰며 학업을 배움으로써 지능을
계발하고 덕기를 성취하며
　나아가 공익을 확대하고 세무를 넓혀 늘 국헌을 중히 여기고 국법을
준수한다.

이 부분은 보편적인 도덕이 서술되어 있으며 오늘날의 공민교육에서도 어느 정도 통용되는 내용인지 모른다. 인간관계를 '부모자식', '형제', '부부', '친구'로 나누어 말하는 것은 유교적인 전통을 계승하는 것인데 거기에 노골적인 종교성은 들어가 있지 않다. 그러나 다음 부분은 국가신도적인 심정을 포함한 '공'에 대한 봉사의 의미가 포함되어 있으며 교육칙어가 종교적인 성격을 띤 것이라는 점을 잘 보여주고 있다.

> 일단 완급 있으면 충의와 용기를 공적으로 받들어 영원히 끝이 없는 황실의 운명을 부양해야 한다.

'일단 완급 있으면'이라는 것은 무엇인가 대단한 위기의 사태가 일어났을 때라는 것으로 전쟁 등이 머리에 떠오르게 된다. 그렇기에 충의와 용기를 '공'적으로 다해야 한다. '영원히 끝이 없는 황실의 운명을 부양'이라는 것은 아마테라스 오미카미의 '신의 명령神勅(신칙)'에 따라 천황을 받드는 것을 의미한다. 이 한 구절은 전쟁 등에 애국심으로써 국가에 몸을 다 바친다는 것을 넘어 신성한 천황의 통치를 위해 몸을 다 바쳐야 한다는 것을 이야기한 것이다.

교육칙어의 틀 구조

교육칙어의 남은 부분은 위의 가르침들이 역대 천황과 신민 사이의 깊은 유대에 토대를 두고 있는 점과 그것이 보편적인 가치를 가진 것이라는 점을 기술하고 있다.

이 같은 것은 오로지 짐이 충량한 신민이 될 뿐만 아니라
또 이로써 그대들의 조상이 남긴 유풍을 드높이는 것으로 족하지 말라.
이 길은 실로 우리 역대 천황이 남긴 교훈으로서 자손 신민과 함께
준수해야 하는 것.
이를 고금을 통해서 틀림없이 내외로 퍼지게 하고 사리에 어긋나지
않게 하고
짐, 그대 신민과 함께 늘 잊지 않고 모두 그 덕을 하나로 할 것을 기
대한다.

황조의 시대, 결국 국가의 신적인 기원 이래 현대까지 변하지 않
고 일체성을 가진 천황 = 신민 관계가 계속되었다고 한다. 그것이
야말로 일본 독자의 '국체國體'의 훌륭한 특징이라고 하는, 국체론
적인 신념이 암시되어 있다. 그러나 다른 한편 그것은 일본이라는
한정된 범위를 넘어 보편성을 가진 것그것을 고금을 통해서 틀림없이 내외로 퍼지
게 하고 사리에 어긋나지 않게이라고도 주장되고 있다.
이상 보아 왔듯이, 교육칙어는 한가운데에 신민이 지켜야 할 덕
목을 이야기하고 처음과 끝부분에서 천황과 신민 간 신성한 유대,
그 신적인 유래 또 신민의 신성한 의무를 기술하고 있는 구조로 되
어 있다. 국가신도적인 틀 안에 유교 덕목에 대응하는 것 같은, 어
느 정도의 보편성을 띤 도덕 규범이 서술되는 구조로 되어 있다.

안쪽에 보이는 도덕적 가르침의 부분은 종교성이 엷으나, 바깥쪽의 틀 부분에는 '국체'론이나 아마테라스 오미카미신앙, 역대 천황에 대해 존경하면서 두려워하는 경외敬畏의 생각, 그리고 농도 짙은 천황 숭경이 둘러싸고 있다.

국가신도가 무엇인가를 아는 데 교육칙어의 의의는 아무리 강조해도 지나치지 않다. 그것은 교육칙어가 국가신도의 내적 충실을 집약적으로 표현하는 것이었다는 점과 함께 그것이 많은 국민에게 이야기되었고 국민 자신에게 읽히고 기억되어 몸에 밴 삶의 방식이 되었기 때문이다. 교육칙어는 1945년 이전 일본 국민의 '공公'적 영역에서 사상적思想的 신체身體를 또 마음 습성의 틀을 만드는 기능을 했다고 말해도 좋을 것이다.

5. 신교의 자유, 사상·양심의 자유의 한계

국가신도에 어긋나는 사고방식의 배제

이상 보아 왔듯이, 메이지유신부터 교육칙어 발포까지 '정치와 종교의 분리'와 '제사와 정치의 일치'가 양립하는 제도 틀이 확립하게 되었다. 헌법을 비롯한 견고한 제도체계에 토대하여 근대 일본의 국민은 '공'적 영역에서 국가신도의 의례와 가르침을 강제적으로 따르게 되었다. 천황에 대한 숭경과 황실에 대한 제사를 기축으로 하고 신사가 그것을 뒷받침하는 것 같은 정신 질서 안으로 사람들을 편입시키지 않으면 안 되었다. 그리고 그것은 사적 영역에서 일반인들의 '신교의 자유'에 저촉하지 않는다고 해석되었다.

천황에 대한 숭경과 황실에 대한 제사를 중심으로 '공'의 규범적 질서를 세운다는 기본방침이 메이지유신의 가장 이른 시기에 정해졌고, 그 제도화를 위한 포석이 일찍부터 놓여 있었다. 그러나 그것들이 장래 어떻게 기능할 것인가를 내다 본 사람은 없었고 많은 국민은 아직 국가신도로부터 강한 영향을 받고 있지 않았다. 국가신도의 제도적 형태가 정해지고 대다수 국민이 그 영향을 깊이 받게 된 것은 그로부터 25년이 지난 1890년대 이후이다.

이같이 국가신도가 국민 생활에 깊이 침투하게 되었어도 그것은 '공'적 영역에 머물기 때문에, '사'적 영역에서는 신교의 자유, 사상·양심의 자유가 보장된다는 형식이었다. 국가신도는 '제사'나 '교육'에 관한 것, 혹은 사회질서에 관한 것으로 생각되어 왔던 것에 대해, 죽음 후의 재생이나 구원의 문제 혹은 초월자超越者에 대한 신앙은 '종교'에 관한 것으로 각각 전공영역이 다르다고 생각되었다. 대일본제국헌법은 이 같은 생각을 전제로 '신교의 자유'를 주창하고 있었다.

그러나 실제로는 국가신도와 신교의 자유, 사상·양심의 자유의 사이에는 서로 경합이 있었고 국가신도가 신교의 자유, 사상·양심의 자유를 위협하는 사태가 종종 일어났다. 이하 세 가지 예를 들어 '공'적 영역에서 국가신도의 틀이 확립됨에 따라 신교의 자유나 사상·양심의 자유에 어떠한 영향을 끼쳤는가를 보도록 한다.

우치무라 간죠內村鑑三의 불경不敬사건과 신교의 자유, 사상·양심의 자유의 한계

그렇게 서로 맞서 다투는 경합의 현저한 예는 교육칙어가 발표된 지 얼마 안 되어 나타났다. 충격이 컸고 영향이 오랫동안 끼친 것은 우치무라 간죠[1861~1930]의 불경사건이다. 다카사키번사高崎藩士[61] 집에서 태어난 우치무라는 삿포로농학교札幌農學校[62]에서 공부하였고 기독교인이 되었는데 큰 야심을 품고 있던 중 미국으로 건너가 애머스트대학Amherst College[62]에 유학하였으며 1888년에 귀국하였고, 1890년에는 제일고등학교第一高等學校[63]의 촉탁 교원이 되어 '만국사萬國史'[64]를 가르쳤다. 우치무라가 제일고등학교에 부임한 지 4개월이 지난 1891년 1월 9일, 제일고등학교에서는 막 수여된 천황의 서명宸書(신서)이 있는 교육칙어의 봉독식이 있었다.

봉독이 끝난 후, 교원과 학생이 5명씩 천황의 서명이 있는 교육칙어 앞에서 절을 하게 되었다. 그런데 우치무라는 순간 깊이 예를 취하지 않고 가볍게 머리를 숙이는 정도로 하고 물러났다. 이것에 대해 다른 교원이나 학생들로부터 격한 비난을 받게 되었다. 교장 등은 원만하게 일을 마무리짓고자 하였으나, 학교의 교사, 학생들

---

61 일본의 간토(關東)지방에 있는 군마현(群馬縣).
62 이 대학은 매사추세츠(Massachusetts)주에 본부가 있는 미국의 사립대학으로 1821년에 세워졌다.
63 현재의 도쿄대학 교양학부 및 지바대학(千葉大学) 의학부·약학부의 전신이 된 구제(舊制)고등학교이다.
64 세계의 역사를 말한다.

의 비난, 또 매스컴의 비판은 수그러들지 않았고 결국 우치무라는 1월 31일 자로 자신의 희망에 의하여 해직이 되었다. 이를 우치무라 간죠의 불경사건不敬事件[65]이라고 부른다.

그 후 우치무라를 옹호한 또 한 사람의 기독교인으로 25세의 교원, 기무라 슌키치木村駿吉(목촌준길), 1866~1938[66]도 2월 23일 자로 '비직非職'지위는 유지가 되지만 직무를 면하게 되는 것으로 실질적으로 면직과 같다 처분을 받았다. 또 사건 직후 우치무라 본인에 이어서 인플루엔자에 걸려 투병 생활을 계속하고 있던 우치무라의 아내 가즈코嘉壽子가 4월 19일에 세상을 떴다. 역설적으로 그 후 우치무라는 재야 사람으로서 자유로운 상황에 있게 되어 오히려 엘리트 후보의 지식 청년에게 강하게 영향력을 끼치게 되었다. 불경사건 후 얼마 동안 급여를 받지 못하여 어려운 생활을 강요당하였으나, 1892년 9월에 오사카의 태서학관泰西學館[67]에, 1893년 4월에는 구마모토 영학교英學校[68]에 취직하였다.

얼마 안 있어 그는 소설가 도쿠토미 소호德富蘇峰(덕부소봉)[69]로부터

---

65 천황과 황실을 모독하는 부적절한 발언이나 행동으로 인한 사건.
66 기무라는 1893년부터 1896년까지 미국의 하버드대학원과 예일대학에 유학을 한 후 1896년부터 제일고등학교에 재직하였다. 해군 교수 등을 지냈으며 전기와 물리학 관련 저술도 있다.
67 1886년 9월 오사카에 설립된 기독교 계통의 사립 남자중학교이다. 태서는 서양을 가르킨다.
68 1888년에 구마모토현 구마모토시에 설립된 사립학교로 1892년에 정부로부터 탄압을 받게 된다.
69 1863~1957. 일본의 저널리스트, 역사가 겸 사상가. 『국민신문(國民新聞)』 주재자.

의 지지를 계기로 언론 세계에서 활약하게 되었다. 다른 한편 불우한 시대에 저술한 『기독교도의 위로』나 『구안록求安錄』은 주체성 확립이 요구되는 지식 청년의 마음을 움직여 많이 읽히게 되었다. 그 후 엘리트 후보의 젊은이를 모은 성서연구회聖書研究會[70]가 크게 발전을 하여 우치무라의 카리스마를 중핵으로 한 '무교회無敎會' 기독교는 일본 기독교의 지도적 세력으로 발전해 갔다. 내면적인 신앙을 가짐으로써 근대 주체적인 개인으로 자립하여 때로는 국가신도에 저항한다는 삶의 방식은 우치무라 간죠의 불경사건을 통하여 구체화되었다고 말해도 좋을 것이다.

불경사건의 여파

그러나 우치무라와 같이 종교적인 천황 숭경을 유보하려는 태도에 대한 공격은 우치무라 사신이 세일고등학교를 그만두는 것으로는 문제가 해결되지 않았다. 제국대학도쿄대학 전신의 철학 교수로 『칙어연의勅語衍義』[71]를 저술한 이노우에 테츠지로井上哲次郎(정상철차랑), 1855~1944가 이 사건을 기독교 세력을 견제하는 데 이용하려고 하였다.

이노우에는 장기간의 유럽 유학을 마치고 돌아와 바로 『칙어연의』의 집필에 착수하였다. 이 책은 문부대신 요시카와 아키마사芳川

---

70 무교회파(無敎会派)의 우치무라 간죠의 제자들이 우치무라를 중심으로 조직한 최초의 성서 연구 단체이다. 1901년에 우치무라 자택에서 강의하였고 일요일 오전에는 가족을 중심으로 20여 명 정도 모였다. 1904년 9월에 갑자기 이 연구회는 해산되었다.
71 연의라는 것은 자세히 설명하는 것을 말함.

顯正(방천현정)[72]의 요청으로 저술되어 천황에게 바쳐졌다. 이노우에는 자신이야말로 교육칙어의 국가적 정통적 해석을 제시한 사람이라는 자긍심을 가지고 있었다. 1892년 11월 이노우에의 「종교와 교육과의 관계에 대한 이노우에 테츠지로씨의 담화」가 『교육시론敎育時論』에 실리게 되었고 다음 달 아오야마학원青山學院의 기독교도, 혼다 요이치本田庸一(본전용일)[73]가 반론을 게재하자 이 문제를 둘러싸고 여러 미디어에서 많은 논의가 이루어지게 되었다. 이노우에는 자신의 문장이나 발언을 모아 『교육과 종교의 충돌』이라는 책으로 정리하였는데1893.4, 거기에서는 기독교가 일본의 국체에 어긋날 가능성을 가지고 있다는 점 등을 지적하고 기독교를 비난하는 단어를 연이어 사용하고 있다.

이것에 대해 많은 기독교인이 변론을 발표하여 반드시 기독교가 천황 숭경이나 일본 독자의 국체에 기반한 교육 이념을 위협하는 것이 아니라 하면서 국가신도를 받아들이면서 기독교를 변호하는 주장을 폈다. 우치무라 자신도 교육칙어의 도덕적 생활을 실행하는 것이야말로 중요한 것이고 종교적으로 예배하는 것은 칙어의 진의에 어긋나는 것이 아니라고 반론했다. 그러나 기독교와 같은 종교는 잠재적으로 국체에 반할 가능성을 가진 것이고 일본 국내의 활동이나 표현에는 제약이 필요하다는 인식이 퍼져 나갔다. 이 논쟁을 통해 신성한 천황에 대한 숭경과 그것을 구체적으로

---

72   1842~1920. 일본의 관료 및 정치가.
73   1849~1912. 일본 메이지 시기 기독교주의 교육의 선구자.

나타내기 위해 교육칙어의 성전적聖典的인 의의가 확립되었고 교육
현장에서 신교의 자유나 사상·양심의 자유에는 무거운 틀이 가해
지게 되었다.

구메 구니다케久米邦武(구미방무) 사건과 비판적 역사인식의 한계

우치무라 간죠의 불경사건에 바로 이어서 일어난 것이 역사가
구메 구니다케1839~1931의 필화筆禍사건이다. 구메는 신도를 비방하
였다는 이유로 제국대학 교수직을 잃었는데, 그래서 '신도'라는 것
은 교파신도나 민간신도가 아니라 무엇보다도 국가신도를 가리키
는 것이었다.宮地正人, 「근대천황제 이데올로기와 역사학」; 鹿野政直·今井修, 「일본근대사상
사 가분네의 쿠메시긴」

구메는 사가번佐賀藩[74] 출신의 한학자로 이와쿠라 토모미岩倉具視
견구遣歐사절단[75]에 수행하였고 그의 일기록『특명전권대사미구회
람실기特命全權大使米毆回覽實記』는 의의가 깊은 저작으로 잘 알려져 있
다. 1888년부터 제국대학 교수로서 역사를 가르치면서 임시편년
사臨示編年史 편찬 관련 위원도 지내고 있었다. 당시 제국대학은 국가
의 정식적인 편년사를 편찬하는 업무를 청부받아 구메는 사츠마
번薩摩藩(살마번) 출신의 시게노 야스츠쿠重野安繹[76]와 함께 그 일에 종

---

74 현재의 사가현(佐賀県)과 나가사키현(長崎県)의 일부에 해당하였다.
75 메이지유신 후 1871년 12월 23일부터 1873년 9월 13일까지 미국과 유럽으
    로 파견된 사절단으로 이와쿠라 토모미를 전권으로 하여 정부 요직에 있는 사
    람이나 유학생을 포함하여 총 107명으로 구성되었다.
76 1827~1910. 에도시대 말기부터 메이지 초기에 활약한 한학자 겸 역사가. 일

사하고 있었고 고증학의 전통을 잇는 대표적인 실증사학자로 알려져 있었다. 구메가 1891년 『사학회잡지史學會雜誌』10~11월호에 「신도는 제천祭天의 옛 풍속」이라는 글을 연재했는데 기독교도의 입장에서 '개화사開化史'문명사를 표방하는 다구치 우기치田口卯吉(전구묘길), 1855~1905[77]가 그것에 주목하여 자신이 서언을 붙여 『사해史海』1892. 1에 옮겨 실어 주목을 받게 되었다.

이 글에서 구메는 우선 경신敬神 숭불崇佛에 토대하는 국체의 미풍을 칭송한 다음, 독자적인 종교론·신도론을 전개하고 있다. 신도는 불교나 유교와 같은 교설敎說체계가 없고 종교라고 부르기에 족한 윤리교설을 가지고 있지 않다. 신도의 중핵이라고 할 만한 황실이나 이세신궁의 제사는 고대적인 '제천祭天의 옛 풍속', 즉 보편적으로 볼 수 있었던 공동체 제사에서 유래하는 것이다. 일본에서는 '천어중주天御中主'라고 불렀는데 중국에서는 황천상제皇天上帝라고 부르고 인도에서는 '천당天堂', '진여眞如'라고 불린 것으로 근원은 같은 것이고 '동양 제천의 옛 풍속'이라고 말할 수 있다는 주장이다.

이세신궁은 아마테라스 오미카미에 대한 제사를 지내는 것으로 되어 있는데 이것은 일본 독자의 것이 아니라 '동양 제천의 옛 풍속'의 한 형태로 본래는 황제가 하늘 제사를 지내고 통치에 임하는 것이었다. 조선으로부터의 도래자渡來者의 모습이 기기記紀[78]의 이

본에서 처음으로 실증주의를 주장한 역사학 연구의 태두로 자리매김이 되어 있고 또 일본 최초로 문학박사를 받은 사람으로도 알려져 있다.

77 역사가이며 실업가 겸 저널리스트.

78 일본의 관찬서 『고사기(古事記)』와 『일본서기(日本書紀)』를 합쳐 부르는 말.

야기에 투영되어 있을 가능성도 있다. 3종의 신기神器⁷⁹도 일본 독자의 것이 아니라 '제천의 신좌神座를 장식하는 물건'이었을 법하다. 신도는 '제천', 결국에는 하늘 제사를 지내는 공동체의 제사이며 지기地祇, 토지의 신나 인귀人鬼, 죽은 사람의 영혼를 제사 지내는 것이 아니라, 신사神社는 '오래 전 국현國縣의 정사당政事堂'이었다. 대체로 제천은 인류가 원시시대「강보의 안」에 신이라는 것을 생각해 낸 데에서 유래하는데 신도는 거기에서 유학이나 음양도陰陽道나 불교와 같은 조직화된 가르침으로 발전되지 않았다. 신도에서는 다 통치할 수 없고 유학이나 음양도나 불교가 유입한 것이기 때문에 신도에만 의존하려고 하는 것은 현명하지 않다. 구메의 논점은 대체로 이상과 같은 것이었다.

구메에 대한 비판과 언론억압

구메는 일본의 '국체'가 훌륭한 것으로 생각하고는 있었으나, 그 신성성은 경시했다. 국가신도에서 특별한 신성성의 근간으로 되어 있는 것이 어디에나 있다고 간주했다. 또 원시시대의 유치한 문화가 담겨져 온 것이라고 시사하고 '강보기저귀'의 시대로 멸시하는 것과 같은 표현도 이용했다. 구메 자신도 이 논문을 전재한 다구치도 진보 시대의 풍부한 학문을 과시하는 문명인의 입장에서 문명

---

79 일본신화상 천손강림 때 아마테라스 미카미가 니니기에게 내려주었다는 3종
류의 옥기(宝器)로 거울과 검과 옥새를 말한다. 즉 팔지경(八咫鏡), 천총운검
(天叢雲劍), 팔척경곡옥(八尺瓊勾玉)의 총칭이다.

이전의 것으로 신도를 경시하는 것과 같은 도발적 언사를 적용하고 있었다.

이것에 대해 1892년 2월 28일, 국가신도 계통의 도생관道生館이라는 단체의 원생 네 사람이 구메 집으로 찾아가 5시간 동안 질문을 계속 하였고 구메에게 답변을 촉구했다. 그 후 그들은 문부성, 내무성에게 있을 법한 조치를 요구하면서 문답기록을 각 방면에 보냈다. 3월 4일, 문부성은 구메를 비직사실상의 면직으로 하고 3월 5일, 내무성은 게재지『사학회잡지』,『사해』의 해당 호수의 발행을 금지하였다. 이어서 당시 신사신도를 국가기관國家機關으로 만드는 것을 목표로 하고 있던 여러 단체가 다음과 같은 기관지에서 심하게 구메나 다구치를 공격하였다. 국광사國光社의『국광國光』, 메이지회明治會의『메이지회잡지』, 칸나가라학회惟神學會(유신학회)의『수재천신隨在天神』, 오야시마회大八洲會의『오야시마학회잡지』, 일본국교대도사日本國敎大道社의『일본국교대도총지日本國敎大道叢誌』등이다.

그리고 제국대학의 사지편찬史誌編纂 부서는 폐지되었고 1895년에 사서편찬을 목적으로 하지 않는 자료편찬 부서가 새롭게 설치되었다. 대체로 이 사건은 민간단체의 행동이 큰 계기가 되어 있는데 그 신속한 대응에서도 상상되듯이 본래 내무성이나 문부성 등의 의향도 반영된 사건이 아닌가 하고 평가되고 있다.

이 사건에 의하여 기기의 천손강림이나 3종 신기의 유래 등이 사실이 아니라는 입장에서 일본 고대사나『고사기』와『일본서기』의 신화를 논하기 어렵게 되었다. 언론계에서는 구메나 다구치를 변호하는 발언이 없었던 것은 아닌데 유력한 것이라고는 말할 수 없었다. 이러한 상황은 역사교육에도 큰 영향을 끼치게 되었다. '공'적 영역에서 국가신도의 정통 교의가 정해지게 됨에 따라 학계나 언론계에서도 거기에서 일탈하는 것과 같은 언설을 표현하기를 꺼리게 되었다.

천리교天理教의 발생 전개와 그 억압

세 번째의 예로 천리교의 공인운동을 보도록 한다. 천리교는 야마토지방大和地方[80]의 농가 주부였던 나카야마 미키中山みき, 1798~1887가 개조하였다. 미키는 자신에게 들어온 천리왕명天理王命에 의한 인류구제의 가르침을 밀렸디. 컨리왕명은 또 친신親神[81]이라고도 월일月日이라고도 십주十柱의 신이라고도 불린다. '월일'이라는 것은 '쿠니도코다치노미코토', '우모나리노미코토'이고, '십주의 신'은 월일 두 신 외 '쿠니사즈치노미코토', '츠기요미노미코토', '쿠모요미노미코토', '카시코네노미코토', '타이시요쿠아마노미코토', '오후토노베노미코토', '이자나기노미코토'로 구성된다.

『고사기』와 『일본서기』의 기기신화를 머리에 떠올리게 하는 신들의 이름인데 이 신들을 이야기하는 신화의 주제는 기기신화와 다르고, 국가의 탄생이 아니라 인류 탄생과 성장이다. 친신이 '양기陽氣의 삶'을 영위하고 함께 즐기기 위해 인류 창조를 결심하였으

---

80 현재의 나라현(奈良縣).
81 텐린오우노미코토(天輪王命)로 '친신(親神)'이라고도 불린다.

며 진흙 바다의 생물에서 인류를 만들어냈다고 하는 신화를 가지고 있다. 인류는 같은 친신에서 태어난 '형제'라 하여 아욕我慾이나 적의敵意와 같은 '마음의 자랑을 떨치어 내고', '서로 돕도록' 설파하였다. 인간의 몸은 신으로부터 '빌린 것'이고 그것에 계속 감사하면서 청결한 마음을 가짐으로써 병이 낫고 행복하게 살아갈 수 있다고 말한다. 1880・1890년대로 급속하게 전국 각지에서 신도를 확대하였을 때 천리교에서는 인류 창조생성의 신화가 기록된 '고후키'"니해고기(泥海古記)'라고도 불리었다라는 문서가 큰 역할을 하고 있었다.

발전하는 천리교는 심한 억압에 직면한다. 비판과 공격을 한 것은 행정 측이나 매스컴, 지역주민, 종교계 등이다. 의료방해, 강제적인 포교, 착취, 재산 방기 등이라는 비판을 받고 포교 활동이나 신앙생활에 제한을 받는 일도 적지 않았다. 특히 1896년 이후 신문에 의한 비판기사나 내무성훈령의 영향으로 각지의 신도는 곤란에 직면하는 일이 많았다.

공인운동과 타협에 의한 교의教義 변경

이러한 상황을 벗어나기 위해서 교화본부는 교파신도의 한 파로서 독립한다는 형식으로 국가의 공인을 모색했다. 러일전쟁에서는 정부에 협력하는 데에 힘을 기울였고 거액의 국책을 사들이기도 하였으며 많은 기부를 하기도 하였다. 그 때문에 각지의 교회포교소와 신도는 특히 헌금을 심하게 강요당했다. 천리교를 믿으면 전도포교에 나서도록 하고 재산 전체를 버리게 되고 만다는 것과 같은 일반적인 소문이 퍼져 나가기도 하였다.

거기에 교파신도의 한 파로서 독립하기 위해서는 핵심적인 가르침을 변경하지 않으면 안 되었다. '고후키'의 유포를 금하는 한편 내무성의 의향을 살피면서 『천리교교전』이라는 교의문서를 작성하였다. 1903년 드디어 내무성이 이를 받아들였는데 거기에서는 제1장 '경신장'의 십주신에 관한 기술에, '대일영존大日靈尊', 즉 아마테라스 오미카미가 추가되었다. 또 제2장은 '존황장尊皇章', 제3장은 '애국장'이라는 제목이 붙여지고, 원래의 천리교의 가르침과는 관련이 없는 천황 숭경의 가르침이 설파되고 있다. '존황장'은 아래와 같다.

신은 만유를 수재하고 황상은 국토를 통치한다. 국토는 신이 경영하는 곳, 황상은 즉 신예로 하여금 황상이 이 땅에 군림하는 것이다. 실로 천신의 명에 의하여 그 생성한 창생을 애육하는 데 있다. 세계는 넓고 고금 국가를 건설한 것이 무수하고 그 황제인 왕이 또 많지만 우리 황실과 같이 신통을 계승하고 천우를 보유하고 국토를 완무하는 천직을 가지는 것이 어느 곳에 있는가. 즉 아는 우리 황실은 군주 중 진정 군주로 보조의 천양과 함께 무궁한 이유를. 따라서 당연히 우리 황상은 하늘이 정한 군주인 것을 확신하고 조화생육의 은혜를 신에게 감사하면 동일한 지정至情으로써 성충誠忠을 황실에게 다하지 않으면 안 된다.

이같이 '황상皇上', 즉 천황 존경이 교의의 중심적인 요소로 포함되었다. 『천리교교전』은 애초의 천리교의 가르침과 국가신도의 가르침을 절충한 것과 같은 내용이 되었다. 천리교는 이 같은 교의문서의 근본적인 개편을 거친 끝에 마침내 1908년에 별파독립別派獨立으로 인정을 받게 되었다.

정신의 이중구조를 살다

이 예들은 교육칙어가 발포된 1890년부터 20년 정도의 사이에 일본인이 강력한 '공'적 종교적 규범 질서에 편입되어 갔다는 것을 잘 보여주고 있다. 천황이 신적 계보를 잇는 것을 신봉하고 역대 천황과 연결되는 지금 재위 중에 있는 천황의 서명이 있는 교육칙어에 정중하게 예배하고 황실에 감사하며 봉사하는 신민으로서의 각오를 하도록 촉구하는 가르침, 결국에는 국가신도의 가르침에 적어도 형식상으로는 따를 것을 요구받았다.

그것은 형식상의 것으로 좋았는지 모른다. 어떻든 어떤 범위의 천황 숭경의 언어사용이나 의례적 행위를 받아들이기조차 하면 '사'적 영역에서는 기독교인이기도 하고 계몽적인 학문에 따라 진리를 추구하는 데 몰두하기도 하며 천리교의 구제 활동에 몸을 헌신할 수 있었다. 이것이 1890년경에 확립하여 제2차 세계대전이 끝날 때까지 계속된 일본의 종교나 정신의 이중구조였다. 종교에 한정해서 말하면 '공'의 국가신도와 '사'의 여러 종교가 서로 중첩된다는 이중구조적인 종교지형religious landscape이 형성되었다.

그러나 평시의 국가신도 쪽에서 보면 이중구조라는 전제에서 여러 종교가 존재하는 것은 오히려 필요한 것이기도 하였다. 국가신도는 '공'의 국가적 질서에서는 견고한 언설이나 의례 체계를 가지고 있으나, '사'의 영역에서의 윤리나 사생관死生觀의 측면에서는 언어나 실천의 자원을 그렇게 아울러 가지고 있지 않다. 또 '공公'적 영역에서도 서양 유래由來의 사상이나 제도의 시스템의 도움이 없이는 존속할 수 없었다. 그래서 일본의 특징을 자각적으로 생각하는 사람들에게는 국가신도와 여러 종교나 근대의 사상·제도가 서로 지탱을 하는 것이야말로 어떤 다양성이 있는 완만한 조화가 성립하는, 거기에 다신교적인 일본문화의 이점이 있다고 느낄 수 있다. 일본의 국체가 아름답다고 하는 하나의 이유이다. 이러한 정신 상황은 그대로 제2차 세계대전 후에 유행하는 일본인론日本人論으로 연결되었다.

민족주의의 다른 형태와의 차이

형식적 질서의 가치체계를 제공하는 국가신도와, 실질적 의의를 가진 다른 종교나 사상의 이중구조는 일본 사회 전체에 대해서도 말할 수 있으나, 개인에게도 조직에도 존재하였다. 이 장의 처음에 다룬 아케가라스 하야의 경우 1926년 다이쇼시대까지는 자신이 국가신도의 사상이나 실천의 틀 안에서 살고 있다고는 자각하지 않았다. 그러나 그가 설법 상대인 민중문도民衆門徒에서 말하자면 신란親鸞[82]의 가르침에 감명을 받았음과 동시에 교육칙어의

---

82   1173~1263. 가마쿠라시대 전기부터 중기에 걸쳐 활약한 승려로 정토진종(淨土眞宗)의 개조자.

가르침도 받아들이고 있는 경우가 적지 않았다. 교양 문화를 충분히 몸에 익히고 톨스토이나 아오자와 만시靑澤滿之[83]의 저작을 애독하는 아케가라스는 자신이 전쟁을 반대하는 반전주의자이며 천황 숭경을 들어 싸우고자 하는 의지를 드높이는 국가신도의 가르침으로부터는 먼 곳에 있다고 느낄 수 있을 것이다.

그런데 1930년경 아케가라스는 자신의 주위 사람들이 자신과는 다른 정신의 이중구조를 체현하고 있다는 것을 느끼지 않을 수 없었다. 어린 시절부터 국가신도의 교육을 받아 온 사람들 사이에서는 천황 숭경이나 국체 사상에 전혀 위화감이 없는 사람들도 드물지는 않은 시기에 와 있었다. 그리고 그 자신 국가신도와 정토진종淨土眞宗 신앙의 이중구조를 받아들이게 되었다. 이후 국가신도의 영향이 한층 강화되어 가면서 천황을 위해 목숨을 던져도 좋다는 사람들이 늘어났다. 일본 국민이라면 그것이 당연하다고 생각하는 사고방식도 강하게 되었다. 아케가라스의 언설 '공'의 질서 이념과 '사'적인 신조의 분열을 전혀 느끼지 않은 사람도 늘어났다. 아케가라스의 언설도 점점 국가신도 우위로 기울어져 갔다. 그리고 1945년 8월 15일에는 그와 같은 신념을 가지고 산다는 것이 무엇이었는가. 새롭게 다시 물을 때가 왔다.

이같이 국민국가에 대한 충성하에서 신성한 '공'적 질서가 형성되었고 개인의 신교의 자유나 사상·양심의 자유가 제한을 받은

---

83 1863~1903. 일본 메이지 시기에 활약한 진종대곡파(眞宗大谷派) 승려.

것은 일본에만 한정된 것은 아니다. 많은 국가에서 국가에 대한 충성 의무에서 '사'적 영역에서의 사상·신조의 자유가 제약을 받은 지역도 적지 않았다. 그런데 일본의 국가신도에서는 천황 숭경이나 황실 제사에 대한 참여라는 형태로 민족주의가 종교적인 내실을 가졌고 그만큼 강력하게 전개되었다. 그 때문에 '공'과 '사'의 구분에서 국가신도에 의한 공적 질서가 미치는 범위가 매우 크게 되었다.

물론 그 정도는 시대에 따라서 다르다. 다이쇼^{大正} 데모크라시[84] 시대에는 '사'적 자유의 범위가 매우 넓었다고 생각된다. 다른 한편 만주사변 이후의 전시체제에서는 '사'적 자유의 범위는 점점 좁아지게 되었고, 국가신도는 파시즘적인 동원체제와 동조해 갔다. 그런데 대일본제국헌법 발포와 교육칙어 제정 이후 '공'적인 국가신도 영역의 확충을 위한 운동이 행정 측으로부터도 민간 측으로부터도 장기간 계속되어 온 것은 분명하다. 그 같이 하여 기반이 정돈되어 있지 않으면 전시 중의 동원체제도 성립하지 않았을 것이다. 그 점에 대해서는 제4장에서 구체적으로 기술하기로 한다.

84　일본역사상 1910~1920년대에 걸쳐 일어난 민주주의, 자유주의운동.

제2장

국가신도는 어떻게 이해되어 왔는가
용어법

1. 국가신도의 구성요소

국가신도의 용어법을 둘러싼 혼미

제1장에서는 메이지시대의 이二 세기부터 제2차 세계대전이 끝나는 1945년까지 일본에서는 국가신도와 여러 종교나 사상이 영역을 달리하여 병존했고 종교나 정신세계관의 이중구조가 존재했다는 점을 서술했다. 종교에 한정해 말하면 '공'적 영역에서 권위를 강화한 국가신도와, '사'적 영역에서 자유를 누릴 수 있다고 생각한 여러 종교가 이중구조를 이루는 종교지형이 만들어졌다. '제정일치'와 '정교분리'가 함께 성립하는 것은 이 이중구조가 존재하기 때문이었다.

그러면 '공'적 영역에서 질서 원리가 된 국가신도는 무엇을 가리키는 것일까. 지금까지 근대 일본 종교의 이중구조를 서술하면서 아울러 국가신도의 윤곽이 되는 것과 같은 제도나 사상·신앙·실천의 대략에 관한 서술을 시도해 왔다. 그런데 국가신도가 무엇인가를 아직 명확하게 논하지는 않았다. 그래서 이 장에서는 국가신도가 무엇인가를 밝히고자 한다.

그런데 실제는 그것이 매우 쉽지는 않다. 국가신도라는 단어의 의미를 상당히 다르게 이해해 왔고 논의가 서로 맞물리지 않는 부분이 많다. 그러면 왜 그 같은 혼란이 생겼을까. 그리고 그것을 어떻게 극복하면 좋은가. 우선은 내가 국가신도를 어떻게 이해하고 있는가. 그에 대한 개요부터 서술하도록 한다.

국가신도는 무엇인가

국가신도라는 용어는 메이지유신 이후 국가와 밀접한 관련 하에 발전한 신도의 한 형태를 가리킨다. 그것은 황실 제사나 천황 숭경의 시스템과 신사신도가 조합되어 형태가 만들어졌고 일본 대다수 국민의 정신생활에 큰 영향을 끼치게 되었다. 황실 제사나 천황 숭경의 시스템은 이세신궁을 정점으로 하는 국가적인 신들, 특히 황실의 조상신과 역대 천황에 대한 숭경으로 통하고 있다. 국가신도에서는 '역대 천황'에 대한 숭경이 중요한 의의를 띠고 있으며 신성한 황실과 국민의 일체성을 주장하는 국체론과 관련을 맺게 되었다. 이상과 같은 국가신도라는 단어의 의미는 1950년대 말에 제시된 이래 널리 받아들여진 이 단어의 통속적인 용법과 그렇게 다르지 않다.

신도는 일본의 국토와 관련된 신들의 제사나 신앙인데 지역사회의 모든 여러 제사나 신앙이 바로 신도라는 것이 아니라, 많은 신이 어떠한 체계성을 띠고 사람들이 그것을 의식意識하고 있는 경우에 신도라고 부른다. 그 같은 체계성이 언제부터인가에 대한 논의는 여기에서는 다루지 않겠다. 그러나 '신도' 그 자체의 체계성이 상당히 표현되지 않았던 점은 분명하다. '료부신도兩部神道(양복신도)',[1] '이세신도伊勢神道', '스이카신도垂加神道(수가신도)',[2] '요시다신도吉田神道(길전신도)',[3] '홋코신도復古神道'와 같이, 특정 신들이나 사상이나 조직을 가지고 체계화되기까지에는 체계성을 자각하기 어려웠다. 이같이 윤곽이 흐릿하기 일쑤인 신도인데 근대가 되어 국가를 초점으로 하는 신도가 명확하게 나타나게 되었다.

그러나 뒤에 서술하듯이 이 단어에는 국가가 관리한 신사신도만을 가리키는 다른 용법도 있고 신도학자나 역사학자 사이에서는 그것들을 선호하는 경향이 있다. 그러나 그 같은 일부 학자의 통념이 일반적인 언설을 지배하고 있지는 않다. 실험적으로 책 이름이나 신문기사를 자료로 '국가신도'의 용법을 조사해 보면 좋으나, 전문적인 역사학자와 그 외의 사람들 사이에 용법이 크게 나누어지는 것은 당연하다.

내 생각은 좁은 학계의 용법에 휘둘리지 않는 논자의 용법에 가

---

1   불교의 진언종(真言宗：밀교(密教))의 입장에서 이루어진 신도 해석에 토대한 신불습합사상이다.

2   에도 초기에 야마자키 안사이(山崎闇斎)가 제창한 신도설로 유교 특히 주자학이나 요시다신도, 이세신도 등을 집대성한 독자의 사상.

3   무로마치시대 교토 요시다신사의 신직 요시다 카네토모(吉田兼倶)에 의하여 대성된 신도의 한 유파로 불교, 도교와 유교의 사상을 받아들인 종합적인 신도설을 말한다.

깝고, 근대에서 국가와 관련된 신도의 모습이 분명히 하나의 통합을 이루고 있는 것을 근거로 이것을 국가신도라 부른다.

사상의 내용에서 본 국가신도

그러면 일본의 근대국가에서 신도는 어떻게 국가와 관련을 맺고 전개하게 되었는가. 국가신도를 받아들여 추진하려는 사람들은 다음과 같은 입장이었다.

천황은 아마테라스 오미카미라는 신적인 기원과 계보를 가진 존재이며 그 같은 천황이 통치하는 국가의 제사는 존경을 받을 만하다. 특히 황실 제사는 일본의 국가 통합의 중핵에 위치할 만하다. 전국의 신들은 이세신궁 및 궁중삼전에 자리하고 있는 아마테라스 오미카미를 정점으로 하는 신들의 체계로서 일체성을 띤다. 전국의 신사에 자리하고 있는 신들은 이세신궁과 황실의 제사를 중핵으로 조직되었고 국가의 제사 체계에 편입되었다. 신적 기원을 가지는 천황과 국민 사이에는 통상 국가와는 다른 신성하고 깊은 인연이 있었고 이전부터 그 인연에 대한 왕조의 교대가 없는 국가체제가 유지되었다. 이것을 '만세일계萬世一系의 국체'라고 부르고 비교될 수 없는 고귀한 전통이다.

국가신도의 정통적인 표현을 머리에 떠올린다면 이 같은 신념 체계가 된다. 실제로는 더욱 형체가 분명치 않은 사상이나 실천이 축적되었고 메이지유신 직후부터 수십 년 동안 이 참에 신들과 천황을 둘러싼 하나의 신앙 세계로 제도화되었다. 국가신도는 황실 제사와 이세신궁을 정점으로 하는 신사 및 신사 제사에 높은 가치를 부여하고 신적인 계보를 잇는 천황을 신성한 존재로 존경하며 천황 중심의 국체 유지, 번영을 원하는 사상과 신앙 실천의 시스템이다.

국가신도는 신사신도라는 사고방식

이것에 대해 국가신도에서 없어서는 안 되는 구성요소로서 유력한 뒷받침을 하게 된 전국의 신사는 국가기구로 조직되었기 때문에 그것만을 '국가신도'라고 부르는 용어의 방식도 있다. 신도의 종교시설이나 종교 조직을 말하는 것인데 나의 용어의 방식에 의한 국가신도의 시각에 비하면 그 의미는 매우 좁다. 이 사고방식에서는 황실 제사나 국체론의 측면은 빼버린다. 이것은 국가가 관리한 신사나 그 집합체를 가리키는 것이기 때문에 오해를 피하기 위해서는 신사신도, 신사계神社界 등으로 부르던가, 아니면 '국가신도'로 부를 때는 괄호를 붙이는 것이 좋다고 생각한다.

일본 각지에는 신사가 많고 많은 신앙을 키워왔다. 많은 숭경자, 신앙자를 모은 신들 가운데에는 메이지유신 이전은 신불습합의 신앙체계로 많은 사람이 귀의하였다. 1868년의 신불분리神佛分離 이후 근대의 신사는 국가신도의 강한 영향을 받아 큰 변용이 일어나게 되었다. 그런데 신사의 신앙 세계에는 국가신도와 관련이 없는 요소도 충분히 포함되어 있다.

예를 들면 대표적인 신사 제사 기온마츠리祇園祭(기원제)는 교토의 야사카신사八坂神社(팔판신사), 메이지유신 이전은 기온사(祇園社)나 기온감신원(祇園感神院)[4]의 제사를 숭핵으로 하는 것인데 고즈천왕牛頭天王[5]을 주신으로 하는 전통적인 기온마츠리에 국가신도는 반영되어 있지 않다. 후시미이나리대사伏見稻荷大社(복견도하대사)[6]나 각지의 이나리신사稻荷神社(도하신사)도 서민의 신사신앙으로서 매우 대중적이나, 그 기원에 국가신도와의 관련은 많지 않다. 이나리신앙으로 많은 참배자가 모이는 시설 중에는 도요카와이나리豊川稻荷(풍천도하)나 사이죠이나리最上稻荷(최상도하)와 같이 지금도 불교 종파각각 조동종과 일련종에 소속되어 있는 것도 있다.

'신사신도'라고 불리는 것과 같은 통일적 종교 조직은 메이지유신 이전에는 없었다. 황실 제사와 연대하여 조직화됨으로써 비로소 신사신도라고 부를 수 있는 조직이 나타났다. 신사신도는 메이지유신 후 국가기구국가 제사를 주관하는 기관로 제도적으로 자리매김이 되었고 황실 제사를 중핵으로 구성되었으며 그 참에 국가신도의

---

4   애초 제신이었던 고즈천왕이 기온정사(祇園精舍)의 수호신으로 되어 있었던 점에서 원래 '기온신사(祇園神社)', '기온사(祇園社)', '기온감신원(祇園感神院)' 등으로 불리고 있던 것이 1868년 신불분리령에 의하여 '야사카신사(八坂神社)'로 개명되었다.

5   일본에서 신불습합의 신으로서 석가의 탄생지와 관련한 기온정사(祇園精舍)의 수호신으로 되었다. 소민(蘇民)장래설화의 무탑천신(武塔天神)와 동일시되어 약사여래의 수적(垂迹)임과 동시에 스사노오노미코토의 본지가 되기도 하였다.

6   이전 명칭은 '이나리신사(稻荷神社)'였고 이나리산록에 본전이 있다. 이나리산 전체를 신역으로 하고 있으며 전국에 약 3만 개의 신사가 있다고 하는 이나리신사의 총본사이다.

중요한 역할을 하게 되었다. 메이지 후기가 되면 그 같은 신념체계에서 키운 신직이 늘어났고 신사 세계의 횡적 연대도 강화되었다. 그렇지만 각 신사에서 제사를 지내는 신앙이나 실천의 내적 충실이 국가신도로 확실히 통일되었던 것은 아니다. 신사신도 모두가 황실 제사를 정점으로 하는 국가신도에 꼭 편입된 것은 아니었다.

인기가 있는 신사에서도 이익이나 평온무사를 기원하는 민중의 소망에 맞는 신앙생활이 주체였고 천황 숭경이나 국체론의 요소는 적은 부분을 차지하는 것에 지나지 않은 것이 많았다. 또 지역사회의 공동체적인 신기신앙神祇信仰에서도 황실 제사와 관련한 요소는 거의 포함되어 있지 않은 것이 많았다. 신사신도 모두가 국가신도의 견고한 구성요소라고는 말할 수 없다.

국체론과 일본국가의 신성성

신사의 제사가 국가신도의 요소를 늘려가면서 동시에 이세신궁의 제사와 황실 제사는 존경할 만한 것이라는 신앙도 국민 사이에 널리 공유되어 갔다. 아마테라스 오미카미가 일본국가의 통치를 손'천손' 니니기노미코토에게 맡기고 특히 그 증손인 진무 천황 이하 역대 천황이 그 신성한 사명을 실천에 옮기게 되었고 현재의 천황에까지 이어져 왔다는 것이다. 신적 계보에 토대한 통치가 신대神代부터 현대까지 이어져 온 일본은 다른 국가에는 그 예가 없는 특별히 뛰어난 신성한 국가의 존재 방식을 가지고 있다는 주장이다. 이것이 '국체'라고 불리는 관념이다.

국가 신 도　　　丄
　　　　　　　　　체
　　　　　　　　　론

국가신도와 국체론의 관계

국체라는 단어는 중국 고전에서 유래하고 '국가의 형체'를 의미하기도 하고 '대외적인 국가의 체면'을 의미하는 것이었다. 일본 근세에도 초기에는 그 같은 의미로 사용되었으나, 18세기 후반 이후 일본에 고유의 전통에 토대하는 국가조직의 독자성을 갖는 의미로 사용되기에 이르렀다. 얼마 안 있어 지금까지 일본의 국가전통의 독자성을 이야기해 온 많은 것들이 국체라는 단어로 집약되어 논하게 되었고 국체론·국체사상이라 부르는 복합체를 이루어 거기에 여러 의미가 들어가게 되었다.尾藤正英,「국체론」

국체사상의 중핵적인 내용은 '일본의 자국 인식에 관한 사상으로 특히 만세일계의 천황 통치를 근거로 일본의 전통적 특수성과 우월성을 주창하는 사상'辻本雅史이다. 그러나 각 시기에 다른 입장의 사람들이 이 단어에 여러 내용을 담아 사용하였다. 그것으로 사람들의 정치적 행동이나 일상적 실천과 관련짓는 방식도 다양하였고 또 크게 변화하였다. 그 가운데 신도 신앙이 강하게 들어간 것도 있고 신도의 색이 그렇게 들어가지 않은 것도 있다.

'국체'라는 관념에는 여러 개가 있고 그 역할을 한 사람도 다양하며 신사신도의 조직만이 그 선포를 맡은 것이 아니었다. 불교도나 기독교도나 교파신도의 여러 파, 학교나 군대와 같은 조직도 국체론을 떠맡은 주체가 될 수 있었고 특정 종교와 깊은 관련이 없는 사람들 사이에도 각각 나름의 국체론을 전개하는 사람이 있었다. 아마테라스 오미카미로부터 신적 계보라는 요소는 그렇게 중요한 것이 아니라 같은 한 왕조가 바뀌지 않고 계속되었다는 역사의 특징 쪽에 중요성을 두는 경우도 있다. 그 경우 신도적인 신앙요소가 엷게 되는 것은 분명하다. 유학계통의 국체론에 그 성격이 강하였고 불교나 기독교를 믿는 사람이 국체론을 말하는 경우도 그러한 쪽으로 기울기 일쑤였다.

국체론과 국가신도의 관계

이같이 국체론을 지지하는 사람들 사이에는 다양한 사상적 입장과 종교적 영향력을 가지고 있었나. 따라서 국체론과 국가신도는 그대로 서로 겹치는 것은 아니다.

국가신도와 국체론의 관계를 간략하게 나타내면 그림과 같이 된다. 국가신도도 국체론도 각각 강력한 영향력을 가지고 있었다. 그리고 국가신도에서 국체론은 매우 중요한 구성요소이다. 국가신도에서는 국체론과 같은 교설이나 교설의 기초가 되는 신화 요소 외에 제사나 의례의 요소가 크다. 교육칙어에는 천황 계통의 연속성을 중요하게 여기는 내용이나 천황이 신민에게 카리스마적 권위를 끼치는 것과 같은 이야기의 실마리가 들어가 있었으나 그것으로 천황의 신적 기원이 문서에 확실히 나타나 있는 것은 아니다. 또 황실 제사와 관련이 있는 축제일의 체계에서는 아마테라스 오미카미나 진무 천황에 대한 숭경, 혹은 신적 기원에 토대를 둔

현 천황에 대한 숭경을 독려하는 내용이 많은데 그렇지만 국체론이 언제나 분명히 의식되어 있는 것은 아니다.

교육칙어가 국가신도의 '교전敎典'이었고 거기에 국가신도의 교의가 기술되어 있는 것이라는 점은 오해를 불러오는 표현일 것이다. 교육칙어에서 이야기되고 있는 가르침의 도덕적 측면은 국가신도에 특유한 것이 아니라, 오히려 유교 등 동아시아적인 전통에 계속 토대하면서 어느 보편성을 띤 인륜의 가르침이다. 그 한에서는 '고금을 통하여 누락 없이 그것을 안팎으로 보여 사리에 어긋나지 않는다'고 칙어에 있는 것은 기이한 것이 아니다. 그러나 교육칙어가 강대한 영향력을 발휘한 것은 가르침의 주체인 천황과 그것을 받는 신민 사이를 신성한 굴레로 묶으려는 문서이기 때문이다. 거기에서는 천황과 신민은 '역대 천황' 이후 깊은 유대에 토대하여 사람으로서 본래 도리를 말하고 이야기된다는 밀도 짙은 가르침으로 이끄는 관계에 있다고 되어 있었다. 여기에 천황 숭경이나 국체론과 연결되는 언설이 들어가 있다. 천황과 신민 사이의 농밀한 유대를 환기하는 것이 국가신도의 정서적 기초를 이루는 것이다.

2. 전시戰時를 모델로 하는 국가신도론

천황 숭경과 현인신現人神[7] 신앙

국가신도가 이상과 같은 것이라고 한다면 거기에는 황실 제사와 그 주체인 천황에 대한 숭경심이 매우 큰 요소이다. 또 국체론이 종종 전제로 하는 것 같은 천황과 국민 사이의 경애에 토대하는 유대 의식도 중요한 위치를 차지하고 있다. 그것은 가르침을 이끄는 귀중한 존재로서 천황을 숭경하는 것인데 그러면 그것은 '현인신現人神' 신앙이라는 것과 같은 단어로 표현할 수 있을 것이다.

당시까지 잘 다듬어진 국가신도론을 정리한 무라카미 시게요시村上重良(촌상중량), 1928~1991[8]는 그와 같이 생각하고 있다. 예를 들면 무라카미는 "대일본제국헌법의 제정으로 천황의 속성은 역사적인 전통을 만들어 온 인간인 제사왕으로부터 일신교一神敎적 현인신으로 변했다"『천황의 제사』라고 기술하고 있다. 또 무라카미는 국가신도의 교의敎義는 국체의 교의이며 그것은 "제국헌법과 교육칙어에 의하여 사상적으로 확립되었다"라고 한다.『국가신도』, 140쪽 그리고 그는 국체의 교의의 대표적인 예로서 1944년에 신기원神祇院, 내무성 신사국이 1940년에 승격한 것이 편집 간행한 『신사본의神社本義』의 한 구절을 인용하고 있다.

그것에 의하면 일본의 "역대 천황은 늘 천황 선조와 일체였고

---

7   일본어로 "아라히토가미". 이 세상에 사람의 모습을 띠고 나타난 신을 말한다.
8   도쿄대학 종교사학과를 졸업한 종교사가.

현신現神으로서 유일신 치세를 하시어" 왔다. 전쟁 중에 이 문서에서는 천황은 '현신', '유일신'의 특성을 가진 신적 존재로서 우러러 보이게 하고 있다. 그리고 "국민은 이 인자仁慈한 천황의 은혜에 힘입어 만민일심억조일심(億兆一心), 성지聖旨를 봉체奉體하고 조상의 뜻을 잇고 대대로 천황을 받들어 제사하고 충효의 미덕을 발휘"하였다고 한다. "군민일치의 그 예가 비할 데 없는 하나의 가족국가를 이루고 무궁히 끊어지지 않는 국가의 생명이 생생하게 계속 발전하는" 것이다 ─ 『신사본의』는 이렇게 기술하고 있다.

확실히 국가신도는 사람들을 이런 신앙의 경지까지 이르게 했다. 제2차 세계대전 말기에 그런 신앙이 드높아져 많은 사람이 거기로 빨려 들어갔다. 천황폐하를 위해 생명을 던지는 것도 각오하는 사람들이 적지 않았다. 그러나 1930년대쯤까지를 생각하면 이같은 경지에 다다르고 있던 사람은 그렇게 많지는 않았다.

메이지 후기·다이쇼 시기의 천황 숭경

교육칙어의 사회적 영향에 대한 역사적 변화를 논의한 소에다 요시야副田義也[9]는 천황이 현인신이라고 하는 신앙은 1930년대 이후에 현저하게 되었고 교육칙어의 단계에서는 그 정도로 강한 신앙은 아니었다고 기술하고 있다. 「국체의 본의」문부성, 1937 ─ 저자 주에서는 천황은 현인신이라고 한다. 「교육칙어」1890 ─ 저자 주에서는 천황

---

9   1934~. 일본의 사회학자 겸 만화평론가.

은 신이 아니다. 적어도 「대일본제국헌법」에 나타난 입헌군주제에서 천황은 당초는 정부와 의회로부터 권한의 제약을 받는 군주였고 신이 아니었다.副田,『교육칙어의 사회사』, 276쪽

정치사적으로 천황의 지위를 검토한 스즈키 마사유키鈴木正幸도 천황의 신격화가 이루어지는 것은 1930년대 이후라고 한다.『황실제도』 확실히 무라카미의 국가신도론은 천황의 신격화가 진행된 전쟁 중의 국가신도를 모델로 하고 종종 그것을 보다 이른 시기까지 맞추어 버리고 있다. 많은 서민에게 열렬한 신앙이 된 단계의 국가신도 모습에 끌려 들어간 것이다. 실제는 천황이 초월적 존재가 되어 많은 사람이 몸을 던져도 아깝지 않다고 생각하는 것과 같은 신앙의 대상이 된 것은 1930년내 이후의 전쟁 중이다.

그러나 그렇다고 교육칙어 단계에서 천황 숭경이 종교적인 성격을 띠지 않았는가 하면 그렇게도 말할 수 없다. 정치 제도상으로는 신적 존재라고는 말할 수 없는 입헌군주였다고 하더라도 신적인 존재로서 숭경을 받지 않은 것은 아니었다. 천황에 대한 종교적 숭경의 존재 방식은 '현인신' 신앙만이 아니라, 다른 형태의 신앙은 일찍부터 받아들여지고 있었기 때문이다.

수신修身 교과서에서 천황 숭경

국가신도에 대한 많은 논고를 발표하고 있는 닛타 히토시新田均는 소학교의 수신修身과 일본 역사 교과서에서 천황의 지위가 어떻게 변화해 왔는가를 조사하고 있다.『「현신인」「국가신도」라는 환상』 그것에

의하면 1904년부터 1921년까지의 제1단계에서는 '천황은 아마테라스 오미카미의 자손이라고 하는 천황의 '신손神孫'론과 천황의 덕과 신민의 충의에 의하여 이 국가의 역사는 계속되었다는 군신 '덕의德義'론에 의하여 천황 숭경의 근거가 만들어지고 있었다.

1921년부터 1939년까지 제2단계에서는 거기에 '황실이 이른바 본가本家이고 신민은 분가分家와 같은 것, 천황은 부모이고 신민은 자식과 같은 것이라는 '가족국가'론이 추가되기에 이른다'. 특히 1939년 이후 제3단계가 되면 천황 '현인신'론과 '팔굉일우八紘一宇'[10]론이 추가되었다고 한다.

닛타의 논고를 참조하면서 제2단계의 전반기, 즉 다이쇼 후기부터 쇼와의 가장 이른 시기에 사용된 문부성『심상소학수신서尋常小學修身書』제5의 1927년판을 조사해 보자. 5학년 용으로 모두 교육칙어가 실려 있으며「제1과 우리 국가」는 다음과 같이 시작하고 있다번호는 저자가 붙인 것.

① 옛날 아마테라스 오미카미는 손孫 니니기노미코토를 내려가게 하여 이 국가를 다스리도록 하셨습니다. 그 증손이 진무 천황이십니다.

② 천황 이후 자손이 이어받아 천황위에 올랐습니다. 진무 천황의 즉위 해부터 오늘까지 2천 5백 80여 년이 됩니다.

---

10 일본어로 "핫코이치우". 천하를 하나의 집처럼 하는 것을 가리킨다.

③ 그 사이 우리 국가는 황실을 중심으로 하여 전국이 하나의 큰 가족과 같이 뇌어 면장애 왔습니다.

④ 역대 천황은 우리 신민을 자식과 같이 자애롭게 대하고 우리 신민은 조상 이래 천황을 부모와 같이 따르고 받들며 충군애국의 도리를 위해 힘을 다하였습니다.

⑤ 세계에 국가는 많은데 우리 대일본제국과 같이 만세일계의 천황을 받아 황실과 국민이 일체가 되어 있는 국가는 이외에 없습니다.

①이 천황'만세일계'론, ③이 '가족국가'론, ④는 군신'덕의'론, ②와 ⑤는 '만세일계'의 국체론이다.

6학년 용의 『심상소학수신서』 제6의 제1과는 '황대신궁皇大神宮'이라는 제목으로 다음과 같이 시작하고 있다.

황조 아마테라스 오미카미를 제사 드리고 있는 황대신궁은 이세의 우치야마다시宇治山田市에 있습니다. 신역은 카미지야마神路山(신로산)의 산록, 이스즈천五十鈴川(오십령천)의 흐름에 따라 엄숙한 곳으로 한 번 이곳에 들어가면 누구라도 스스로 마음속까지 깨끗해집니다.

황실은 오로지 황대신궁을 귀중하게 여기도록 합니다. 천황폐하는 황족을 제주祭主로 임명하여 그 제사를 총 관장하도록 하고 기넨사이新年祭(기년제), 칸나메사이神嘗祭(신상제), 니나메사이新嘗祭(신상제)에는 칙사勅使를 세워서 폐백을 올리도록 합니다. 칙사를 세울 때에는 천황폐하는 친히 폐물을 보고 제문祭文을 주며 칙사가 물러나기까지는 들어오지 않습니다. 단 신상제의 당일에는 궁중에서 조용히 요배식遙拜式을 올리게 합니다.

그리고 이 제1과는 "황실은 이렇게 깊이 일본 건국의 신을 모신 이세신궁의 내궁[皇大神宮]을 존경하게 됩니다. 국민도 이전부터 깊이 일본 건국의 신을 모신 이세신궁의 내궁을 존중하고 일생에 한 번 반드시 참배하지 않으면 안 되도록 하고 있습니다"라고 맺고 있다. 4학년 용의 『심상소학수신서』 제4에서는 "우리는 늘 천황폐하의 은혜를 입은 것을 깊이 생각하고 (···중략···) 축제일의 이유를 판별하지 않으면 안 됩니다"제27 좋은 일본인라고 적혀 있고 6학년이 되면 축제일의 내용을 더 깊이 이야기하고 있다. 단 '황실'이라는 단어가 나오는 곳에서는 행을 바꾸어 행의 가장 윗부분으로 올리지 않으면 안 되게 되어 있는데 이것도 천황·황실 숭경 교육의 일환이었다.

국가신도는 현인신의 관념을 전제로 하지 않는다

이상 닛타가 말하는 제2단계의 전반, 즉 '다이쇼 시기'로 정리될 수 있는 시기의 수신서를 보아 왔으나, 거기에는 제3단계의 수신서처럼 천황을 '신으로 우러러 받든다'라든가 '현신인으로서 우러러 제사를 한다'라는 표현은 보이지 않는다. 그러나 천황 숭경을 불어넣고 그것을 천황 '신손神孫'론이나 황실 제사나 이세신궁 숭경과 결부시키고 있는 것은 분명하다. 의심의 여지 없이 신도의 국가주의적 형태가 큰 역할을 하고 있다. 그 같은 신도의 존재 방식을 국가신도라고 부르는 것은 타당하다.

무라카미 시게요시의 국가신도론을 비판하는 닛타는 『「현신인」「국가신도」라는 환상』의 「제1부 「현신인」이라는 환상」을 참조하여 「제2부 「국가신도」라는 환상」을 다음과 같이 쓰기 시작한다.

제1부에서 확인했듯이 '현인신', '팔굉일우'라는 이데올로기가 메이지 시기 이후 일관적으로 존재했던 것은 아니다. 그렇다면 그 이데올로기 주입장치로서 '국가신도'도 일관적으로 존재하였을 리가 없다. "아니, '존황尊皇'이라는 이데올로기는 일관적으로 존재하고 있던 것은 아닌가"라고 반론하는 사람도 있을 지도 모르나, 이 또한 이미 서술했듯이 '존황' = '현인신', '팔굉일우'였던 것이 아니라, '존황'에는 다양한 형태가 있었다.

무라카미 시게요시의 『국가신도』나 『천황의 제사』는 지금도 참조할 만한 가치가 있는 유익한 책인데, 분명히 국가신도를 서술할 때 전쟁 중의 국가신도의 모습에 이끌려 가는 측면이 있다. 그런데 '현인신', '팔굉일우'의 개념이 아직 나타나지 않은 단계의 '존황'의 존재 방식이 신도에 많은 것을 기대고 있었던 것은 아닌가 하면 그렇게 말할 수 없다. 이미 제국헌법 제정·교육칙어 발포 단계에서 '존황'은 천황 '신손'론이나 황실 제사나 이세신궁 숭경과 결합하고 있었다. 그것을 부정하고 신도와 관련이 없는 '존황'을 논하는 것은 신도의 범위를 지나치게 좁게 한정한 용어 방식이다.

신사신도를 국가신도의 기초로 보는 견해

무라카미 시게요시의 국가신도론에는 또 한 가지 큰 결점이 있다. 그것은 국가신도를 우선은 신사·신직의 조직으로 이해하고 있다는 점이다. '신사신도'라는 말은 메이지 중기에 신도 중 '교파'와 '신사'로 나누어져 전자의 '교파신도'에 대해, 후자를 하나로 부르기 위해 사용하게 된 것으로 개별 신사와 신직을 단위적인 실존 實存으로 하고 그 집합체를 가리키는 용어의 방식으로 근대법 제도에는 어울리기 쉽다. 그러나 근대 이전에는 그 같은 조직체는 실제 없었다. '신사신도'는 국가신도가 형성되는 과정에서 그 참에 실질을 얻게 된 것이다. 그것은 신도의 한 형태이고 근대국가나 법 제도에 강하게 규정되어 형태가 만들어졌다.

그런데 무라카미 시게요시는 고대 이래 존재해 온 '신사신도'야 말로 국가신도의 기반이 된 실체라고 생각하고 있다. 그것에 의하면 신도는 오래전부터 존재해 온 '민족종교'인데 그것이 구체적으로 나타난 것이 '신사신도'이다. 그 '신사신도'가 토대가 되어 국가신도가 형성된 것이라고 한다. '민족신도'라 하면 고대부터 일본민족이 있었고 거기에서는 신사신도가 널리 이루어지고 있었다고 하는 뉘앙스가 있고 무라카미는 그렇게 생각하고 있다. 무라카미는 특히 『국가신도』의 결론에서 '국가신도라는 것은 무엇인가'라는 제목으로 다음과 같이 서술하고 있다.

> 국가신도는 일본의 민족종교의 특징을 19세기 후반 이래 약 80년 동안에 걸쳐서 부활하여 재현된 종교적 정치적 제도였다. 민족종교는 집단의 제사이고 서기에서는 종교집단과 사회집단이 일체였기 때문에 종교집단으로의 참가는 자연형성적임과 동시에 강제적이었다. 국가신도는 집단 제사로서의 전통을 이어져 내려온 신사신도를 황실신도와 관련 지어 황실신도에 의하여 재편성하고 통일함으로써 성립하였다.村上, 『국가신도』, 223쪽

이같이 신사신도를 국가신도의 기초라고 생각하는 사고방식은 무라카미만이 아니라 많은 신도학자, 역사학자, 법학자 등 사이에 공유되어 있다. 국가신도론이 혼미하고 있는 큰 이유의 하나는 근대법 제도상의 존재에 불과한 '신사신도'를 토대로 하여 국가신도를 이해하려고 하는 방식에 빠져들어 버렸기 때문이다.

3. 신도지령神道指令이 국가신도로 이해한 것

GHQ가 목표로 한 국가신도의 해체는 무엇인가

국가신도의 기본이 '신사신도'라는 시각은 제2차 세계대전 후 GHQ연합국군최고사령관 총사령부가 목표로 한 '국가신도의 해체폐지'과정에서 분명히 보여준 것이기도 하다. 1945년 12월에 제출된 이른바 '신도지령'정식명칭은 후술한다은 국가신도 = 신사신도라는 생각을 확산시키는 데 매우 큰 역할을 한 문서이다. 제2차 세계대전 이후 일본인은 '신도지령'에 의하여 '국가신도가 해체폐지'된 사회에서 살고 있다고 자기를 이해하고 있었다. 그 자기 이해는 의도적이든 무의식적이든 GHQ가 보여준 국가신도관을 그대로 받아들인 결과이다.

물론 이 문서가 중요한 것은 용어 방식상의 의미에만 의한 것이 아니다. 일본국가와 종교와의 관련 방식이 제2차 세계대전 이전으로부터 그 후로 그것으로 전환할 때 결정적인 역할을 하였다는 문서이기 때문이다. 제2차 세계대전 이후부터 현대에 이르는 일본의 종교 제도는 이 문서와 1946년에 공포된 「일본국헌법日本國憲法」[11]에 의하여 그 기초가 마련되었다고 말해도 좋을 것이다.

'신도지령'의 목적은 무엇이고 거기에서 '국가신도'는 어떻게 자리매김이 되어 있는가. '신도지령'이라는 것은 관례적인 약칭이고 정식호칭은 「국가신도, 신사신도에 대한 정부의 보증·지원·

---

11 현재의 일본국가 형태 및 통치조직·작용을 규정하고 있는 헌법으로 1946년 11월 3일에 공포되어 그다음 해 5월 3일에 시행되었다.

보전·감독 및 홍보의 폐지에 관한 건」이다. 영어는 "Abolition of Governmental Sponsorship, Support, Perpertuation, Control, and Dissemination of State Shinto^{Kokka Shinto Jinsa Shinto}"로 되어 있다. 대체로 제목으로 보아 '국가신도'와 '신사신도'를 같은 뜻으로 간주하는 전제에 있다는 것을 알 수 있다.

이 문서의 서두 부분에는 다음과 같이 그 목적이 분명하게 나타나 있다. 나는 주의를 촉구하고 싶은 부분을 굵게 표시하고 있다.

국가지정의 종교 내지 제식祭式에 대한 **신앙 혹은 신앙 고백**의 (직접적 혹은 간접적) **강제로부터 일본 국민을 해방**하기 위해

전쟁범죄, 패배, 고뇌, 곤궁 및 현재의 비참한 상태를 불러일으킨 '이데올로기'에 대한 강제적 재정원조에서 생기는 일본 국민의 경제적 부담을 제거하기 위해

신도의 교리 및 신앙을 왜곡하고 일본 국민을 속이고 침략전쟁으로 유도하기 위하여 의도된 **군국주의적 및 과격한 국가주의적 선전**에 이용하는 것과 같은 것이 다시 일어나는 것을 방지하기 위하여 재교육에 의하여 국민 생활을 갱신하고 영구적인 평화 및 민주주의의 이상에 기초를 두는 새로운 일본 건설을 실현시키는 계획에 대해 일본 국민을 원조하기 위하여

이에 좌의 지령을 발포한다.

미국적인 종교관에 토대한 신도지령

이 문장의 의도가 반드시 일본인에게 알기 쉬운 것은 아니다. 거기에는 매우 미국적인 종교관이 짙게 반영되어 있으며 국가신도를 미국적인 종교의 틀에 맞추어 이해하려고 하고 있기 때문이다.

4개의 '위하여in order to'가 열거되어 있는데 마지막의 것은 신교의 자유라는 것이다. 종교는 개인이 특정 초월자와 '신앙'이나 '신앙 고백'의 관계를 맺는 것이라는 이해에 따라 '신앙'이나 '신앙 고백'은 개인들의 자유에 의하여 이루어지는 점, 결국은 개인 내면의 자유로서 신교의 자유 보장은 우선 의도되어 있다. 프로테스탄트의 전제에 의하면 종교 = 종교집단은 신앙에 토대하여 신앙을 고백한 개인이 연합하는 데에서 성립한다. 신사신도를 이러한 집단에서 다시 태어나게 함으로써 일본 국민은 신도의 강제로부터 해방되는 것으로 이해되고 있다.

제2와 제3의 '위하여'에는 '이데올로기'와 관련이 있다. 여기에서는 일본 국민을 잘못된 길로 나아가도록 한 것은 '종교'가 아니라 '이데올로기'라고 말한다. 이것도 매우 미국적인20세기 미국합중국에 특징적인 사고방식을 보여준다. '종교'는 원래 인간을 자유롭게 하기 위한 것이라고 하는 전제가 엿보인다. 신도도 그 같은 종교로 발전할 만한 것인데 당시까지의 신도 교리는 이데올로기로 왜곡되어 버리고 말았다. 그 좋지 않은 이데올로기를 나타내는 구절은 '군국주의적 및 과격한 국가주의적militaristic and ultranationalistic'이라는 부분이다. '종교'라는 신사 '신도의 교리 및 신앙Shinto theory and beliefs'이 이같이

'이데올로기'로 왜곡되었다perversion고 하는 전제에 서 있다.

또 그 같이 왜곡된 신도가 국가기관이 됨으로써 국민에게 '강제적 재정원조'를 강요하고 경제적 부담을 시켰다고 하는 것이다. 이것을 제거하는 것이 국가신도 해체폐지의 가장 중요한 목표가 된다. 이 생각을 반영하여 위 4가지의 '위하여'에 이어서 '신도지령'이 내놓는 '다음의 지령'의 처음 2항목은 다음과 같다.

> ①일본 정부, 도도부현청都道府県庁, 시정촌市町村 혹은 관공 관리, 속관屬官, 고용원 등으로 하여금 공적 자격에서 신도의 보증·지원·보전·감독 및 홍보를 하는 것을 금한다. 더욱이 이러한 행위의 즉각적인 정지를 명한다.
> ②신도 및 신사에 대한 공적 재원에 의한 모든 재정적 원조 및 모든 공적 요소의 도입은 이를 금지한다. 더욱이 이러한 행위의 즉각적인 정지를 명한다.

'강제적 재정원조'를 강요하고 경제적 부담을 시킨 것이 왜 그렇게 중요한가. 또 공무원의 '신도'에 대한 관여, '신도' '신사'에 재정을 지출하는 것의 금지가 왜 그 정도까지 중요한가. 이것은 유럽의 여러 사회, 특히 미국합중국의 근대적인 정교政教 관계가 '국가와 교회의 분리'라는 원칙에 의한 것으로 이해되어 왔기 때문에 '신도지령'의 후반을 보면 그 이유가 더 분명하게 된다.

신도지령의 '국가신도' 개념

'신도지령'은 1에서 4까지의 항목으로 나누어져 있고 3, 4는 절차상의 짧은 조문으로 그렇게 중요하지 않다. 주요 부분은 1과 2로 되어 있고 1이 본문이고 2가 그 해설에 해당한다. 지금까지 인용해 온 것은 서두 부분이다. 이번에는 2항목에 주목하고자 한다. 그 서두에는 다음과 같이 새롭게 이 문서의 '목적'이 기술되어 있다.

> 본 지령의 목적은 **종교를 국가에서 분리하는** 데 있다. 또 종교를 정치적 목적으로 오용하는 것을 방지하고 정확히 동일한 기회와 보호를 받을 권리를 가지는 모든 종교·신앙·신조를 정확하게 법적 근거 위에 세우는 데에 있다.

'국가신도의 해체폐지'의 핵심은 '종교를 국가로부터 분리한다 separate religion from the state'라는 데에 있다고 하나, 여기에서 '종교'는 '믿는 개인의 집합체인 종교집단'이라는 의미를 머금고 있다. 이 1절만으로 프로테스탄트적인, 특히 미국적인 종교관과 민주주의관을 농후하게 엿볼 수 있다. 유럽의 여러 국가의 국교 체제에서 억압을 받은 소수파 종교집단이 본래의 종교 정신을 실현할 수 있는 자유의 천지를 찾아 신대륙으로 건너갔다. 그리고 정교분리국가와 교회의 분리를 자유와 민주주의의 근본조건으로 간주하게 되었다. 그 같은 국민적 자각을 가지는 미국합중국의 역사를 배경으로 한 종교 제도에 관한 관점이다.

이상이 앞의 인용문이나 이것에 이어 아래에서는 이 같은 종교 제도에 관한 관점에 합치하는 형태로 국가신도의 정의가 이루어 지고 있다.

　본 지령 가운데 의미하는 국가신도라는 용어는 일본 정부의 법령에 의하여 종파신도 혹은 교파신도와 구별되는 신도의 한 파 즉 국가신도 내지 신사신도로서 일반에게 알려진 비종교적인 국가적 제사로서 구분되는 신도의 한 파국가신도 혹은 신사신도를 가리키는 것이 된다.

　여기에서 정의된 '국가신도'는 국가기관이 된 신사신도라는 것 이다. 이것은 매우 좋은 국가신도의 정의이다. 무엇보나노 기이한 점은 신사신도와 밀접하게 관련을 맺고 있던 황실 제사에 대해서 전혀 언급하고 있지 않다는 점이다. '신도지령'은 '국가신도를 해 체폐지한다'고 선언하면서 황실 제사에 대해서는 단호하게 입을 다 물고 있다. GHQ가 그와 같은 방침을 택하였는가에 대해서는 제5 장에서 언급을 한다.

제도상 용어로서 국가신도

　여기에서는 이같이 좁은 '국가신도'의 용어 방식을 '일본 정부의 법령'과 관련지어 정당화하고 있는 점에 주의하고자 한다. 그러면 법 제도상 '국가신도'는 언제 어떠한 경위를 거쳐 규정되었을까.

　1877년 이래 신기・종교 행정은 내무성의 사사국社寺局이 관장하였다. 그런데 신직의 교도직教導職 겸직을 폐지한 1882년 단계에서 '공公'적 '제사'를 관장하는 신사에 국민 각각이 형태를 만든 '사私'적 '종교' 집단과는 별개 범주에 속하는 제도의 틀이 형성되었다. 그러나 그것에 대응한 행정조직은 만들어지지 않았다.

겨우 1900년이 되어서야 내무성에 신사를 관장하는 신사국神社局이 새롭게 설치되었고 다른 종교집단의 업무는 종교국宗教局이 맡게 되었다. 당시까지 신사조직은 '종교'가 아니게 된 신사와 '종교'에 속하게 된 교파신도教派神道로 이분되어 있었으나, 행정조직에서도 그것이 반영되었다. 그 후 신사를 '국가신도', 교파신도 여러 교단을 '종교신도'로 하는 호칭이 정착되어 갔다. 신도학자 사카모토 코레마루版本是丸[12]는 1908년의 제국의회위원회 기록에 '국가신도'라는 단어가 남아있는 것을 보여주고 있다.『국가신도 형성 과정의 연구』, 305~306쪽

이 좁은 의미의 '국가신도' 혹은 '신사신도'는 어떠한 법에도 규정된 용어가 아니다. 주로 내무성 신사국이 담당한 신사나 신직 집단을 가리키는 제도 용어로서 그 참에 일반적으로 사용하게 된 것 같다. 즉 신사시설이나 성직자・전문가宗教家, 이 경우는 신직를 가리키는 용어이다. 이같이 물적・인적 실체를 가지고 조직된 집단이 '종교'나 '○○교'기독교, 불교, 천리교 등로 불린다는 용어 방식은 근대에 널리 퍼졌다.

서양의 '종교religion' 개념 역사에 대한 비판적 연구로 알려진 스미스는 근대에 널리 퍼진 서양의 religion 개념의 한 특징으로 그것

---

12 1950~. 일본의 역사학자・신도학자로서 국학원대학(國學院大學) 명예교수이다. 전공은 근대 일본종교사이다.

이 종교집단·종교조직을 나타내는 단어가 되었던 점을 들고 있으며 그것은 역사적으로 보아도 특수한 것이라고 이해하고 있다.『종교의 의미와 목적(The Meaning and End of Religion)』

기독교는 교회라는 '종교' 독자의 조직을 가지고 있지만, 서양여러 국가에서는 근대에 국가와 교회의 관계가 쟁점이 되어 국가에서 '종교' 조직의 자리매김을 둘러싸고 법 제도가 발달하였다. 그래서 종교집단을 가리켜 '종교'나 '○○교'라고 부르는 용어 방식을 유포하기 쉬웠다. 그러나 유대교, 이슬람교, 힌두교에서 그러하듯이, 신도에 적용을 시키는 경우도 이 같은 용어 방식과 현실과의 격차는 현저하게 된다주로 이슬람교를 강하게 의식한 비판적 검토에 아사드, 『종교의 계보』, 『세속의 형성』이 있다.

'신사신도'='국가신도'설의 결점缺點

신도의 신앙이나 실천은 교회나 교파와 같이 자발적인 신자로 구성이 된다(고 이해된) 종교조직이 형태를 만드는 것과는 현저하게 다르다. 이 용어 방식은 종교시설이나 성직자종교가라는 것으로는 나타낼 수 없다. 신도 외의 측면을 망각시키는 기능을 포함하고만다. 예를 들면 황실 제사가 신도의 중요한 전통의 일각을 이룬다는 측면이다. 더불어 '신도지령'에서 이루어지고 있는 것 같이 '국가신도', '신사신도'와 '종교신도', '교파신도'라는 개념이 사용되면, 신도 전체가 이 양자만으로 구성되어 있다는 착각을 주지 않을 수없다. 이러한 용어 방식에 익숙하면 황실 제사, 황실신도의 존재가 완전히 빠져버리게도 된다.

좁은 의미에서 신도나 국가신도라는 단어를 사용함으로써 황실 제사나 황실신도가 빠져버리게 되는 점에 주목한 사람은 이노우에 테츠지로井上哲治郎(정상철차랑), 제1장에서 『칙어연의』의 저자로서 등장한 제국대학 철학교수나 가토 겐지加藤玄(가등현), 이노우에의 제자로서 종교학자이며 도쿄제국대학의 신도강좌의 조교수가 되었다이다. 그들에 의하여 국체신도, 황실신도, 국가적 신도라는 단어가 사용되었다.新田均, 「근대정교관계의 기초적 연구」, 「「국가신도」론의 계보」 그리고 제2차 세계대전 후 이것들을 포괄하는 것과 같은 용어로 넓은 의미에서 국가신도라는 단어가 사용되었다. 무라카미 시게요시 등이 사용한 '국가신도'라는 단어의 의의는 이 같은 역사적 배경을 가지고 있다.

메이지유신 후 황실 제사의 전개가 신도의 근대적 형태로서 매우 중요한 일부라는 점, 또 그것이 이세신궁을 정점으로 조직되는 신사 세계와 밀접 불가분의 것으로서 이해되어 온 것은 분명하다. 또 국체론이 천황 '신손神孫'론이나 이세신궁 숭경과 결부되어 황실 제사나 신사 세계와 떨어지기 어려운 관계를 맺고 있었다는 점도 부정할 수 없다. 이것들을 종합적으로 이해하고 국가신도로 부르는 것은 매우 자연스러운 것이다.

황실 제사나 국체론과 신도신사를 종합적으로 이해하려는 국가신도론과 국가기관이 된 신사만을 '국가신도'로 부르려고 하는 국가신도론이 대립하게 된 것은 이상과 같은 경위에서이다.

4. 황실 제사를 배제한 국가신도론을 넘어서

국가신도와 신사신도를 똑같이 놓으려는 경향

1970년대 이후 국가신도 연구에서 현저하게 된 경향은 국가신도를 주로 신사신도에 관한 것으로서 좁고 특수한 의미에서 논하려는 전문 연구자가 늘어난 점이다. 황실 제사나 국체론과는 관계없이 국가신도를 논하려는 경향이 그것이다.

역사학 계통의 학자들은 그렇게 의식하지 않고 그 같은 방향으로 나아갔다. 제도의 역사나 행정의 역사에 관한 연구가 진척되면서 제도상의 용어를 그대로 학술용어로 사용하는 경향이 강해졌고, 좁은 의미의 '국가신도'가 떠오르게 되었다. 이것은 종래 사용되어 온 학술용어가 근대적 학문의 선입관을 전제로 성립하고 있다는 것을 반성하는 흐름과도 관련이 있다. 추상 정도가 높은 근대적 학술용어를 비판적으로 이해하는 데에서 당사자가 역사자료에서 사용하고 있는 용어로 되돌아가 역사서술을 하려는 경향이 나타났다. 1970년대 이후의 역사학은 그 같은 환경에서 국가신도 연구의 성과를 거두었다. 미야치 마사토宮地正人(궁지정인), 나카시마 미치오中島三千男(중도삼천남) 등의 연구가 대표적이다.

이러한 경향에 대해 방법론적 고찰을 중요하게 생각한 소수 역사학자 가운데 야스마루 요시오安丸良夫(안환량부)는 황실 제사의 연구가 중요하다는 점을 지적하고「현대일본에서의 「종교」와 「폭력」」 국가신도를 신사신도로 좁게 한정하여 연구하려는 경향에 대해 "그러나 실증

차원이 주로 신사제도나 행정관료의 사상思想 등에 있기에 현실 사회에서 살아온 다양한 사람들의 의식이나 행동에서 국가나 종교와의 관련을 묻는 발상이 충분하지 않고 다시 생각할 여지를 남기고 있다고 생각한다"「근대전환기에 있어서 종교와 국가」, 555쪽라고 주문하고 있다.

야스마루가 지적하듯이 대개 역사학의 근대사 연구에서 종교나 사상을 어떻게 다룰 것인가에 대한 반성은 그렇게 진전되지 않고 있다. 종교나 사상의 역사를 이해하기 위해서는 인간의 관념이나 실천을 이해하기 위한 방법론적 성찰이 필요하다. 종교나 사상에 관한 자료는 어떠한 형태로 존재하고 있고 어떠한 형태로 읽어내 해석해야 하는가. 종교나 사상의 역사를 서술할 때 추상 정도가 높은 단어의 사용은 피할 수 없다. 예를 들면 '기독교'나 '유교', '대승불교', '가마쿠라 신불교鎌倉新佛敎', '현밀불교顯密佛敎', '계몽주의', '낭만주의', '신종교', '정교분리' 등의 용어를 피하고서는 종교사나 사상사는 서술할 수 없다.

마르크스주의의 '사적 유물론史的唯物論'을 신봉했던 사회경제사가 우위였던 시대에 이어서 정치사·행정사·법제사에 무게를 두는 연구 경향이 우위를 차지했다. 또 일상생활에서 관념이나 실천의 정치적 분석에 힘을 기울이는 언설론言說論에 주목하였다. 그런데 이러한 조류에서 집합적인 종교나 사상을 분석하기 위한 방법론적 문제는 등한시해 왔다. 그것이 국가신도론에 영향을 주고 있다. 종교나 사상에 관해 역사학이 방법론적으로 막혀 있는 가운데

황실 제사나 천황 숭경이 종교사나 사상사에서의 큰 의의가 간과
되어 버렸다.

신사신도의 입장에서 좁은 정의

다른 한편 신도학자 가운데에는 매우 명확한 전략적 의도에서
국가신도에 대해 좁게 정의를 해 온 논자가 많다. 대표적인 논자는
제2차 세계대전 이후의 신도 세계의 재정립에 힘을 다하고 오랫동
안 신사신보사神社新報社의 주필로서 활약한 아시츠 우즈히코葦津珍
彦, 1909~1992[13]이다. 아시츠는 1987년 『국가신도는 무엇이었는가』를
간행하였는데 그것은 국가신도의 주체를 신사신도로 이해하고 더
욱이 국가신도가 상대한 힘을 가졌다고 하는 무라카미 시게요시
의 국가신도론을 철저하게 반박하려는 의도에 토대한 것이었다.
거기에는 '국가신도'를 좁게 정의해야 한다는 점이 정면에서 주장
되고 있다.

국가신도라는 단어의 개념을 정확하게 이해하려고 하면 1900년에
정부가 내무성 안에 신사국後의 신기원의 관제를 정하고 사사국의 종무행
정하에서 공적 신사로 인정되지 않는 신도의 일부와 구별하여 종교행
정을 개정하였을 때 결정적으로 확립된 것이다. 그 이전의 신궁신사의
행정은 사사국의 일부에서 이루어졌다. 그 개념의 정의에서 보면 '국가

---

13   일본의 신도가·논객으로서 유명하였다.

신도사'는 겨우 약 40년의 역사를 남기는 것에 지나지 않는다. 지령의 정의와 같이 '국가신도'를 '신도의 한 파'를 가리키는 것이라고 하면 일본 국민 사이에 유구한 역사를 가지는 신도의 한 짧은 기간의 일부에 지나지 않는다.

국가신도는 행정관료가 신사를 지배하고 신사는 종교 활동에 제한을 받은 시기의, 결코 우대를 받았다고 말할 수 없는 신사신도를 가리킨다고 한다. 이같이 신사가 신도 본래의 활동에서 멀어지게 된 시대의 존재 방식을 마치 신사 세계가 권력과 일체가 되어 발호하고 나쁜 국운을 가져온 것처럼 묘사하는 것은 타당하지 않다고 아시즈는 논하고 있다. 이러한 잘못된 평가를 바로 잡기 위해서는 우선 국가신도의 정의를 GHQ의 신도지령에 토대하여 바로 보는 것이 좋다고 한다.위의 글, 9~10쪽

미국적인 종교관에 토대하여 근대법제상 종교집단'종교'가 아닌 국가'제사'기관으로서 이해된 '국가신도'라는 정의에 그야말로 의거하는 것이라고 한다. 이것은 법제사적으로는 알기 쉬운 정의 방식인지 모르나, 신도사나 종교사를 널리 전망하고 신도와 관련한 사상이나 활동의 존재 형태를 이해하려는 가능성을 배제하는 것이다.

황실 제사를 언급하지 않는 국가신도론

아시즈는 황실 제사가 어떻게 큰 영향력을 끼쳤는가에 대해서는 전혀 언급하지 않는다. 거기에는 황실 제사·황실 신도를 '종교'

나 '신도'로서는 이해하지 않는다는 확고한 의지가 있다. 황실 제사를 '종교'라고 한다면 그것은 다양한 종교를 신봉하는 권리를 가지는 국민에게 보편적으로 지워지는 '공'적 제도로서의 의의를 띨 수 없는 것이 된다. 아시츠나 아시츠의 전략을 따르는 신도학자사카모토, 닛타 등에게 황실 제사는 어떻게든 '종교'나 '신도'를 뛰어넘는 것이 아니면 안 되는 것이다.

이 입장은 신사신도는 '종교'가 아니라, '제사'라고 규정한 제2차 세계대전 이전의 제도 틀로부터 한 발자국 물러나, 신사신도는 '종교'라는 것을 인정하는 것처럼 보이나, 실제는 황실 제사·황실 신도가 '종교'라는 것을 부정하고 국가신도의 진영을 만회하려고 하는 것이다. 황실 제사는 '종교'가 아니라는 것을 간주함으로써 '공公'영역에서의 기능을 견지하고 확장하려고 하는 의도가 배후에 있다.

국가신도를 좁게 신사신도에 한정해서 정의하는 것은 신사 세계를 중심으로 한 신도는 제2차 세계대전 이전의 군국주의·침략주의나 신앙 강제強制에 대해 그렇게 책임이 없다고 하는 논점과도 연결되어 있다. '국가신도'로서 제도화된 신사 세계는 '종교'가 아닌 '제사'가 됨으로써 원래 생생한 종교성이 현저하게 제한을 받았다고 아시츠는 논한다. 내무관료의 통제로 신사를 합병한 신사합사神社合祀 등의 변용을 강요당하였고 불교계로부터의 압력으로 종교 활동도 제한을 받지 않았던가. 국가의 재정적 지원도 특히 메이지 시기에는 대단히 빈약하였고, 종교적 생명을 빼앗긴 신사신도는 국민을 침략전쟁으로 나아가게 한 것과 같은 힘은 도저히 없었다고 하는 것이다.

국가신도와 민간운동의 중요성

아시츠는 특히 존황尊皇을 내걸고 신도 신앙을 불어넣은 것은 오히려 민간단체였다고도 주장한다. 황실 제사를 국가신도의 정의에서 배제하려는 아시츠도 황실 제사나 천황 숭경尊皇의 의의를 크게 내거는 신도 성향 민간단체의 역할에는 크게 주목하고 있다. 아시츠는 그러한 민간단체를 '재야신도在野神道 여러 유파'라는 단어로 일괄하고 있다.

그러나 국가의 정부 권력과는 다르게 그것과는 전혀 상이한 신도의 의식意識이 재야 국민 사이에 나타나게 된다. 그것이 1912년부터 다이쇼시대가 되어 불타오른다. 정부의 국가신도는 처음은 이것을 무시하고 얼마 안 있어 탄압을 시도하였으나 권력에 대한 반항은 뿌리가 깊다. 국가신도의 중핵, 신사국은 의외로 소극방위로 노력하였으나 재야신도 여러 유파의 반항은 후에는 정부 권력을 위협하여 심리적 압박을 느끼게 한다이른바 쇼와 초기부터의 유신동란시대. 이 사이 재야의 사상사는 매우 복잡하게 된다. 그것은 '국가신도시대'의 말기 10여 년의 일이다.위의 글, 11쪽

'재야신도 여러 유파'는 신기관神祇官 재흥운동을 담당한 사람들이나 토야마미츠루頭山滿(두산만)의 현양사玄洋社,[14] 우치다 요시헤이內

田良平의 흑룡회黑龍會,[15] 데구치 오닌사부로出口王仁三郎의 황도대본皇道
大本,[16] 5 · 15사건,[17] 2 · 26사건[18]에 관여한 사람 등이고 주로 천황
의 직접통치로 군민일체적인 국가의 실현을 요구하는 황도주의적
인 여러 집단을 염두에 두고 있다.藤田大誠, 『「신도인」아시츠와 근현대의 신사신도』
아시츠는 만약 국가신도라는 단어를 존황이나 경신敬神을 내건 정
신운동이라는 의미로 사용한다면 이러한 '재야신도 여러 유파'가
거기에 해당한다는 시사를 하고 있다고 읽을 수 있다. 이른바 존황
주의적인 반체제反體制의 입장에서 종교 활동의 제한을 받았고 국
가기관이 된 신사 세계의 존재 방식에 대한 분개를 기초로 한 국가
신도관이다.

14　구(舊) 후쿠오카번사(福岡藩士)가 중심이 되어 1881년에 결성된 아시아주의
　　를 주창한 정치단체로 일본에서는 처음 탄생한 우익단체이다.

15　1901년 1월에 설립된 국가주의 우익단체로 중국, 만주, 러시아 국경을 흐르는
　　흑룡강에서 그 이름이 유래하며 러시아와의 개전을 주장하였다. 현양사(玄洋
　　社)의 해외공작센터로서 해외에서는 일본의 장사집단(壯士集団) 블랙 드래곤
　　소사이어티(BLACK DRAGON SOCIETY)로서 알려져 있었다. 1931년에 대
　　일본생산당(大日本生産党)을 결성하였고 1946년 GHQ 당국에 의하여 가장
　　위험한 영향력을 가진 국가주의 단체라 하여 해산시켰다.

16　데구치 오닌사부로는 전쟁으로 특히 재산을 늘리는 자본가와 지주에게 격분
　　을 느끼고 일본인 대다수를 차지하는 서민을 불행으로 내모는 전쟁을 강하게
　　부정하고 교단 이름을 황도대본이라고 바꾸었다.

17　1932년 5월 15일에 일본에서 일어난 반란사건으로, 무장한 청년 해군장교들
　　이 내각총리대신의 집에 난입하여 총리대신 이누카이 츠요시(犬養毅)를 살해
　　한 사건이다.

18　1936년 2월 26일부터 2월 29일까지 황도파의 영향을 받은 육군 청년 장교들
　　이 1,483명의 하사관과 병사들을 이끌고 봉기하여 정부 요인을 습격한 미수
　　사건이다. 청년 장교들이 하사관과 병사들을 복귀시키고 자결하였다.

황실 제사를 배제한 국가신도론은 성립하지 않는다

그러나 황실 제사·황실 신도를 배제한 국가신도의 이해는 성립될 수 없다는 것은 분명하다. 메이지유신 후 정부는 기독교에 대응할 수 있는 제정일치 국가 수립의 형식에 맞추어 황실 제사를 충실하게 함과 동시에 천황 숭경을 국민에게 확산시키려고 하였다. 신사신도는 그 시설에 부합하였고 황실 숭경에 도움이 되는 것 같은 새로운 신사를 계속 설립하여 전국의 신사를 조직화해 가는 과정에서 형성되었다. 근대에 형성된 신사신도 조직을 황실 제사와 분리를 시켜 그것만을 독립한 종교조직으로서 실체로 보는 것은 적절하지 않다. 그것은 제2차 세계대전 이후 신사본청神社本廳[19]으로서 민간단체가 된 신사신도의 모습을 과거로 투영하는 오류를 뒷받침하게 되는 것이기도 하다.

신사의 연합체는 황실 제사나 천황 숭경 시스템의 발전과 함께 메이지유신 후 그 참에 형성되었고 신직 조직이나 신직 양성기관의 설립으로제4장 또 1900년 이후는 내무성의 강력한 권력 장악으로 조직화가 추진되었다. 사회적인 존재 형태로서는 신사신도와 황실 제사의 양쪽이 국가신도의 중요한 구성요소라는 것을 우선 확인하고자 한다. 그런 다음 종교사상으로서의 국가신도가 어떠한 구성요소를 포함하는가에 대해서는 그 이해가 다양할 수 있다.

---

19   신사본청은 신도계의 종교단체로서 일본 최대이고 약 8만 개의 신사 중 7만 9천 개 신사 이상이 가맹하고 있다. 도도부현마다 신사청(神社廳)을 가지고 있고 내무성의 외국(外局)이었던 신기원의 후속적 존재이고 종교법인법에 토대하는 포괄 종교법인이다.

국체론이나 존황 사상의 어디까지가 국가신도의 틀 안에 들어가고 어디까지가 국가신도의 틀 밖의 것인가를 이해할 것인가는 사례를 거듭 계속 연구하면서 보다 적절한 사실 확인에 합치한 용어 방식을 찾아야 할 것이다.

'천황이데올로기'라는 개념

근대종교사·사상사를 생각할 때 황실 제사의 의의를 등한시하는 자세는 메이지유신 이후의 정치체제를 뒷받침하는 사상을 '천황 이데올로기'라는 단어로 일괄해 온 것으로도 조장되었다. 마르크스주의적인 역사 연구에서는 사상이나 종교를 '상부구조'로서 이해하고 언어로 명료하게 표현된 '이데올로기'에 역점을 두는 성향이 있었다. 또 '천황제'라는 정치제도에 비추어 사상이나 종교를 이해하는 것에 역점을 두기도 일쑤였다.

그러나 근대 일본의 천황 숭경을 기축으로 한 사회통합 시스템에서는 신체적 실천이나 의례 행동이 매우 큰 역할을 하였다. 또 학자나 지식인만이 아니라 서민 여러 계층의 사고나 실천의 양식이 관여하는 측면이 컸다. 신도나 제사라는 관점에서 그 이해가 필요한 것은 그야말로 그러한 여러 계층의 사람들의 신체적 실천이나 의례행동의 측면에 있어서이다.

역사학 입장에서 국가신도 연구가 황실 제사를 등한시하기 쉽다는 점과 '천황이데올로기'라는 단어에 의한 경향이 강하다는 것과는 크게 관계가 있다. 이데올로기라는 개념에 응축된 의미는 입장에 따라 다르나, 이데올로기라는 개념에 영향을 받아 국가신도를 잘못 이해하고 있는 점에서는 신도지령 배후의 미국적인 발상과 마르크스주의 이래의 사회과학적 발상과 서로 통하는 점이 있다.

개개 요소를 분리하지 않는 신도 이해

이 장에서는 '국가신도'라는 용어의 의미가 불명확하게 되고 국가신도는 무엇인가를 둘러싼 논의의 혼란을 참조하여 국가신도의 윤곽을 적절하게 파악하려는 시도를 해왔다. 황실 제사나 천황 숭경과 분리된 것으로서 신사신도만을 국가신도로 생각하는 관점이 널리 펴져 왔으나, 거기에는 신도학, 역사학 등 다른 입장에서 각각 다른 이유로 편파적인 고찰이 이루어져 왔기 때문이다. 이러한 이해방식은 종교나 사상의 역사를 왜곡해 버리는 결과를 낳았다.

실제로는 신사신도는 황실 제사와 일체를 이룰 만한 것으로 형성되었다. 그리고 그것들은 국민 사이에 천황 숭경을 확산함으로써 국가통합을 강화하려는 의도와 떨어질 수 없는 것이었다. 제3장에서 서술하듯이 그 유도선이 된 이념은 제정일치나 제정교일치나 황도라고 불린 것이다. 신도 제사나 천황 숭경을 중핵으로 있을 법한 국가상像이 에도시대 말기에 형성되어 메이지유신 정부의 정책 지표가 되었다. 그러한 지표에 따라 신사 정책, 종교정책, 제사정책, 국민교화정책이 마련되었다. 신도 제사나 천황 숭경이 그 중핵에 있다는 점에서 그러한 여러 정책은 서로 관련되어 있었고 천황 숭경 주위의 '제사'나 '교화'는 일체를 이루었고 '국가신도'라고 부를 만한 전체를 형성하고 있었다.

이 장의 전반에서 나는 '국가신도'의 대체적인 윤곽을 파악하려고 하였는데, 그것은 무라카미 시게요시가 『국가신도』에서 제시한 윤곽에 가깝다. 그런데 무라카미의 경우 국가신도가 견고한 일체성을 가지고 위로부터의 강제가 너무 강조되었다는 점은 지적한 바와 같다. 『국가신도』의 결론에서 무라카미는 "국가신도는 이십 수년 이전까지 우리 일본 국민을 지배하고 있던 국가종교이고 종교적 정치적 제도였다. 메이지유신에서 태평양전쟁의 패전에 이르는 약 80년 동안 국가신도는, 일본의 종교는 물론 국민 생활의식의 구석구석까지 널리 깊은 영향을 끼쳤다"『국가신도』, 1쪽라고 서술하고 있다.

실제는 국가신도가 형성·침투되기까지에는 오랜 시간이 걸리기도 하였고 다른 종교에 대해 그 나름으로 허용하는 시기도 있었다. 위로부터 국민에게 강제된 측면이 있었고 또 국민 자신이 담당이 된 측면도 있었다. 고대에 대한 복귀를 주창하기도 하고 고대의 제도를 이상화하여 이용하기도 하였으나 근대에 창조된 새로움이 눈에 띄었다. 무라카미의 서술에서는 이 점들이 경시되어 있다.

황실 제사, 신사신도, 국체론

그러나 국가신도의 구성요소에 대한 무라카미의 시각은 경청할 가치가 있다. 무라카미는 국가신도를 '신사신도'와 '황실신도'와 '국체의 교의敎義'라는 3가지 요소로 이루어지는 것으로서 이해하고 있다.

국가신도는 집단의 제사로서의 전통을 계승하고 있던 신사신도를 황실신도와 관련지어 황실신도에 의하여 재편성하여 동일함으로써 성립하였다. 민족종교의 집단적 성격은 국가적 규모로 확대되고 국민에 대해서는 국가의 지도 이념인 국체의 교의로 무조건의 충성이 요구되었다. 국가신도의 교의는 그대로 국민정신이 되었다.위의 글, 223쪽

무라카미의 이 견해는 '신사신도'와 '황실신도'가 불가분하게 전개하였다고 하는 실증적 근거에 토대하고 있다. 그러나 '국체의 교의'가 그것들과 떨어질 수 없는 밀접한 관계에 있었다고 하는 점에 대한 근거 제시가 무라카미에게는 미약하다. 신사신도나 황실신도와 국체론이 어떠한 관계에 있었는가를 무라카미는 충분히 설명하고 있지 않다. 닛타는 그 점에 대해 무라카미가 주장하려는 것과 같은 '국가신도'는 환상이라고 비판하였다.

이것에 대해서 나는 제2장에서 황실 제사와 신사신도의 복합체는 특히 천황 숭경과도 밀접하게 결부되어 있었다는 점, 그리고 천황 숭경은 교육칙어를 통해 학교에 널리 퍼진 점 등 폭넓은 보급의 채널을 가지고 있었다는 점을 보여주었다. 한편 무라카미는 서양의 기독교 문화를 배경으로 한 종교관에 끌려서 국가신도를 종교시설이나 성직자와 같은 조직적 단위에서 생각하고 있다. 따라서 그는 '국체의 교의'와 '황실 제사', '신사신도' 복합체의 관계 매김에 실패한 것이다.

그러나 종교나 사상의 역사를 생각하기 위해서는 무엇보다도

관념이나 실천의 유포·습득을 조사하지 않으면 안 된다. 국가신
도의 역사에서 학교나 축제일 시스템이나 미디어가 중요한 것은
그것이야말로 천황 숭경이나 그것과 관련한 신도적인 관념과 실
천의 유포·습득에서 결정적으로 중요한 역할을 했기 때문이다.
'국체의 교의'와 '천황 제사'나 '신사신도'의 관계를 맺게 한 것은
교육칙어나 축제일 시스템이나 미디어였다. 거기에서는 황실 제
사나 신사신도와 국체론을 관련 지은 천황 숭경을 불어넣는 행위
가 장기간 일상적으로 이루어지고 있었다.

제3장

국가신도는 어떻게 생겨났는가
막부 말기 메이지 초기

1. 황실 제사와 신사신도의 일체성

메이지유신 시기에 구상된 국가신도

이 장에서는 황실 제사, 신사신도, 국체론 등의 요소로 구성되는 국가신도가 통합성을 띤 구상하에서 형성되었다는 점을 제시한다. 이것은 의례나 시설이나 조직의 측면결국은 황실 제사와 신사신도의 측면과 정신적인 측면, 관념의 측면국체론의 측면으로 나누어 보면 알기 쉬우나, 역점은 후자에 있다. 사람들의 사고에 형성된 구상이야말로 주요한 추진력이 되었기 때문이다. 메이지유신 후에 국가신도의 제도나 교화방법의 구체적 모습은 보이지 않았는데, 통합적인 국가신도의 비전은 이미 제시되어 있었던 점을 밝히고자 한다.

그런데 구체적으로 형태를 띠고 나타나는 것은 의례나 시설이나 조직이다. 그러므로 그것을 우선 서술한다. 우선 메이지 전후부터 메이지 후기에 걸쳐서 황실 제사와 신사신도가 통합적인 제도로 전개한 점을 보여준 다음, 그것들에 앞서 에도시대 후기부터 메이지 초기까지를 대상으로 제정교일치나 황도 이념이 지배적인 국가 정신 질서 구상이 되어 가는 과정을 밝히고자 한다. 「대교大教 선포의 조詔」[1870]는 그것을 명쾌하게 보여준 것이고 그 후 정책의 기준선을 보여준 것이다.

메이지유신 후 제정일치의 이념에서 신도적인 황실 제사가 확충되었고 큰 역할을 하게 되는 경과에 관해서는 제1장에서 미리 기술했다. 여기에서는 그것이 이미 메이지유신 직후의 단계에서 예상되어 있었고 근본 지침으로서 제시되고 있었던 점을 기술한다. 제정일치 혹은 제정교일치의 이념에 토대한 국가정신질서의 구상 후에 국가신도로 결실을 맺게 되는 비전이 메이지유신 시기에는 지도층 사이에 공유되기에 이르렀다.

이세신궁과 궁중삼전宮中三殿이라는 두 가지 성스러운 장소

황실 제사가 치러지는 궁중의 성소로서 그 중요성이 인식되었고 존도尊都와 함께 1869년에는 새롭게 가시코도코로賢所가 설치되었으며 3종 신기의 하나로 신경神鏡이 제사의 대상이 되었다. 1871년에는 아울러 황령이 또 다음해에는 유신 직후에 신기관에 의해 제사를 올리는 신전팔신전(八神殿), 천신지기(天神地祇)도 통합되었다. 1889년에는 이것들이 옮겨져 설치되었고 대규모적인 궁중삼전이 설치되었다. 여기에서 강조하고자 하는 것은 이 궁중삼전은 황조신, 아마테라스 오미카미를 주신으로 제사를 지내는 신도시설로 일본의 여러 신의 중심에 자리매김이 된 이세신궁과 일대의 시설이라고 생각되고 있었다는 점이다.

이세신궁과 궁중삼전은 그야말로 국가신도의 중심적 성소였다 대외 전쟁의 증대로 야스쿠니신사가 그것에 추가된다(제4장). 1889년에 발포된 대일본 제국헌법의 제1조에 '대일본제국은 만세일계의 천황이 이를 통치한다'라고 규정하였는데, 그 신성한 '만세일계' 천황의 통치는 이두 성소를 기반으로 비로소 이루어졌다. 메이지 국가가 제정일치의 이념을 지향한 국가라는 것은 그야말로 이 두 성소에 의하여 명백하게 된다. 이 두 성소가 수행한 거대한 역할을 보지 않고서는 국가신도를 논할 수 없다.

메이지유신으로 이세신궁은 국가신도의 중심시설로 다시 태어나게 되었다. 많은 민간인이 관여하고 지역사회와 밀접한 종교시설이었던 이세신궁을 제정일치 국가의 정부 중앙과 직결된, 성스러운 제국시설로서 다시 태어나지 않으면 안 되었다. 메이지 시기에는 전국의 여러 신사가 국가시설적인 특징을 띤 것으로 변화하도록 촉구를 받았으나, 이세신궁의 개혁은 그 선두가 되었다. 천황가家 선대의 신을 제사 지내는 신사이기 때문에 그것은 당연한 것으로 생각되었다.

메이지유신 전후로 이세신궁은 크게 바뀌었다.西垣晴次,『이세에 가기』 이세신궁의 지역 우치다宇治田지역에서는 300개 이상의 불교사원이 있었는데, 유신 후에는 15개로 줄어들었다. 당시까지는 어시御師, 어직御職으로 불리는 민간종교가가 전국 각지의 숭경자와 사단師檀 관계를 맺고 있었고 참배자는 어시御師가 운영하는 곳에 숙박했다.

어사는 전국 각지를 돌면서 신찰神札(이세대마(伊勢大麻)·신궁대마(神宮大麻))[1]을 배포하고 있었다. 1871년에는 이 어사가 전면 폐지되기에 이르렀다. 대량의 실업자가 나오면서 우치다의 마을도 크게 변했다.

국가기관인 신궁에 봉사하는 신직도 세습제가 폐지되었고 약 4분의 1로 인원이 삭감되었다. 이전에는 이스즈천十鈴川의 안쪽 신역神域에도 상당수의 민가가 있었으나 1889년까지 철거되었다. 에도시대의 '이세'는 60년에 한 번, 열광적인 집단 참배, '오가게마이리'나 '에에쟈나이까'가 있었고 전국에서 이익을 찾아 행복 기원을 담아 참배하는 민중의 성지였다. 메이지유신 후 신궁은 국가의 관리 하에 놓이게 되었고 천황 황실과의 관계를 강화하고 황실 제사와 일체의 장엄한 국가신도의 성소로 변모하게 되었다.

새로운 황실 제사 체계의 창출

이세신궁과 아마테라스 오미카미의 지위 변화는 새롭게 창출된 황실 제사의 특징을 통해서도 분명하게 되었다. 니나메사이新嘗祭는 이세신궁의 가장 중요한 제의로서의 칸나메사이神嘗祭에 대응하는 궁중 제사였다. 그 칸나메사이에 대해서는 종래 궁중에서는 봉폐奉幣와 요배遙拜가 이루어졌을 뿐이나, 1871년부터는 가시코도코로에서도 천황이 직접 제사를 주재하는 친제親祭로 칸나메사이가

---

1   신사가 우치코에게 배포하는 물건. 대마라는 것은 재액 등 부정을 몸에서 씻어내기 위해 신도 제사 때 사용하는 도구의 하나로 목면이나 마, 그리고 요즘에는 포면(布綿)이나 종이가 이용된다.

이루어지게 되었다. 니나메사이, 칸나메사이 외에도 궁중삼전에서 이루어지는 제전이 정돈되었고, 그 많은 것은 메이지유신 후에 새롭게 만들어진 것이다. 무라카미 시게요시는 주요한 것은 『고사기』와 『일본서기』의 신화에 토대하는 제사와 천황 영령의 제사로 크게 나눌 수 있다고 한다.『천황의 제사』

전혀 새롭게 시작된 제사의 하나는 원시제元始祭이다. 이것은 정월 3일에 이루어졌고, 연초에 천손강림을 축하하는 것이다. 『고사기』와 『일본서기』의 신화에 의하면 아마테라스 오미카미의 명령으로 니니기노미코토가 지상으로 내려오게 된다. 그 때 아마테라스 오미카미가 받은 것으로 되어 있는 단어가 제1장에서도 인용한 '천양무궁天壤無窮의 신칙'으로 불리는 것이다.위의 책, 34쪽 니니기노미코토는 조모인 여신의 명에 의하여 일본국에 대한 통치의 명령을 받고 그 사명은 진무神武 천황을 비롯한 역대 천황으로 이어졌다. 원시제는 천손강림 이후 끊이지 않고 현재까지 계속되는 신성스러운 황위 즉 '아마츠 히츠기天津日嗣'를 축하하는 것으로 니나메사이에 이어서 중요한 제전이 되었다.

기원절제紀元節祭도 새롭게 만들어진 것이다. 이것은 초대천황 진무 천황의 즉위를 기념하는 제전으로 1873년부터 개최되기에 이르렀다. 니니기노미코토로부터 3대를 거쳐 진무 천황은 군대를 이끌고 휴가日向로부터 동쪽으로 올라가진무동정(神武東征), 야마토를 제압하며 카시하라에서 즉위의 예를 행했다. 이것을 천황에 의한 신성한 통치의 시작으로 축하하는 것이다. '기원'이라는 것은 진무 천황의 즉위를 기점으로 하여 '황기皇紀'를 정한 것에 유래하는 명칭이다.

중국의 신유辛酉혁명 사상의 영향을 받고 『일본서기』는 진무 천황의 즉위일을 '신유년 춘정월 경신삭辛酉年春正月庚辰朔'이라고 기록하고 있다. 이것을 서력 기원절 660년으로 하고 그 해 2월 11일이 즉위일이라고 상정하며 제삿날을 정한 것이다. 원시절과 기원절제는 아마테라스 오미카미의 신의神意에 토대하고 성스러운 천황에 의한 국가통치의 기원을 축하함과 함께 '만세일계의 천황'의 신성함을 칭하는 것이기도 하는 국가신도의 대표적인 제사이다.

이것들은 전국의 신사에서 거행되어 온 다양한 제사에 새로운 차원이 부여된다는 의미를 띠고 있었다. 아마테라스 오미카미로부터 니니기노미코토로, 니니기노미코토로부터 진무 천황으로 그리고 역대 천황을 거쳐 지금 재위 중의 천황으로라는 '황조황종'의 계보를 강하게 의식하고 매우 중요한 의미를 띠는 신도제사로서 창설되었다. 이세신궁은 천황의 조신祖神 제사를 지내는 신사이기 때문에 이러한 제사는 이세신궁과 깊은 관련을 맺은 것은 말할 필요도 없다.

황실 제사와 신사신도와의 일체성의 강화

국가신도의 구성요소로서 '천황의 제사황실 제사'가 중요한 의미를 가지는 것은 신사의 제식祭式과 황실 제사가 일체화하고 국가신도의 통일적인 의례체계의 형태가 만들어져 갔다는 것에 의한다. 메이지 말기에 전국의 20만 신사는 이전에는 각각 그 신사의 전통이나 지역의 역사적 사정 등을 반영하고 각각 행사력行事曆을 가지고 또 제사 등의 행사내용도 다양하였다. 그러나 '천황의 제사'가 정돈되고 존재감이 증가함에 따라 그것들은 신사 제사 가운데에서도 중요성이 늘어났고 신사 제사의 모형으로서의 의미를 띠게 되었다.

1894년 내무성은 훈령을 발포하고 '대제大祭'와 '공식제사'로 나누고 이세신궁과 관국폐사의 공통 제사를 지정하고 있다. 이세신궁의 제사는 황실 제사에 대응하고 있으나 그 이세신궁의 제사와 전국의 관국폐사의 제사는 대응할 만한 것이 분명하게 나타나게 되었다.

[이세신궁]

대제 칸나메사이, 기년제, 신어의제神御衣祭, 황대신궁, 황제궁, 월차제月次祭, 6월과 12월, 니나메사이, 임시봉폐식, 정천궁正遷宮

공식제사 원시절, 기원절, 천장절, 세단, 풍일기제風日祈祭, 요배제, 대불大祓

[관국폐사]

대제 기년제, 니나메사이, 예제, 임시봉폐제, 본전천좌本殿遷座

공식제사 원시절, 기원절, 대발, 요배식, 가전천좌假殿遷座, 신사에 특별한 유서가 있는 제사

메이지유신 이후 신사신도를 국가의 제사로 하는 것이 목표로 설정되었으나, 많은 우여곡절을 거쳐 겨우 이 단계에서 황실 제사

와 이세신궁을 정점으로 하는 통일성을 띤 신사결합체로서의 모습을 보이고 있다.

'신사에 특별한 유서가 있는 제사'야말로 원래의 신사 제사였다. 그러나 이것은 많은 황실 제사나 이세신궁의 제사와 모든 제사가 나란히 존재하는 부분으로 자리매김이 되었다. 신사에 대한 국고 보조금이라고도 할 만한 공진제供進制 제도가 확립되는 것은 1906년이지만 이것에 의하여 공진을 받는 신사는 '국가의 종사宗祀'1871년 5월 14일의 태정관 포고에 유래하고 신사는 개인의 숭경 대상이 아니라 국가의 의례를 담당하는 것이라는 의의를 나타내는 말(제4장 제3절)라는 자각을 높이게 되었다. 1900년부터 신사국神社局이 손을 대고 1906년부터 내무성의 주도로 추진되기에 이른 신사합사合祀는 지역사회의 작은 신사를 폐하고 큰 신사로 합사하여 다수의 우지코氏子를 가지는 규모가 큰 신사만을 남겨놓으려고 하는 것이었다. 여기에는 저항이 컸으나, 성공한 경우에는 신사 제사의 일체화를 한층 더 추진하는 것으로 연결되었다.

1907년에는 내무성으로부터「신사제식행사작법神社祭式行事作法」이 고시되었고 1914년에는「신궁제사령」,「관국폐사 이하 신사제사령」이 칙령으로서 공포된다. 같은 해에는 또「관국폐사 이하 신사제식」이 공포되었고 제식의 상세한 내용도 규정되기에 이르렀다. 이렇게 '천황의 제사'와 이세신궁을 정점으로 하는 통일적인 제사시설집단으로서 '신사신도'가 확립되었다. 이러한 전개를 보면 신사에 초점을 맞춘 경우에도 '천황의 제사'를 시야에 두지 않는 국가신도론이 편중되었다는 점은 분명하다.

2. 새로운 통합 이념으로서의 황도론

이념이나 사상으로서 국가신도

그러면 일체로서 황실 제사와 신사신도에 대응하는 이념이나 사상은 무엇일까. 지금부터는 국가신도를 이끈 정신적인 것, 즉 언설이나 표상의 형성에 관해 서술하고자 한다. 무라카미 시게요시는 이것을 '국체론'으로 집약할 수 있다고 생각하고 그것을 '국가신도의 교의教義'라고 불렀는데, 그 내적 충실에 대해서는 구체적으로 논하고 있지 않다. 특히 메이지 초기에 그것이 어떤 형태로 나타나고 있었는가 또 그에 앞선 에도시대 말기에 새로운 국체론의 형태가 어떻게 형성되어 왔는가는 언급하고 있지 않다.

국가신도가 사람들을 끌어들여 큰 힘을 발휘하게 된 이유를 이해하기 위해서는 이 정신적인 요소의 형성과정을 밝히지 않으면 안 된다. '제정일치'가 그러한 이념을 보여주고 있는 것은 분명한데 여기에서는 '제祭', '정政'에 덧붙여서 특히 '교教'의 측면에 주목하고자 한다. 단 여기에서의 '교'는 '정교분리'라고 할 때의 '교'와 같이 근대적인 의미에서의 '종교'를 말하는 것이 아니라, '천황에 의한 신성한 통치의 가르침'을 가리키는 '교'이다.

우선 주목하고자 하는 것은 '대교大教', '황도皇道'와 같은 단어이다. 메이지유신 초기에 이러한 이념이 성전적聖典的인 의의를 띠는 천황의 언어, 결국 '조칙詔勅'으로서 제시되었고 이후에도 정통 이념으로서 그 지위를 유지했다. 그것은 만세일계의 '국체'나 천황 숭경과 신도의 제사나 신기神祇 숭경을 결부하여 국민의 결속과 국가봉사를 끌어낼 수 있는 이념이었다. 한편 그것은 또 다양화나 자유화를 함의하고 개개인의 자발성을 존중하면서 부국강병을 지향하는 국가를 뒷받침할 수 있는 것과 같은 이념이라고도 이해되고 있었다. 지금 우리가 '국가신도'라고 부르고 있는 관념 내용'국가신도의 교의'에 해당하는 것은 메이지유신 전후에 '대교', '황도' 등으로 불리고 있었던 것과 대체로 서로 겹치는 것이다.

왕정복고 · 진무神武창업

여기에서 메이지유신 초기에 내건 새로운 정권의 기본 이념을 보여준 문서 몇 가지를 보고자 한다. 우선 1867년 12월 9일 '왕정복고의 대호령大號令호'을 보자.

대개 계축癸丑 이래 겪은 적이 없는 국가적 어려움 (…중략…) 이로써 천황이 결정되고 왕정복고, 국위만회國威挽回의 기초를 세우고 그로부터 섭관, 막부 등 폐절廢絶 (…중략…) 여러 것들이 진무창업의 시작으로 되돌아가 (…중략…) 이전의 더러운 관습을 씻고 진충보국盡忠報國의 정성으로 봉공하는 것

'계축癸丑'이라는 것은 1853년의 일로 페리 제독이 흑선黑船으로 우라가浦賀(포하)에 내항[2]한 해를 가리킨다. 거기에서 자각된 '그간 겪지 못한 국가의 어려움'에 마주하였고 '진무창업의 시작'이라는 신

화적 과거로 되돌아가 이것을 극복하는 것이라고 선언하고 있다.

다음으로 마찬가지로 '진무창업의 시작'을 내건, 1868년 3월 13일의 「제정일치포고」를 보자.

이번에 왕정복고, 진무창업의 시작으로 돌아가게 하여 여러 것들을 일신一新하여 제정일치의 제도로 회복하게 하여 이에 대해서는 우선 신기관神祇官을 다시 불러일으킨 후 서서히 여러 제사도 일으키고 (…중략…) 대개 천하의 여러 신사神社·신주神主, 예의禰宜,[3] 축祝,[4] 신부神部[5]에 이르기까지 앞으로 신기관 소속으로 두게 하고

국민적 단결을 얻는 것을 의미하고 그것을 위해 신기관을 다시 불러일으키고 신도에 의한 국가통일을 추진하는 것이다.

대교大敎선포의 조詔

'대교'라는 단어는 현재 우리가 부르고 있는 '국가신도'에 대응

2   1853년에 미국의 페리 제독이 동인도함대의 증기선 2척을 포함하여 함선 4척을 이끌고 에도만(江戸湾) 입구 우라가(浦賀)에 정박하여 개항을 요구하였고, 결과적으로 미국대통령의 국서가 막부에 전달되었으며 다음해 미일화친조약이 체결되었다.
3   일본어 네기. 신직(神職)의 하나로 보통 신사에서는 궁사(宮司) 밑에서 궁사를 보좌하는 기능을 한다.
4   일본어 하후리. 신직의 하나로 가미누시(神主)의 지휘를 받아 네기보다도 직접 신사(神事)의 집행에 수행하는 신직.
5   일본어 칸베. 신기관의 잡무를 집행하는 직.

하는 단어이고 1870년 1월 3일에 공포되어 그 후 전개 방향이 정해진 「대교 선포의 조선포 대교조(大敎詔)」라는 강령적綱領的 문서에 나타나 있다. '제정일치'는 특히 '교'의 차원에서 그 통합도 포함하는데, 그때 '대교大敎', '치교治敎', '유신惟神[6]의 대도大道'가 주창되기에 이르렀다.

　　짐이 공손히 생각해 보니 천신天神·천조극天祖極을 세워 통統을 세우고 여러 황상皇上을 받아 그것을 이어받고 이를 서술한다. 제정일치, 만민동심同心, 치교治敎상 분명히 하고 풍속이 아름답게 되고 그런데 중세 이후 때로 더러움과 융성이 있었다. 도에 현저한 깨달음이 있었고 지금 천운이 순환하여 전혀 새롭게 되었다. 치교를 분명히 하여 신의 뜻대로 대도를 선양해야 한다. 따라서 새롭게 선교사를 임명하여 천하에 포교하도록 한다. 군신과 여러 민중이 뜻을 체득하라.

　　'극을 세워 통統을 내린다'라는 것은 후지타 토코藤田東湖(등전동호), 1806~1855[7]의 『홍도관기기술의弘道館記述議』1849[8]의 한 구절을 표준으로 하고 있으며 확고한 근원을 세우는 것을 의미한다. '제정일치'라는

6　신의 뜻대로라는 의미.

7　에도시대 말기의 미토번사(水戸藩士)로 미토학 후지다파(藤田派)의 학자. 동호신사(東湖神社)의 제신.

8　『홍도관기(弘道館記)』의 내용을 후지타 토코(藤田東湖)가 번주 도쿠가와 나리아키(德川齊昭)의 명령으로 부연하고 주석한 것으로 그것은 미토번교(水戸藩校) 홍도관(弘道館)이 개교할 때 그 교육방침을 제시한 것이다.

단어가 사용되고 있음과 함께 '치교治敎'라는 단어가 등장하는 점에도 주목하고자 한다. '대교'와 '치교'는 대체로 같은 것을 가리키고 있다.

"아마테라스 오미카미나 다른 신적 존재가 자리 잡은 확고한 근원을 따르고 역대 천황이 받아온 가르침敎이 있다. 그것은 제정일치에 의하여 국민 모두가 단결하는 기반이 되는 것으로 그것을 위해 사람들의 생활도 아름답게 되는 것"이라고 한다. 고대의 좋은 질서가 후에 무너지고 중세에는 추한 체계로 떨어졌으나 지금이야말로 고대의 미풍으로 다시 돌아가 '신의 대도大道'를 선양할 만한 때라고 한다. '선교사'는 '대교大敎'를 확산하기 위한 국가적 관리를 가리키나 인재부족으로 실질적인 성과를 올리지 않은 재 교부성의 교도직 제도가 그 역할을 하게 되었다.

이 문서는 메이지유신이 목표로 한 국가의 정신적 질서의 기둥이 될 만한 이념을 보여준 것이다. 그 의미에서 국가신도의 이념적 틀을 보여준 것이라고 말할 수 있을 것이다. 이 조詔대로 '대교'를 확산시키려고 하면 근대국가의 건설이라는 현실적인 과제 사이에 어긋남이 생긴다. 그래서 메이지 국가의 지도자들은 형식으로 이것을 내세우면서도 현실의 운영에 대해서는 적당하게 조절을 하고 있었다. 그러나 '대교'의 이념은 천황 황실 및 신사체계가 관여하는 상황에서는 부정할 수 없는 정통 이념으로서 계속 기능했다.

교부성敎部省하에서 '3조 교칙'을 내세워 이루어진 '국민교화'의 목적도 '대교'나 '치교'를 확산하려고 하는 것이었다. 그 점에서는 신기관・신기성의 단계[1872년까지]와 교부성의 단계[1877년까지], 게다가 그 후의 단계에 일관성이 있다. 이것들은 '종교[종문(宗門)・종지(宗旨)]'와는 다른 것으로 다양하게 확산이 된 국민의 일관성[만민동심, 億兆同心(억조동심)]과 관련된 것이었다. 그리고 그것은 또 '황도'로 불리는 것과도 크게 가까운 내용을 가지고 있다.

숨겨진 지도 이념으로서 '황도'

실은 이「대교 선포의 조」에 앞서서 '황도를 불러일으키는 하문御下問'[1869.5.21]이 제시되어 있었다. '대교 선포'는 '황도를 불러일으키는 것'과 같은 의미이고「황도를 불러일으키는 하문」에서 그것을 위한 방침을 일반 사람들에게 제안한 후「대교 선포의 조」가 내려진 것이다. 그「황도를 불러일으키는 하문'에서는 통치가 약하고 사회가 혼란한 상황은 '치교가 아직 일어나지 않고 황도가 분명하지 않은 이유'라고 서술하고 있다. '널리 퍼지지 않고'라는 것은 일어나지 않은 모습을 가리키고 '치교'가 사람들에게 널리 전달되지 않고 '황도'가 태양이 빛이 나듯이 사람들이 가는 앞을 비추지 않고 있는 상태를 문제로 삼고 있다. 그것을 극복하고 '상하 동심'을 얻는 열쇠는 '제정일치'로 되돌아가는 것, 혹은 '보본반시報本反始', 즉 원점으로 되돌아가는 것에 있다고 한다.

「대교 선포의 조」와「황도를 불러일으키는 하문」의 두 문서는 '대교', '황도'를 널리 퍼지게 하는 것, 결국은 국가신도를 확립하는 것을 지시한 천황의 발언이라는 형식을 취하고 있으며 메이지 국가의 근본적 이념을 분명히 밝힌 문서로서 중요한 의미를 띤다. '황도'라는 단어는 '국체'라는 정치 이념을 천황 숭경의 실천에 가까이 끌어당기면서 여러 사상적·종교적 입장을 포함하는 포용적 제도를 구축하는 단어로서 막부 말기에 나타났다. 한편으로 다양화나 자유화, 다른 한편으로 정신적 일체성에 의한 국민 통합, 이것들을 양립시킬 수 있는 것과 같은 입장을 드러낸 단어이고 어떤 근대성을 가진 이념이라는 점에 주의하고자 한다.

메이지 시기 이후 '황도皇道'라는 단어의 전개

메이지 시기에 '황도'는 정치적인 장면에서는 겉으로 드러내기 어렵지만 부정할 수 없는 정통 사상을 보여준 단어로 그 지위를 얻게 된다. 천황 숭경을 중시하는 사람들이 내세워 정통으로서 그 지위는 잃지 않고 있었는데, 근대화를 추진하려는 사회 주류의 사람들은 존경하면서 멀리하는 방식의 언설을 취한다. 그 같은 정통 이념으로서 은연중에 규제력을 계속 가진 것이다.

정치체제와 관련한 '국체'는 공공연하게 주장되는 정통사상의 이념을 보여주는 단어였으나 '황도'는 그렇지 않았다. '도'라고 하면 개인 삶의 방식이나 사회의 존재 방식의 총체를 나타낸다. '국체'가 국민 생활에 구체적으로 실현되기 위해서는 '도'나 '교'의 차원이 빠질 수 없다. '황도'나 '대교'는 천황 숭경을 구체적으로 실현한 '도', '교'이긴 하지만 그것을 사람에게 강요하게 되면 저항이 생긴다. 거기에 황도를 국민에게 저항 없이 받아들이게 하는 방법을 찾게 된다.

그러므로 '황도를 불러일으키는 하문'도 이루어진 것인데 절묘한 답변은 찾을 수 없었다. 얼마 안 지나 '교육칙어'라는 묘안이 나오게 된다. 약간 엷게 된 형식이긴 하지만 '황도'를 구체화하고 널리 국민에게 알리게 하는 역할을 한 것이 교육칙어였다. 교육칙어는 어떠한 종교를 갖든 안 갖든 간에 국민이 지켜야 할 포용적인 '교'로서 제시되었다. 이 포용성은 '황도'의 이념의 핵심을 이루는 것이기도 하였다.

제1장 초반부에 아케가라스 하야曉烏敏, 1877~1954의 예를 보여주었는데, '황도'라는 단어는 1930년쯤부터 패전까지 불교 세력도 포함하여 전 국민이 따라야 할 '도'를 보여주는 단어로서 강한 구속력을 발휘하게 된다. 이 시기는 황도라는 단어를 많은 사람이 빈번하게 사용하게 되었다. 이 시기에는 또 황도의 포용성이 유달리 두드러지게 나타나게 되기도 하였다. 예를 들면 도쿠도미德富蘇峰는 『황도일본의 체계화』를 저술하면서 '석가도 공자도 예수도' 포섭하는 것과 같은 '황도에는 한계가 없다[皇道無邊(황도무변)]'라고 말하고 있다.1938 '황도' 이념의 역사에 관한 포용적인 연구 성과를 국학원대학의 지도적 신도학자 고노 세이죠河野省三(하야성삼), 1882~1963가 1942년에 간행하는『국체관념의 사적 연구』; 『황도의 연구』 것은 이상과 같은 사정이 반영되어 있다.

황도사상의 역사

코노에 의하면 '황도'라는 단어와 깊은 관련을 가지는 '신황神皇'이라는 단어는 가마쿠라시대부터 사용되었고 기타바다케北畠親房(북전친방)[9]는 『신황정통기神皇正統記』에서 '신아마테라스 오미카미과 황천황과의 일체가 되는 도리와 사실'이라고 서술한 단어의 의미로 사용하고 있었다. 얼마 안 지나서 '황도'라는 단어가 '신황의 도'의 의미로 사용되기에 이르는데 그것은 17세기 후반, 구리야마 센보우栗山潛鋒, 1671~1706, 미먀케 칸란三宅觀瀾, 1674~1718 등에 의해서였다. 그들은 주자학자로 천황 숭경도 중요시하고 스이카垂加신도를 창시한 야마자키 안사이山崎闇齋의 학통이나 유학을 근거로 하면서도 천황에 의한 통치의 역사를 존중히는 전기 미도학水戶學의 학통으로 연결되는 사람들이다. 막부 말기에 존황론이 활성화하자 '황도'라는 단어에 빠르게 주목하게 된다.

거기에서 '황도'는 늘 '유신惟神', '현어신現御神', '신황일체神皇一體', '제정일치', '신도神道 즉 황도皇道' 등의 단어와 한 묶음으로 이용되었다. 결국 천황에 의한 통치의 특별한 가치를 내건 국체론을 전제로 하면서 거기에 신도색·종교색이 포함되는 것이 특징이다. '국체'라는 단어는 기본적으로는 정치체계에 관련한 것이고 국학 쪽으로부터도 유학 쪽으로부터도 제기할 수 있다. 그러나 거기에 '천황 제사'의 실질을 이루는 신도적 요소가 들어가게 되면 유학이나

---

9   가마쿠라시대 후기부터 남북조시대의 공경(公卿) 및 역사가. 저서로 『신황정통기(神皇正統記)』로 유명하다.

근대적 사상이나 근대법 이념의 틀이 밀려 나온다. 유학 측으로부터의 국체론이 신도색을 높이고 종교적·도덕적 요소, 결국은 '교敎'의 요소를 높이면 그 내실을 보이는 단어로 '황도'가 떠오르게 된다. '황도', '대교', '치교'는 서로 관련되는 용어이지만 '제정교祭政敎일치'도 마찬가지이다.

아이자와 세이시사이會澤正志齋(회택정지재) '신론'의 제정교일치론

'천황 제사황실 제사'는 다가올 근대국가의 주축이 될 만하다고 논하고 막부 말기의 존황론의 바이블과 같은 문서로서 존중한 사람은 후기 미토학의 지도자 아이자와 세이시사이會澤正志齋, 1782~1863의 『신론新論』1825이다. 『신론』에서는 '황도'라는 단어는 보이지 않으나 '치교'나 '제정일치'에 해당하는 용어는 등장한다.

『신론』의 본론은 '국체'로부터 시작한다.今井宇三郎 외 교주, 『일본사상대계 53 미토학』 그 앞부분에서 아이자와는 인민이 '민심을 하나로 하여' 제왕을 믿고 두려워 복종하는 것은 '천조아마테라스 오미카미'로부터 '황손니니기노미코토'으로 전달되는 충효의 가르침이나 그것을 구체적으로 실현한 천황 제사가 있기 때문이라고 논하고 있다. '가르침'의 기능에는 다이죠사이大嘗祭를 정점으로 '천손'이 '천조'의 '대효大孝'를 기술한 것에 준한 제사의 체계가 있고 '제정유일祭政維一'이 성립하고 있기 때문이다. "제祭는 이로써 정政이 되고 정은 이로써 교敎가 되어 교와 정이라는 것은 아직 이전에는 나누어 두 가지가 아니다"라고 말한다. 제사의 원형은 아마테라스 오미카미가 천손 니니기노미코토에게 보경寶鏡을 바치고 "이것을 보이는 것[視], 여전히 나를 보이는 것과 하라"라고 가르치고 니니기노미코토가 거기에 천황의 선조[天祖] 그 자체를 보여준 '대효'의 작용에 있다.

　여기에서는 '정'과 '교'와의 일치가 주장되었는데 이것은 '치'와 '정'이라고 표현되는 경우도 많고 게다가 '치교'라는 단어도 사용되고 있다. 『신론新論』이외의 아이자와의 저작을 보아도 '치교'에 관한 논술은 가끔 볼 수 있다.塚本勝義, 『아이자와 세이시사이의 사상』 일반적으로 '교'는 그야말로 위정자의 통치행위에 근간이 있다고 한다. '교법敎法의 근원은 인군人君의 몸소 실천과 정치의 득실에 있는 것으로 인군도人君道를 믿는 일이 두껍고 치와 교를 일치로 하는 것이 아니면 이루어지지 않게 된다', 미토번수水戸藩主 도구가와 미즈구니德川光國, 의공(義公)는 그야말로 '일국의 치교에 마음을 다하게 만든' 위대한 인물『초언화언(草偃和言)』이라고 기술하고 있는 것과 같다.

　그런데 무엇보다도 지존의 존재인 천황의 제사를 통하여 천하에 충효의 마음에 토대하는 이상理想으로 '치교'가 이루어지지 않으면 안 된다. '이것으로 제정은 일치하고 치교는 같은 곳으로 돌아가 백성, 기대하는 바 있고 천하의 신기神祇는 모두 천황의 성의가 미치는 바이 뜻이 있으면 반드시 그 예가 있다. 백성이 이것으로써 또 천황의 뜻이 향하는 바를 알고 감탄하여 받들면 충효의 마음, 관련된 것이 있고 한 가지로 오로지 하게 된다.'『신론』 제정일치로 그야말로 사회질서의 근간이 정해지고 천황과 민의 마음이 하나가 된 국가의 번영과 평화로운 세상이 찾아온다 — 이렇게 아이자와는 말했다.

3. 메이지유신 앞뒤 국학의 새로운 조류

오쿠니 다카마사大國隆正(대국융정)의 정치적 신도론

'황도', '대교', '제정교일치'라는 개념은 유학자가 존황尊皇의식을 높이고 신도적인 제사나 유신惟神의 도로서 천황에 대한 숭경의 가르침을 주장하게 되는 과정에서 퍼져나간 단어였다. 그러나 다른 한편 국학자도 '황도'론이나 '제정교일치'론에 접근하고 있음을 볼 수 있다.

히라다 아츠타네平田篤胤(평전독윤), 1776~1843[10] 등 복고신도復古神道[11]를 주장하는 국학의 다수파는 유학이나 불교를 배제하고 일본 전래의 신도로 일본인 전체의 생활이 통합되어야 한다고 주장했다. 그러나 기독교의 유입이라는 위협을 앞에 두고 실제로는 유학이나 불교를 끌어안고 결속해서는 근대국가의 형성은 실현할 수 없다. 그래서 국가통합의 차원에서 천황 숭경을 기축으로 하고 통일을 기하면서 다양한 국민의 정신생활에 현실적으로 대처하려는 사고방식이 나타났고 유학적인 '황도'론이나 '제정교일치'론에 접근한다. 이 동향을 대표하는 것은 죠슈번長州藩에 인접하는 츠와노번津和野藩(진화야번)의 오쿠니 다카마사大國隆正[12]를 비롯한 국학자들이었다.

---

10 에도시대 후기 국학자 · 신도가 · 사상가 · 의사.

11 에도시대 후기에 카다노아즈마로(荷田春満), 카모노 마부치(賀茂真淵) · 모토오리 노리나가(本居宣長) · 히라타아츠타네(平田篤胤) 등 국학자에 의하여 제창된 신도설로 유교와 불교 등의 영향을 받기 이전의 일본 민족 고유의 정신으로 다시 돌아가려는 사상.

츠와노번은 일찍부터 죠슈번長州藩의 맹우로서 왕정복고의 현실적인 프로그램과 관련하고 있었다. 메이지유신 정권의 중추에 가까운 위치를 차지하기 위하여 절호의 기회를 얻고 있었다. 다른 한편 츠와노번은 번교양로관藩校養老館에서의 국학 연구가 활발하였고 오카구마·오미岡熊臣(강웅신), 1783~1851나 오쿠니 다카마사야노구치 다카마사, 1792~1871 등 유력한 국학자가 등용되어 있었다. 번주 가메이 코레미龜井茲監(귀정자감)는 오카岡熊臣나 오쿠니大國隆正, 특히 후자의 사상에 기초하여 메이지유신 이전에 신불분리를 실행하기도 하고 신장제神葬祭를 도입하기도 하였다. 또 사원을 줄이고 승려의 환속을 장려하고 신사의 제식祭式을 통일하며 양로관에 난코楠公, 구스노키마사시게(楠木正成, 나목정성)나 가조家祖 겐부신레이元武神靈를 합사하여 향응을 크게 하는 등의 정책을 실행했다.

오쿠니의 사상은 신유습합적神儒習合的인 색채가 짙고 그 신도는 아마테라스 오미카미가 보여주는 '정치적 도덕적 가르침으로서의 신도'玉顯博之, 「막부 말기에 있어서 「종교」와 「역사」」이고 상하 관계의 규범을 주장하는 '가르침'을 중시하는 것이었다. 또 정세情勢의 추이에 유연하고 적극적인 자세로 임하며 '외교外敎'에 대응하여 세계에서의 일본의 정신적 우위를 확보하기 위하여 현실적인 정책에 의한 도의 실현에 기대를 걸고 있기도 하였다. 그러한 현실적인 전망 가운데 실현될 만한 '정치적·도덕적 가르침'의 모델로서 진무 천황에 의

12　1793~1871. 막부 말기, 메이지 시기 국학자 겸 신도가.

한 천황 제사가 있다고 생각하였다.

오쿠니에 의하면『일본서기』진무 천황 4년 2월 23일조에 "우리 황조의 영靈, 하늘로부터 내려와 짐을 서로 비추었다. 지금 여러 사람이 이미 평정하여 해내海內에 일이 없다. 그럼으로써 천신을 제사하고 효를 널리 할 법하다"라는 기술에 토대하여 진무 천황 자신이 조신祖神을 제사하고 있고 '대효大孝'를 펼친 것을 재현하는 것이 새로운 국가의 윤리 규범의 근본이 되는 것으로 삼는 것이다.大國隆正,『신기관본의』, 1867 유토피아적인 '진무창업'으로의 복고가 '천황 제사'와 그것에 토대하는 충효의 '교'화를 통하여 그것을 실현할 수 있다고 믿은 것이다.

『신론』의 아이자와 세이시사이는 니니기노미코토로 되돌아와 '제祭'·'정政'의 근간을 세우려고 하였으나, 오쿠니 다카마사는 같은 것을 진무 천황으로 되돌아감으로써 실현하려고 하였다. 메이지유신 후의 '천황 제사'는 각각 원시제元始祭와 기원절제紀元節祭로서 구체화되었다.

츠와노파津和野派 국학자의 포용주의

유신 이후 츠와노번사 가메이와 가신 후쿠바 비세이福羽美靜(복우미정) 등은 신도행정의 주요한 담당자가 되는데 그 행정은 이미 막부 말기에 츠와노번에서 실행된 것이 적지 않았다. 물론 메이지유신 초기의 신도행정은 츠와노파만의 주장으로 이루어진 것은 아니나, 정권 내의 츠와노파의 영향력은 바로 히라다파平田派를 꼼짝 못하게 눌렀고 1868년쯤에는 그들이 신도사무국神道事務局을 움직였고 행정의 주도권을 잡게 되었다.

그들은 '진무창업'의 이념을 조정의 오래된 폐습을 새로 바꾸고 개혁하여 구체적으로 실현하려고 하는 오쿠보 토시미치大久保利通(대구보리통), 기도 다카요시木戸孝允(목호효윤) 등의 정치세력에 계속 접근하면서 '천황이 직접 제사를 주재하는 친제親祭' 정책을 강력하게 추진하였다. 중앙집권적인 정권의 핵심에 천황의 인격적 권위를 두는 것'천황친정'을 목표로 하는 번벌의 지도자들과 호응하여 천황이 스스로 신도 제사를 주재해야 한다는 점'천황친제'을 강조하며 '5개조의 서문誓文'1868을 공포할 때도 '서문誓文'의 형식에 그 주된 뜻을 반영시키려고 하였다. 천황의 징지군주화君主化와 최고제수화最高祭主化를 함께 추진하고 제정일치의 구체화를 시도하는 것이었다.

또 5개조의 서문이 공포되고 얼마 안 지나서 발생한 우라카미浦上의 기독교도의 처분 문제에 대해서 츠와노파는 그들을 함부로 탄압하는 것을 반대하고 신도를 중심으로 하는 국민교화로 이것에 대응할 법하다고 강조했다. 기독교에 대항하기 위해서는 그것을 억압할 것이 아니라 그것에 능가하는 신도의 '가르침'을 논할 필요가 있다고 하는 생각에 의한 것이다. 그것을 카메이는 '황국 고유의 대도大道', 후쿠바는 '그 종교를 억압하는 대도교大道敎', 그리고 오쿠니는 '어일신御一神의 신도神道'라고 부르고 있다. 이 국민교화에서 '교'의 의의에 대한 강조와 '천황친제'에서의 '제'의 의의 강조는 통합되어 '제정교일치'라는 단어로 정리되고 있다.

제정교일치祭政敎一致의 이념

'제정교일치'의 단어는 이같이 츠와노파의 천황 제사·신도교화神道敎化정책을 이끄는 핵심단어가 되어 있었다. 신도학자 사카모토나 다케다는 그 같은 츠와노파의 방침이 개개 정책에 반영된 경과를 하나하나 검토하고 있다.阪本,『메이지유신과 국학자』; 武田,『유신기 천황 제사의 연구』1869년의 도쿄 천도도 '진무창업'의 반복으로서의 의의를 띤 것이고 그때 이세신궁 친배親拜도 역사상 거의 전례가 없는 '신의新儀'로서 이루어진 것이며 '천황이 직접 제사를 주재하는 친제' 이념의 영향력이 강하다는 것을 말하는 것이다.

마찬가지로 1869년에는 신기관의 신전이 설치되었고 중앙의 팔신전八神殿, 동좌東座의 천신지기와 나란히 서좌의 역대 황령 제사를 지내게 되었다. 이것은 진무 천황이 선조신에게 '대효'를 말한 '진무창업'의 이전으로 돌아간다고 하는 오쿠니 다카마사의『신기관본의神祇官本義』의 이념에 따른 것이다. 천황의 조상숭배가 제사의 근본으로 국민의 조상숭배 모델이라는 이념에 따라 충과 효, 그리고 양자가 일치하는 국체의 '교'의 확립을 목표로 한 것이다. 이 조상제사가 얼마 안 지나서 신기관에서 궁중으로 옮긴 황령전에서 제사를 지내는 것도1871 천황이 직접 제사를 주재하는 친제를 중시하는 츠와노파의 방침에 따른 것이다. 다케다는 이 시기에 츠와노파가 이와쿠라 토모미 앞으로 썼다고 생각되는 의견서를 검토하고 '제일 국체에 토대하여 제정교일치, 천황 어흥립御興立의 일'이라는 항목에 "천황 스스로 총재하고 (…중략…) 정부와 일체가 되게 하고 제정의 권리를 오로지 한다"라는 한 구절이 있다고 지적하고 있다. 「근대 천황 제사 형성과정의 고찰」

이러한 생각은 천황의 성스러운 권위를 높이면서 중앙집권적인 정부를 세워 가려는 이와쿠라 토모미, 오쿠보 토시미치, 기도 다카요시 등 유신 정부의 지도자에 의한 여러 정책과 합치한 것이다. 천황을 신도의 최고 제주祭主로 하는 정책은 국가신도의 '제'의 영역의 핵심이 되는 것이 되기도 하고 국민교화의 방침은 선교사·교도직 제도를 거쳐 얼마 안 있어 학교에서의 교화라는 형태라는 유효한 정책으로 결실을 맺었다. 츠와노파적인 의미에서의 '제정교일치' 노선은 그대로 메이지 정부가 구체화하는 국가신도특히 그러한 '교외'적 측면의 기본노선으로 연결되었다. 오히려 츠와노파의 제정교일치 노선이야말로 후에 서서히 구체화되어 가는 국가신도의 대체적인 청사진이었다고 말해 좋은 것이다.

정치적 기능 중심의 신도론

이러한 츠와노파의 천황 제사·신도교화정책을 뒷받침하는 사고방식의 특징은 정치적인 실효성을 중시하는 데에 있다. 그야말로 유효한 '치治(정(政))'를 행한다고 하는 관점에서 천황 제사·신도교화를 이해하고 거기에 본래적인 '제'·'정'의 기능을 보려고 하는 것이다. 신도사상으로서 본 경우, 천황 통치에 역점이 있고 아마테라스 오미카미로부터 지금의 천황에 이르는 역대 천황 선조의 계보 관계에 성스러운 권위의 주요 원천을 보려고 하는 데에 새로움이 있다.

국학의 흐름에서 말하면 아마테라스 오미카미를 존중하는 모토오리 노리나가 사상의 정치적 측면에 가까운 점이 있으나, 개개인의 영혼의 행방이나 유명계幽冥界의 주재신오쿠니 누시노카미(大國主神)이나 우주의 주재신아마노미나카누시노카미(天御中主神)에 많은 관심을 기울이는 히라다平田篤胤와는 상당한 거리를 두고 있다. 히라다 아츠타네의 국학이 호농층을 담당으로 하고 '초분草莽'의 사람들, 결국은 풀뿌리의 연대를 염두에 두었다는 점에 비해 츠와노파의 정치 이념은 집권적인 정권의 중추로 고급관료로서 실행할 만한 정책을 염두에 둔 것이었다.

이 점에서 흥미로운 점은 오쿠니 다카마사가 민중의 신도적인 종교성을 민심 안정의 수단으로 자리매김을 하고 국가가 직접 책임을 질 만한 본래의 신도보다 한 단계 낮은 것으로 분류하고 있다는 점이다.桂島宣弘, 『막말민중사상의 연구』 거기에서는 기독교를 필두로 하는 세계의 여러 종교'교법'의 존재를 강하게 의식하였고 기독교에 필적하는 고차원의 체계성을 신도 안에 구축하고 국외로도 발전하여 교화해 갈 수 있는 것과 같은 것으로 하지 않으면 안 된다고 하는 생각이 서술되어 있다. 나가사키長崎(장기)에도 유학한 적이 있고 어느 정도 서양 문헌에도 정통해 있었던 오쿠니에 어울리는 사고방식일 것이다.

오쿠니는 국가가 신도를 넓히려는 것에 대해서는 신도의 두 가지 양태를 구별하는 것이 좋을 것이라고 한다. 즉 '성행신도聖行神道'와 '역행신도易行神道'이다. '성행신도'라는 것은 『고사기』나 『일본서기』는 물론 중국의 유학이나 도가사상, 인도의 바라몬교나 불교, 게다가 서양의 기독교나 자연과학 등도 충분하게 이해한 후에 '일본 본국의 교법敎法으로써 이역異域도 이끄는 정도의 것', 결국은 지적 능력이 있는 유능한 사람들에게 가르칠 만한 것이라고 말한다. 다른 한편 '역행신도'는 '성행신도'의 일부이지만 '평범한 남녀들을 깨닫게 하는' 것을 목표로 하고 '평상시 여러 행위가 독실한 사람'에게 가르칠 만한 것이라고 한다.『極意存念書』이 '성행신도'가 황도에 해당하는 것이다.

히라다에게는 민중적인 신도에 대한 친근감이 있고 이것들을 스스로의 신도신학체계 안으로 끌어들이려고 하는 경향이 있었다. 이것에 비해 오쿠니의 신노신학은 천황을 중심으로 하고 고전을 모형으로 한 '성행신도'의 확립을 목표로 한 것이며 민중신도를 끌어들이려는 방향성은 거의 포함되어 있지 않다.

4. 황도론으로부터 교육칙어로

정치 중심의 '가르침'으로서 '황도'

이같이 후기 미토학水戸學과 대국파大國派, 츠와노파(津和野派) 국학 사이에 '제정교일치' 노선이 공유되고 있었다고 한다면 그 사상의 특징은 무엇인가. 주목할 만한 것은 여기에서의 '정政, 치(治)'은 무엇보다도 천황의 권위에 의하여 통치되는 국가제도의 문제로 논하고 있다는 점이다. '제사'와 '치교'에 의하여 지탱된 천황의 존재로 '제정교일치'가 구체화됨으로써 그야말로 강한 통합력을 가진 국가의 형태가 만들어질 수 있다고 생각하고 있다. '제祭'나 '가르침[教]'을 중시한다고 해도 종교나 도덕에 독자의 차원을 부여하려는 것은 아니다. 어디까지나 정치구상으로부터 그야말로 종교나 도덕의 의의가 나타나 있다.

이러한 형태에서의 '치', '정'의 중시는 또 국민 통합이 광범위한 사람들을 원래 있던 자리로 되돌리게 하는 '가르침'에 의하여 뒷받침될 수 있다고 하는 언설을 중시하는 생각과도 연결되어 있다. '사해만국四海萬國'서양 여러 국가를 그와 같이 파악하였다의 위협과 '요사스런 가르침[妖教]'기독교 사상을 두려워하여 그렇게 불렀다의 침투에 대응하기 위해서는 또 상품경제의 침투나 백성분규의 확대에 대처하기 위해서는 공동의식을 계속 가지기 시작하는 국민에게 강력한 정치적·도덕적 언설을 널리 실효적으로 파급시켜 가는 일이 긴급한 과제였다.

『신론』의 영향이 강화되는 1830년대 말 이후 미토번에서는 번교藩校, 향교鄕校, 메이지 학교교육의 선두의 기능이 급속하게 확충되고 국체 중시·대외 대결존왕양이(尊王攘夷)의 급진파가 영역을 확산하려는 움직임을 보이기 시작하였다. 메이지 이후의 종교·도덕질서에 이르는 제도구상을 보여주었다고 하는 후기 미토학의 이 같은 역할은 이미 비토 마사히데尾藤正英(미등정영), 1923~2013에 의하여 지적되고 있다.「미토학의 특질」 비토는 아시자와 세이시자이의 『신론』과 후지타 도코藤田東湖, 1806~1855의 『홍도관기술의弘道館記述義』를 '미토학의 완성형태'로 파악할 수 있고 "전자에서 메이지 이후 국가주의 정책, 특히 그 국민교화정책의 원형을 (…중략…) 후자에서는 이른바 국민 도덕의 원형을" 찾을 수 있다고 논하고 있다.

비토가 주목하는 것은 후기 미토학의 사상이 '국체'론을 축으로 전개되었고 거기에 이미 메이지 시기에 형성되는 교육칙어와 국민도덕론의 기초가 있다고 하는 것이다. 마찬가지로 국체론을 받들고 있어도 미토학이 국체 본류와 크게 다른 것은 천황을 중심으로 하는 정치체제의 구체론으로 논점이 집약되어 있는 점에 있다. 비토는 취급하고 있지 않으나, 오쿠니 다카마사의 츠와노파는 국학으로부터 같은 정치주의 입장으로 나아가고 유신 후의 황도론적 성색, 세성교일지 성책의 입안·실시에 공헌하게 되었다.

하세가와 아키미치長谷川昭道(장곡천소도)와 황도·황학의 흥융

츠와노 국학계의 사람들과 함께 유신 직후의 '황도'론적 정책의 입안에 학교교육의 측면에서 깊이 관여한 인물로 미완의 대저 『황도술의皇道述義』를 저술한 하세가와 아키미치長谷川昭道, 1815~1897, 저자는 쇼우도-역자가 있다. 막부와 깊은 관련이 있는 마츠요번松代藩(송대번), 眞田藩(진전번)의 중신이었던 그는 에도시대 초기 양명학자 구마자와 반잔熊澤蕃山, 1619~1691이나 미토학특히 후지타 도코으로부터 영향을 받았으나 미토의 홍도관이 공자를 제사 지내고 있는 것에 비판적으로 '학교사신설學校祀神說'을 주장하고 있었다.飯島忠夫, 「하세가와 아키미치와 그 학설」, 沖田行司, 『일본근대교육의 사상사 연구』

다른 한편, 아키미치는 같은 번의 주자학자 사쿠마 쇼잔佐久間象山 (좌구간상산), 1811~1864에게 배우고 양학 도입의 필요를 이해했고 국학자 의 편협한 배타성을 비판하기도 하였다. 『구경담총론평설九經談總論評 說』은 유학자 오다 킨죠太田錦城(태전금성), 1765~1825의 『구경담九經談』, 「총 론」의 유학사의 서술을 비판한다고 하는 형태로 황도의 입장에서 유학을 비판한 것인데 거기에는 다음과 같은 한 구절이 있다.

"유儒・불佛・노장老莊・제자諸子・백가百家・난학蘭學・양학洋學 각 각 국가를 달리하고 세계를 달리"한다. 결국 여러 도라든가 가르침, 혹은 종교교법(敎法)가 있으나, 큰 시야에서 이러한 것을 간파하면 '모 두 이것은 신황도神皇道 가운데 하나'이다. 이러한 것들을 일률적으로 배척하는 것과 같은 것은 있어서는 안 된다. 「역시 유자, 불자, 제자백 가, 난학・양학의 무리도 역시 모두 우리 신황의 적자赤子가 아닌 것 은」 없다. 그러므로 그들을 모두 미워하는 것과 같은 일이 있어서는 안 된다.信濃教育舍 편, 『하세가와 아키미치전집』 상권; 冲田行司, 『일본근대교육의 사상사연구』

황도론에는 국학과 유학신도와 유교의 대립을 넘어 국체론에 토대 한 천황 숭경을 기축으로 하여 그러한 것을 통합한다는 포용주의 적 성격이 있었다. 그 교육론, 학교론은 마찬가지로 교육에 강한 관 심을 가진 동시대의 국학자, 야노 하루미치矢野玄道와 같이 복고신 도復古神道적인 이념에 기초하는 국학 주체의 교육을 목적으로 하는 것은 아니었다.阪本是丸, 『메이지유신과 국학자』 제6장 하세가와 아키미치는 유 학, 국학, 더욱이 양학도 포함하여 어떤 입장의 학지學知라고 하더 라도 황도와 황학의 틀에 포함할 수 있는 것으로 생각하고 있다.

이 같은 황도 황학의 구상하에서 아키미치는 1868년게이오 4 7월에 장편의 건백서를 초고하여 이와쿠라 토모미에게 제출하였다. 이와쿠라는 같은 해 4월 이래 대학교를 일으키고자 그 구상안을 검토하고 있었으나, 편협한 국학자의 안에 대해 아키미치의 안이 현실적인 것이라고 보고 같은 해 8월 신정부의 학교 담당의 임무를 맡기기로 하였다. 우선 경도京都에 한학소漢學所와 황학소皇學所가 문을 열게 되는데 황학원皇學院이 여러 학문을 총괄한다고 하는 아키미치의 구상은 실제 이루어지지 않았고 아키미치는 번의 사정도 있어서 고향으로 돌아가게 된다. 한학소와 황학소도 1869년 9월, 도쿄에서의 대학교 창설의학교(醫學校), 창평학교(昌平學校), 개성학교(開成學校)과 함께 폐교되었다. 그 후 '황학'의 이념은 후퇴해 갔고 근대적인 학교제도의 도입을 결정짓게 되는 1872년의 '학제'를 거쳐 '황학'적인 시점은 이참에 그 위치를 저하시켜 간다.

황도 · 황학 구상의 보급

그러나 황도론을 신정부의 지도 이념으로 하고 학교 교육에서 실현한다는 아키미치의 바람은 다른 형태로 실제 이루어지게 되었다. 이 장의 제2절에서 보여주었듯이 메이지 초기의 종교 교화정책의 근간이 되었으며 국가신도의 이념의 기축을 만든 문서에 「대교선포의 조」나 그것에 앞서 「황도흥융의 하문」이 있다. 이러한 문서들은 하세가와 아키미치가 기초한 것으로 되어 있다. 아키미치는 1869년 4월, 「5개조의 서문」에는 국가의 대본大本이 적혀 있지 않다고 하여 국가의 근본을 정하기 위한 조칙이 필요하다고 주창하였고 이와쿠라 도모미나 오쿠보 도시미치와 회견하여 스스로 그 초고를 제출하였다고 한다.飯島忠夫,「하세가와 아키미치와 그 학설」, 48쪽

황도의 이념이 메이지유신 후에 어느 정도의 영향을 끼쳤을까에 대해서는 '황학'이라는 단어가 지방으로의 보급이라는 관점에서 볼 수 있을 것이다. 황학을 교과에 실은 번교藩校의 예는 일찍이 1799년에 아이즈번會津藩(회진번)의 일신관日新館에서 볼 수 있고 1816년에는 츠루오카번鶴岡藩(학강번)의 치도관致道館이 있으나, 유신 전후에 급속하게 증대되었고 무레히토시牟禮仁(모예인)의 조사에서는 1872년 학제 반포까지 42개의 사례가 있다고 한다.「번교와 황학」 서양에서 수입된 근대학교 시스템으로 바뀌어 가기까지 황학이라는 단어가 국체사상에 토대하는 국가의 교육 이념의 구체화를 위한 학과로서 높이 내세워지는 경향이 널리 퍼져 있었다. 후에 교육칙어나 수신과에 의하여 이루어지게 되는 많은 기능은 이 시기까지 이 황학 교육에 맡겨져 있었다고 볼 수 있을 것이다. 얼마 안 있어 이세의 황학관이 그 단어를 이어받게 된다.제4장 제3절

하세가와 아키미치나 오쿠니 다카마사에서 볼 수 있는 천황 숭경에 의한 국가통합의 사고방식은 국가적 차원에서의 일원적인 정신 질서에 포용이 되는 다양한 종교 사상체계를 이중구조하에 이해하려고 하는 것이다. 이것은 메이지유신 후의 종교사상 체제에서 여러 종교나 여러 종교가 천황의 제사나 도덕적 가르침의 하부로 포섭되는 것과 같은 것으로서 자리매김이 되었다는 것과 부

합되고 있다. 그 후의 경과에 대해서는 제1장에서 본 대로이다.

1872년부터 1875년에 걸쳐서 3조의 교칙을 내걸고 여러 종교에 천황 숭경의 가르침을 말하는 것을 의도한 교부성이나 대교원의 체제는 황도 이념에 따른 이중구조를 띠고 있다. 또 1882년에 신직과 교도직의 겸직이 배제되었고 1884년에 신불교도직이 전면 폐지됨으로써 국가 제사로서의 신사신도가 여러 종교를 초월한 지위에 놓이게 되는데 이것도 같은 이중구조를 반영하고 있다. 게다가 1890년에 교육칙어가 발포되고 「황조황종의 유훈遺訓」에 토대하는 가르침이 '국가의 정화精華'였고 국민 전체가 따라야 하는 '교학'의 규범으로 내려진 것도 같은 '황도'론적 이중구조에 토대하는 것이라고 말할 수 있다.

학교 교육에서 '황도'

대체로 교육칙어는 황도론의 계보와 관련성이 깊다. 분명히 하세가와 아키미치가 구상한 '황도' 이념은 우선 구체화되지 않았다. 1872년의 '학제'가 공포된 이후 서양류의 학문교육체계의 도입에 큰 에너지가 투입되는 한편, 교육의 장에서 '황도'의 이념은 후퇴하였다. 그러나 이 사이 '황도'나 '국체'나 '제정교일치'의 이념이 분명히 구축되어 버린 것은 아니었다. 신기성부터 교부성에 이르기까지 종교자에 의한 교화 구상이 우여곡절을 거치는 한편 새롭게 도입된 근대학교 시스템에 그러한 이념을 어떻게 반영시키면 좋을지가 모색되는 시기가 얼마 동안 계속 되었다.

'학제'하에서 교육에 대해서는 양학만을 중요시하고 있는 것은 아닌가 하는 비난이 끊이지 않았다. 그것에 대해 문부성은 '이 양학에 있지 않고 즉 우리 국학이 되고'『문부성잡지』 제1호, 1874, 10쪽라고 답변하고 있다. 또 '황학'적인 측면이 전혀 배제된 것도 아니었다. 1873년의 소학교칙小學敎則에서는 수신구수修身口授(구수 : 말로 전하여 가르침-역자)와 함께 국체학구수國體學口授를 부과하고 있다. 74년에 간행된 국체학 교과서에는 오다 히데다카太田秀敬의『국체훈몽』, 이시무라 신이치石村貞一의『정정 국체대의』, 코하야가와 코레카츠小早川惟克의『국체략』 등이 있으나, 이러한 것들이 채용되었다고 해도 새롭게 시작된 학교 교육에서는 매우 낮은 위치를 점하는 정도밖에 되지 않았다.山住正己,『교육칙어』; 稻田正次,『교육칙어 성립 과정의 연구』

이 시기 정부는 국민교화는 「대교 선포의 조」에 따라 종교집단을 통해서 이루어진 것으로 생각하고 있었다. 서양의 제도를 도입한 학교교육의 장에서 황도론이나 국체론에 기초한 교육을 적극적으로 추진해 가려는 발상은 아직 약했다. 그러나 제1장에서 본 것처럼 1870년대 중엽부터 1880년대에 걸쳐서 종교집단을 통한 '대교 선포'의 전략이 막다른 골목에 처한 상황을 보이게 되었다. 마침 그것과 부합되는 것처럼 학교교육에서 천황 중심의 '교', 천황의 '교'에 따르는 도덕을 받아들이지 않으면 안 된다는 목소리가 높아지게 되었다.

성지교학대지聖旨敎學大旨로부터 교육칙어로

1879년 메이지 천황에 의한 문서로서 '성지교학대지'"교학성지'라고
도 부른다가 나타났다. 이것은 현행 교육의 존재 방식에 의문을 가진
천황의 의지에 의한 것이라는 형태를 취하고 있다. 그러나 당시 메
이지 천황은 20대 후반으로 이 문서는 실질적으로는 천황의 시강
으로 있었던 유학자, 모토다 나가자네1818~1891와 메이지 천황의 공
동의지에 의한 것이었고 기초자는 모토다로 보아야 할 것이다. 이
문서의 주요한 뜻은 양학 중심의 교육을 바꾸고 '인의충효人義忠孝'
를 존중하고 '우리 조훈祖訓, 국전國典의 대지大旨, 상하 일반에게 가
르치는' 것이다. 즉 당시의 학교교육이 '인의충효를 뒤로 하고 헛
되이 양풍을 경쟁하는 데 있어서는 상래 염려되는 바 설국 군신부
자의 대의를 알지 않고서는 도모할 수 없다'라고 비판하고 거기에
'우리 국가의 교학의 본의本義'를 마주 놓은 것이다.

성지교학대지는 황도론이나 국체론을 그대로 학교에서 가르치
는 것을 촉구하고 있지는 않다. 그러나 천황 자신이 교육의 근원적
가치를 가르친다는 이념을 보여주고 학교를 통해서 성스러운 천
황의 '가르침'을 대대적으로 확산한다고 하는 전혀 새로운 전개를
열게 되었다. 메이지 신정부는 '제정교일치'의 '가르침'"치교'을 어떻
게 구체화할 것인가, 방도를 잃고 있었으나, 천황 자신은 또 천황
주변으로부터 그 막힘을 타개하는 길이 열렸다. 그런데 대체로 메
이지 천황의 측근으로서 국체론·황도론의 입장에 있는 모토다나
다카자키 마사카제高岐正風 등의 '시강侍講'이나 '시보侍補'가 시중을

들고 천황에게 나아가 강의한다는 체제가 만들어져 있었기[1875~1878] 때문에 그야말로 이러한 전개가 가능하게 되었던 것이다.海後宗臣, 『교육칙어성립사의 연구』; 稲田正次, 『교육칙어 성립 과정의 연구』

1879년의 성지교학대지로부터 1890년의 교육칙어로의 전개는 많은 연구가 이루어져 있고 매우 복잡하지만 대략을 보면 모토다 등이 '국교'를 근간으로 해야 한다는 것을 주장한 것에 대해 이토 히로부미나 이노우에 코와시가 '국교'와 같은 특정한 정신전통의 입장을 내세워서는 안 된다고 하여 양자 사이에 밀고 당김이 이루어졌다고 요약해서 좋을 것이다. 그러나 이토나 이노우에도 천황 숭경을 중심으로 하는 제정교일치의 국가 이념을 부정하려고 한 것은 아니다.

교육칙어의 성립으로 학교에서는 천황에 의한 성스러운 '가르침'이 절대적인 위력을 발휘하게 되었다. 그러한 귀결로 비교해 볼 때 소수 관여자의 주고받음을 통해서 진행된 그 성립 경위는 필연성을 결여한 역사의 일시적인 변덕스러운 계획과 같은 인상을 준다. 그러나 거시적으로 보면 모토다와 메이지 천황을 움직여 간 힘은 메이지유신의 틀 그 자체가 준비한 것이다. 즉 황도론이나 '제정교일치'의 형식이 내세워지고 그것에 따라서 제도구축이 진행된 교육칙어로 열매를 맺었다.

메이지 천황에게 강론하는 모토다 나가자네(쇼토쿠기념관 회화관 소장)

제정교일치 이념과 교육칙어

실제 교육칙어는 적어도 어느 정도 '제정교일치'의 이념에 이끌려 형성되었다. 이 점을 확인하기 위하여 모토다 나가자네元田永孚, 1818~1891의 '교육의부의教育議附議'1879를 참고해 보자. 이것은 '국교國敎'를 내건다고 하는 것과 같은 입장은 적당하지 않다고 말한 이토 히로부미伊藤博文(이등박문)의 '교육의教育議, 모토다는 이를 '원의(原議)'라고 부르고 있다'에 대한 반론이다.

'원의'는 고금의 여러 설을 절충하고 여러 경전을 참작하여 새롭게 하나의 국교를 세우고 세상에 확산하는 등의 일은 보통 사람이 할 수 있는 것이 아니고 '현철한 사람'이 나타나기를 기다리는 수밖에 없는 것이라고 말한다. 그런데 대체로 '그 사람'이라는 것은 누구를 가리키는 것인가. '성상폐하, 군君이 되고 사師가 되는 천직天職'이 아닌가. 게다가 내각도 관여하고 있다. '이때를 두고 또 어떤 시대를 기다리려고 한다.' 또 국교라고 해도 전혀 새롭게 만들 만한 것은 아니다. '조상의 가르침[祖訓]을 존경하여 이어받고[敬承] 그것을 천명한다'는 것뿐이기 때문에 그렇게 곤란은 없다.

이토가 '현철'이라고 말할 때, 교조나 성인과 같은 존재를 전제로 하고 있다. 이것에 반하여 모토다는 '성상폐하'가 '스승이 되는 천직'을 가진다고 말한다. 이것은 '치교'의 이념에 따른 것이다. 유럽의 이것에 대해서는 구체적으로 모르나 '그 제왕 재상 이하 인민까지 모두 그 종교에 토대하지 않은 자 없다'. 우리 국가에서도 니니기노미코토 이후 불교를 받아들인 흠명欽明 천황 이전 시대에 이미 '천자의 조상을 존경하는 성실하고 정성스러운 마음[誠心]'이 응결'하고 있었다. 더욱이 유교도 배우고 '제정교학일치祭政敎學一致'의 체제가 성립하고 있었다. 이것은 그 후의 역사에도 많은 증거가 있다. 그렇다고 한다면 '오늘날의 국교이고 그것을 이전으로 돌아가려고 할 뿐'이라고 말한다.

모토다는 새롭게 '교敎'의 원리를 찾은 것이 아니라 이전부터 내려오는 '도道'에 따르지 않으면 안 되고 그것이야말로 '국체'의 길이고 '황도'라고 말한다. 이것은 오쿠니 다카마사나 하세가와 아키미치의 포용적인 황도의 생각과는 다소 다르고 적극적인 대외섭취對外攝取라고 하기보다 전통주의의 색채가 짙지만 충분히 서로 통하는 것이나.

모토다의 생각이 그대로 교육칙어로 실현되었고 그 후 근대 일본의 종교 구조의 주된 흐름을 결정하였다고 말하고 싶지 않다. '교육의부의'는 이토 히로부미의 '원의교육의'에 대한 반론이지만 그 후 교육칙어의 제정단계에서는 서양 선진 여러 국가와 어깨를 나란히 하는 것을 중시하는 이노우에 코와시井上毅, 1844~1895가 이에 완고하게 저항한다. 이토나 이노우에와 같이 정체政體와 종교와의 일체성을 한정하려고 하는 현실주의적인 정치가의 의지와 타협하는 가운데 교육칙어는 성립한다. 유교 색깔이 짙은 모토다의 약간 좁은 도량의 전통주의에 반하여 보다 유연한 방향을 지향함으로서 교육칙어는 보다 황도주의에 가까웠다. 그와 같은 형태로 제정교일치나 '치교'의 이념이 구체화되었다.

5. 국가신도의 제사 체계와 '가르침'

이 장에서는 국가신도가 어떻게 형성되어 왔는가를 제사 체계와
'가르침'의 두 가지 면에서 서술해 왔다. 국가신도는 천황이나 황조
황종皇祖宗, 또 그것들과 연결되는 신들에 대한 숭경으로서 에도시
대 말기에 구상되어 메이지유신 후 그 참에 구체화되어 갔다. 이세
신궁과 궁중삼전宮中三殿을 정점으로 전국의 신사를 일원적으로 통
합하여 조직화하는 혁신이 추진되었고 국가신도의 중요한 제사조
직이 구축되어 갔다. 거기에서는 신사신도가 일정한 역할을 하였으
나, 오히려 새로운 제사의 창조라는 점에서는 황실 제사가 유도적
인 역할을 하였다. 새로운 황실 제사 시스템의 창출에 이세신궁 개
혁이 연동하였고 이어서 신설된 국가적 신사를 비롯한 관국폐사官國
幣社나 부현사府縣社가 그것을 따르고 게다가 신사합사神社合祀정책이
나 다음 장에서 서술하는 것과 같은 신직神職양성조직의 형성이 뒤
따르며 통일적인 국가신도의 제사 체계가 형성되어 갔다.

　제사 체계는 국가신도의 이른바 그릇이지만 국가신도의 '가르
침', 즉 정신적인 내용 쪽은 제정일치, 더 나아가 제정교일치祭政敎
一致 이념의 구체화에 의하여 추진되어 갔다. 이 이념은 미토학水戸
學, 에도시대 미토현에서 형성된 정치사상-역자의 아이자와 세이시사이會澤正志齋,
1782~1863나 츠와노津和野 국학의 오쿠니 다카마사大國隆正, 1793~1871에
의하여 '천황의 제사'를 중핵으로 하는 국가 구상으로 제시되었으
나, 그 사상적 틀은 급속하게 확산된 '황도皇道'라는 말로 정돈되었

다. 황도는 국체론의 계보를 잇고 있으나, 종래의 국학이나 유학과 같이 국가 차원의 정치부터 개인적인 삶의 방식까지를 관통하는 사상체계로서가 아니라, 천황 숭경을 중핵으로 하는 통치 이념이라는 것에 초점을 맞추어 유교, 불교, 신도, 기독교, 서양사상 등을 포함할 수 있는 것과 같이 생각되었다.

이 황도 이념은 종교정책 면에서는 3조교칙三條敎則을 내거는 교부성敎部省의 대교원大敎院체제로 구체화되었지만, '가르침'의 유포라는 면에서는 큰 성과를 내지 못했고 '종교'와 '제사'의 분리라는 제도적 귀결을 낳고 수렴되어 갔다. 이것에 반해 황도 이념의 보급에 진력한 하세가와 아키미치長谷川昭道, 1816~1897 등의 구상에서는 황도는 학교교육에서 실현할 만한 것이었다. 그러나 서양의 학교 시스템을 그대로 수입하는 데 바쁜 상황에서 황도에 해당하는 것이 어떠한 위치를 점하는가가 보이지 않는 시기가 계속 되었다. 새로운 전개는 메이지 천황과 시강侍講 모토다 나가자네元田永孚, 1818~1891에 의한 '성지교학대지聖旨敎學大旨'1879에 의하여 열렸고 '교육칙어'1890로 결실을 맺었다.

국가신도의 제사 체계의 형성과 '교육칙어'에 이르는 '가르침'의 형성은 일단 별도의 과정을 밟고 있다. 그러나 이것들은 어느 것도 천황 숭경과 제정일치·제정교일치의 이념에 토대한 것이다. 이 이끄는 끈이 되는 천황의 말은 황도론자가 기초한 1870년의 「대교 선포의 조」에 의하여 나타나 있었다. 거기에서는 '천황의 제사'와 '황도', '치교治敎'가 일체의 것으로 생각되어 새로운 국가의 근본

원칙으로 간주되고 있다. 그 의미에서 「대교 선포의 조」는 천황 자신이 그린 국가신도의 큰 디자인을 보여주는 문서가 되었다.

제4장

국가신도는 어떻게 퍼지게 되었는가
교육칙어 이후

1. 국가신도의 역사상 모습

무라카미 시게요시村上重良[1]에 의한 시대구분

국가신도는 어떻게 퍼지게 되었는가. 그 전개의 역사는 지금 까지 어떻게 그려왔는가. 이 장에서는 이 문제를 기술하고자 한 다. 지금도 여전히 많이 참조하고 있는 무라카미 시게요시村上重良 의 『국가신도國家神道』는 국가신도가 걸어온 길을 '형성기', '교의 적教義的 완성기', '제도적 완성기', '파시즘적 국교기'와 같이 4개 시기로 구분하고 있다.78~80쪽

제1기 형성기 메이지유신1868~메이지 20년대 초기1880년대 말

제2기 교의적 완성기 제국헌법 발포1889~러일전쟁1905

제3기 제도적 완성기 메이지 30년대 말1900년대 말~쇼와 초기1930년대 초

---

1   1928~1991. 1952년에 도쿄대학 문학부 종교사학과 졸업 후 게이오대학(慶
     應義塾大学) 강사를 지낸 종교사학자.

4개의 시기는 세계사나 일본사의 시대구분을 참조하고 정치체
제나 신사제도나 국체 사상의 영향력 변화와 관련한 여러 사실과
현상을 참조하여 제시되었고 대체로 타당한 것처럼 보인다. 그러
나 각 시기의 특징을 짓기에는 이해하기 힘든 부분이 많다. 그 주
요한 이유는 다음과 같이 두 가지 점이다.

① 국가신도를 우선은 신사신도라는 종교집단과 관련시키고 있는
점, 또 종교제도종교집단의 정치적 위치 매김와 관련 지어 파악하면서 다른
한편 종교집단과는 별개인 '황실신도'나 '국체의 교의'와 관련하는
것으로 이해하고 있으며 이 관계들이 분명치 않다.

② 국가신도를 오로지 정부가 국민에게 강제한 것으로 파악하고 있
고 국민이야말로 국가신도의 담당 주체였다는 측면은 그렇게 언
급하고 있지 않다. '국가신도'는 국가만이 아니라 여러 층의 국민
도 담당 주체가 되어 그것을 뒷받침한 측면이 있는데, 무라카미는
그 측면을 그렇게 언급하고 있지 않다. '황실신도'나 '국체國體의
주된 가르침[敎義(교의)]'이 국민 생활과 어떻게 관련되어 있었는가가
명확하지 않기 때문에 시기 구분이 갖는 의의도 알기 어렵게 되
어 있다.

무라카미의 국가신도 이해에서는 국가에 뒷받침된 신사나 신직

층이 국민의 교의나 군국주의·침략주의의 주요한 주체였던 것처럼 보인다. 거기에다가 그 영향력에 대해서도 너무 지나치게 평가하고 있다.

신도학자의 국가신도의 역사상 모습

이러한 시각에 크게 반발하여 국가신도의 상·국가신도의 역사 모습을 다르게 그리려고 노력한 사람은 아시츠 우즈히코葦津珍彦(위진언), 1909~1992, 사카모토 코레마루阪本是丸(반본시환), 1950~, 닛타 히토시新田均(신전균), 1958~ 등 제2차 세계대전 후 현재도 활발하게 발언을 계속하고 있는 신사신도 계열에 속하는 학자들이다. 그들은 신사신도가 국체론을 내건 군국주의·전체주의의 이념을 불어넣는 것과는 반드시 일치하지 않았다고 하여 신사신도와, 국체론이나 천황 숭경에 토대한 실천체계를 구분하고 신사신도 = 국가신도가 그렇게 우대를 받지 않았던 시기의 일이고, 또 그것을 보여주는 사건의 의의를 강조한다.

치밀하게 근대의 신도 역사를 연구해 온 사카모토에 의하면 국가신도의 역사는 훨씬 짧은 것이고 이념의 측면도 갖춘 충분한 의미에서 '국가신도체제'는 고작 수년 동안만 존재하였다는 것이다. 사카모토에 의하면 국가신도체제의 성립은 1900년에 내무성에 신사국神社局이 설치되고 당시까지의 사사국社寺局이 종교국宗敎局이 된 시기에 해당된다. 사실 제도상 용어로서 '국가신도'도 이 행정 틀을 전제로 하여 사용되기에 이르렀다. 그런데 신사국이 설치되었다고 하더라도 국가기구가 된 신사에 대한 재정 지원은 여전히 미약하였고, 신사의 지위를 높일 목적으로 신사 측이나 지역사회로부터 높은 지위의 관청으로서 신기관神祇官, '특별관아' 설립을 요구하는 운동이 일어났다. 그것이 구체화되는 것은 1940년 11월 신기원神祇院 설립을 기다리지 않으면 안 되었다.阪本,「국가신도체제의 성립과 전개」

이 신기원의 관제 제1조에는 신기원이 담당해야 하는 업무가 '경신사상의 보급에 관한 사항'으로 되어 있다. 국가기구로서의 신사신도에서는 당시까지 국가 차원에서의 사상·이데올로기는 언급하지 않았다. 신기원이 설립된 이때 "순연한 기구·제도로서의 '국가신도'에 처음으로 이데올로기 사상이 부여되었고, 이른바 신도지령神道指令의 내용에서 볼 수 있는 '국가신도'의 이해가 가능"한 상황이 나타나게 되었다. 그렇지만 이 신기원조차도 매우 빈약한 체제였다고 사카모토는 논하고 있다.

신사신도 중심의 국가신도 사관

사카모토에 의하면 국가신도의 역사는 1900년부터 셈을 하면 45년이지만 그 태반은 이데올로기나 사상 내용에는 관여하지 않는 약체弱體였다. "제사 집행과 신사의 유지 이외에는 어떤 것도 가능하지 않았던 신사국·신기원의 관료와 신관·신직. 이것이 제도로서 국가신도의 본래 모습이었다."위의 글, 195쪽 "신기원 관료 및 신관·신직으로부터 다만 한 사람도 공직 추방자가 나오지 않았다는 사실이야말로 얼마나 제도로서 국가신도가 '초국가주의', '침략주의' 등 여러 이데올로기와 관련이 옅었는가를 증명하는"위의 글 것이 된다.

제2장에서도 서술했듯이 아시츠, 사카모토, 닛타 등은 국가신도라는 단어를 사용하려면 국가 제도 가운데 자리매김이 된 신사신도라는 견고한 제도사적 개념에 토대하여 사용해야 할 것이라고 말한다. 사카모토의 경우는 아시츠, 닛타와 다르게 국가신도의 이데올로기적 측면도 생각하지 않으면 안 된다고 주장하고 있으나, 우선은 '제도로서 국가신도'의 면밀한 연구는 높이 사야 한다고 말한다. 그리고 제도사에 강조점을 두고 생각하게 되면 이데올로기도 포함한 국가신도의 역사는 고작 몇 해 밖에 되지 않게 되었다.

이러한 사고방식은 신사신도야말로 국가신도의 주요한 담당 주체였다는 생각에 토대를 하고 있다. 이것은 지역사회의 신사의 신직이 주요한 담당 주체인 제2차 세계대전 이후의 신사신도가 교학자敎學者적인 입장에 있다는 역사상像으로서는 이해할 수 있는 측면이 있다. 신도의 본류는 그야말로 신직과 우지코로 구성되는 지역의 신사에 있고 국가와 밀접한 관계에 있었던 근대신도의 역사는 무엇보다도 우선 신사신도의 역사로서 고찰할 만하다고 하는 사고방식이 그 전제가 되어 있다. 그런데 이 사고방식에 서면 국가신도의 역사는 매우 작은 것이 되어 버린다.

황실 제사 · 천황 숭경 · 황도론皇道論으로 강조점을 옮겨서

'국가신도는 무엇인가'에 대한 이해가 혼란하면제2장, 국가신도의 역사상像이 당연히 불명확하게 될 것이다. 이것은 국가신도가 성립한 역사에 대해서도 그렇지만제3장, 그것이 전개된 역사에 대해서도 그렇다. 국가신도가 성립한 이후의 역사를 명확히 이해하기 위해서는 황실 제사나 천황 숭경의 측면을 경시하여 신사신도에 편중된 국가신도를 다시 이해하지 않으면 안 된다.

신사가 신사신도로 조직되는 것은 국가신도의 형성·확립에 매우 중요한 국면을 이루고 있다. 그러나 국가신도 즉 천황 숭경이나 황도皇道·국체의 이념을 중핵으로 하는 신도는 황실 제사나 황실 신도의 형성을 국민 생활과 연결시키거나, 혹은 천황 숭경이나 국체 이념의 형성과 보급이라는 관점에서도 살펴볼 필요가 있다. 신기일본의 토지와 연결된 신들와 관련한 종래의 여러 신앙문화가 다시 세워지는 과정에서 메이지유신 이후에 형성된 신사신도는 이 의미에서 국가신도에서 매우 중요한 구성요소이다. 그러나 신사신도만이 국가신도를 대표하는 것은 아니다.

이 같은 의미에서 국가신도는 메이지유신 초기부터 구체적으로 나타나기 시작하였으나, 초기부터 전체의 실현형태가 나타났던 것은 아니고 우선은 큰 디자인으로서 종국적 목표로 하는 이상국가理想國家의 대략적인 비전이 존재하였다제3장. 메이지 정부는 근대국가를 구축해 가면서 국가신도의 큰 디자인이 여러 제도로 구체화되는 방향을 설정하게 되었다고 말할 수 있다. 그러나 당초 구상된 국가신도의 비전과 그 참에 학습·습득된 근대국가의 존재 방식과의 사이에는 어긋남이 생기게 되었고 여러 우여곡절을 거쳐 제도들이 정해졌으며제1장, 널리 국민 사이에 국가신도의 관념과 실천이 뿌리박히게 되었다. 국가신도의 역사는 그 같은 관점에서 시기를 구분할 만하다.

새로운 시기 구분의 제시

시기 구분의 연대에 대해서는 무라카미 시게요시가 제2기부터 제3기로 옮겨가는 시기를 1905년 러일전쟁 종결로 나누고 있으나, 나는 대역大逆사건[2]과 메이지 천황의 죽음으로 특징지을 수 있는 1910년경으로 구분하는 것이 좋다고 생각한다. 다른 구분 시점은 대체로 무라카미의 그것에 동의하지만 각 시기의 호칭이나 특징을 짓는 방식은 크게 다르다.

제1기1868~1890년경를 국가신도이 '형성기'라고 부르는 것이 좋고 제2기와 제3기와 제4기의 호칭은 모두 근거가 빈약하다. 나는 제2기1890년경~1910년경를 '확립기', 제3기1910년경~1931를 '침투기', 제4기1931~1945를 '파시즘기'로 부르면 어떠한가 제안을 한다.

제1기에 대해서는 제1장, 제3장에서 대체로 설명했다. 이 장에서는 제3기, 제4기를 전망하면서 특히 제2기에 대해 구체적으로 보고자 한다. 적절한 국가신도의 역사 모습을 보기 위해서는 이 확립기가 중요하다고 생각하기 때문이다.

제2기를 '확립기'라고 하는 이유는 이 시기에 ① 성스러운 천황

---

2 1882년에 시행된 구(舊) 형법 116조 및 대일본제국헌법 제정 후 1908년에 시행된 형법 73조(1947년에 삭제)가 규정하고 있던 '천황', '황후', '황태자' 등을 위해(危害)했다거나 하려고 시도한 죄, 소위 대역죄가 적용되어 소추된 사건의 총칭이다.

과 황실 숭경과 관련한 의례 시스템이 확립된 점, ② 신화적 표상에 토내하는 국제사상이 생활공간에 뿌리내리는 형태로 정리되었고 그 교육·보급 시스템이 확립된 점, ③ 신직의 양성 시스템과 신직의 연대조직이 확립되었고 국가신도의 유력한 구성요소인 신사 신도가 그 내적 충실을 확고하게 한 점에 주목하고 있기 때문이다.

이러한 변화가 일어남으로써 국가신도는 국민 자신의 사상과 실천으로 옮겨 갔다. 이른바 그것이 국민의 마음과 신체의 일부가 되었고, 그 참에 국가신도의 강화를 요구하는 목소리가 국민 각 층으로부터 터져 나오게 되는 기반이 형성되었다. 그것에 힘이 더해져 제3기 '침투기'가 되면 밑으로부터의 운동이 강해지고 정부도 국가지도층도 국가신도를 강화하는 방향으로 사회적 긴장을 극복하고 보다 강고한 국민 통합을 달성하려는 길을 선택하지 않을 수 없게 되었다.

이하 일본열도에 사는 대다수 사람의 생활형식 변화를 상정하고 국가신도가 그 정신적 국면에 어떻게 관련되어 있었는가를 구체적인 자료를 통해 보고자 한다. 생활양식의 변화를 서술하기 위해서는 사회학이나 문화인류학이나 역사학^{특히 민중사, 사회사, 여성사}이나 민속학이 시도해 왔듯이 여러 시각에서 시도할 수도 있고 그것이 필요하나 종교나 정신생활의 측면에서 검토하는 일은 불가결하다. 이하 시도하는 국가신도 역사에 대한 스케치는 종교나 정신생활의 측면에서 생활양식의 역사를 서술하는 것^{이것이 내가 목표로 하는 종교의 역사다}에 의의가 있음을 예로 보여주게 된다면 좋다고 생각하고 있다.

2. 천황·황실 숭경, 국민 속으로 침투

학교 행사에서 천황 · 황실 숭경

우선 천황과 황실 숭경과 관련한 의례 시스템 가운데 전형은 학교 행사이다. 야마모토 노부요시山本信良(산본신량)와 이마노 토시히코今野敏彦(금야민언)는 이것을 '천황제天皇制의 축제'라고 부르고 뛰어난 연구 성과를 내놓고 있다. 그것에 의하면 천황 숭경의 학교 행사는 1880년대 말부터 정비되었고 1891년에 '소학교에 축일대제일祝日大祭日의 의식에 관한 규정'이 발포되어 획일화되어 갔다. 그 제1조는 다음과 같은 것이다.山本 · 今野, 『근대교육의 천황제 이데올로기』, 81쪽

기원절, 천장절, 원시제, 칸나메사이 및 니나메사이의 날에는 학교장, 교원 및 학생 일동이 식장에 모여 좌아래-역자의 의식을 행해야 한다.

1. 학교장 교원 및 학생은 천황폐하 및 황후폐하의 어진영御眞影에 대해 받들고 최경례最敬禮를 하고 단 두 폐하의 만세를 봉축한다.

제1항만을 인용했으나 이어서 교장이 칙어의 '성의聖意'에 따라 훈화를 하고 축제일의 유래를 설명하며 '충군애국의 지기志氣를 함양'하고 마지막에 창가唱歌를 부르는 것으로 되어 있다. 축제일은 천황이 거주하는 황거에서 황실신도의 중요한 제사가 거행되는 날이다. 이것과 함께 예를 들면 천장절에는 다음과 같이 창가를 부른다.

〈천장절〉黑田眞賴(흑전진뢰) 작사, 奧好義(오호의) 작곡

오늘과 같이 좋은 날 대군이

태어나신 좋은 날이 된다

오늘의 좋은 날은 천황의 빛이

비추어지는 좋은 날

빛이 모두에게 비추는 천황의 시대를

모든 사람들과 함께

축복, 모두 천황시대를

여러 사람들과 함께

이 같은 의례를 거행하기 위해서는 천황의 초상 진영眞影, 교육 칙어, 기미가요, 창가가 정돈되어 있지 않으면 안 된다. 이것은 모두 당시에는 매우 새로운 것이다. 진영이 하사되기 시작한 것은 1881년쯤부터이고 전국의 부·현립 학교에 이것을 내려보내게 된 것은 1888년쯤부터이며, 대개 모든 심상소학교에 전달되었던 것은 1890년대 말이다.

'교육칙어'는 1890년 10월 23일에 발포되어 전국의 학교에서 배수식拜受式·봉독식이 거행되었다. 10월 30일이 칙어를 공포한 기념일이 되었고 메이지 말까지 그 날에는 봉독식이 이루어졌다. 〈기미가요〉는 1878년에 처음으로 연주되었으나, 국가國歌로 불리게 되는 것은 1888년 이후이다. 같은 시기에 의식 때 축일과 관련한 창가를 부르는 것도 장려되었다.

1890년 10월 30일 교육칙어 발표 당일의 도쿄 유시마소학교(마이니치신문사 제공)

　진영과 교육칙어는 신성한 것이 되어 그 참에 그 취급이 엄중하게 되었다. 1890년대 이후 각 현에서 '어진영御眞影 및 칙어등본봉장奉藏규정'이라는 규칙이 만들어졌고 봉안전봉안고(奉安庫)은 신성한 장소가 되었으며 그것을 지키기 위하여 숙직 직원이 배치되는 현縣도 증가하게 되었다. 이것은 화재 때 등 생명을 바쳐 지킬 만한 것으로 생각되었다.

여행 · 전쟁 · 조배朝拜 등

제2기부터 제3기에 걸쳐서 강화되어 가는 학교 행사 중 천황·황실 숭경이나 국가신도적인 측면에 대해 이하 야마모토·이마노에 의한 『근대교육의 천황제 이데올로기』, 『다이쇼大正·쇼와昭和 교육의 천황제 이데올로기』에 인용된 자료를 통해 그 예를 제시하고자 한다. 제3기의 예를 드는 것은 제2기에 진행된 것이 의의가 있음이 거기에 알기 쉽게 나타나 있기 때문이다.

ⓐ 신사참배, 수학여행, 참궁參宮여행

1928년 도치기현栃木県의 소학교의 규정에는 다음과 같은 것이 있었다.

제6절 신사참배

① 신년제 니나메사이 예제例祭 등에는 규정대로 우지카미氏神에 참배시키고 경신숭조의 생각을 키울 것

② 4월 입학 때 심상尋常입학생과 함께 고등과의 입학생도 모두 공손히 살피게 하고 입학을 보고하며 면학을 맹세하고 안전과 무사[安泰]를 기원하도록 한다

③ 3월 졸업식 때 모든 학생을 인솔하여 졸업을 보고하고 감사의 생각을 나타낸다. 그 외 임시로 참배하고 지극한 정성의 관념을 기르도록 한다. 山本·今野, 『다이쇼·쇼와교육의 천황제 이데올로기』 1, 285쪽

ⓑ 전쟁에 관한 의례

　필승기원, 야스쿠니신사 임시대제大祭, 지역의 초혼제 등(예는 생략)

ⓒ 대장大葬 · 대제大祭 · 성혼成婚 등 황실행사에 참여(예는 생략)

ⓓ 조배朝拜 · 조례朝禮 · 요배遙拜

1918년 도쿠시마현德島縣의 무양소학교撫養小學校의 교칙 중 「조배朝拜」 규정에서 앞부분을 인용한다.

조배

존황보국尊皇報國의 정신함양과 실행을 위해 행한다.

남자는 매수 월요일, 여자는 매수 목요일 신녕 봉지소 앞 복노에 성렬하여 진영에 대해 가장 예를 갖춘 최경례最敬禮를 하고 황실의 번영과 운수[盛運]을 빌고 각자 휴대한 『부적』으로 칙어 또는 조서를 봉독하고 그 취지에 부합하도록 자각을 갖도록 한다.위의 책, 347쪽

ⓔ 황실의 환송영歡送迎 · 행행계行幸啓 행사

'행행계'라는 것은 천황이나 황후, 황태후, 황태자가 특정한 지방이나 장소를 방문하는 것을 말한다. 천황이나 황족이 서민과 친하게 접촉하는 기회이기도 하였으나 시기에 따라 성격은 변화하였고 황실존숭尊崇이 강화되어 갔다.原武史, 『가시화된 제국』 이하의 예는 히로시마현広島縣이 편찬한 『어친열감격록御親閲感激録』1930에 의한 것이다.

학생 생도 등 어친열御親閱의 영광 1930년 11월 3일 평야에서 육군특별 대연습을 거느리고 관람하신 천황폐하에게는 황송하옵게도 히로시마広島, 오카야마岡山, 야마구치山口 3개 현의 학생 생도, 재향 군인, 남녀 청년단원 등의 대표자에 대해 어친열의 영광을 내려주었다. 이 성스러운 의례盛儀에 참여하여 그 영예를 받은 이 3개현을 통하여 대체로 5만 명, 그 중 히로시마현으로부터 남자 9천 120명, 여자 3천 620명, 합계 1만 2천 740명이었다.

남자의 분열分列, 여자의 봉창 모두 적심충성赤心忠誠의 발로로 그 의기와, 경건한 태도라는 것은 실로 눈물을 흘리지 않을 수 없는 광경으로 천황의 배려와 염려의 깊음, 황은의 무궁 그야말로 황송하여 매우 감격하였다. 이 영광을 입은 왼쪽에 적은 사람들은 어친열 배수拜受감상문을 제출하였다.위의 책, 128쪽

이 마지막 예가 보여주듯이 학교 행사와 관련한 천황 숭경 의례나 국가의례는 종종 지역사회 주민 전체와 관련성을 가지는 것이었다.

야스쿠니신사의 의례 공간

그런데 신도적인 측면이 현저한 국가의례로서 특별히 큰 종교적 의의를 띤 것은 야스쿠니신사일 것이다. 야스쿠니신사는 막부 말기 존황尊皇 운동에서의 「순난지사殉難志士」를 애도하기 위한 초혼제招魂祭나 구스노키 마사시게楠木正成(남목정성)[3]의 제사를 지내는 난코

1942년 10월 아오모리현, 야스쿠니신사에 참배하는 전쟁 유아(遺兒)(마이니치신문사 제공)

사楠公社의 건설운동에서 발전하여 조성되었다. 초혼제는 천황을 위하여 싸우다가 죽은 사람을 신도식으로 위령하기 위해 1864년 에는 시모노세키下關에 초혼장招魂場이 세워졌다. 얼마 안 지나 새로 운 정부가 들어서면서 죠슈長州・사츠마薩摩를 비롯한 각지에 많은

---

3   가마쿠라시대 말기부터 남북조시대에 걸쳐서 활동한 장군이다. 원홍의 난 (1331~1333) 때 고다이고 천황(後醍醐天皇)을 받들어 오토우노미야 모리요 시 친왕(大塔宮護良親王)와 연대하여 치하야죠(千早城)전투에서 일본 전국 에서 반란을 유발시켜 가마쿠라막부를 타도하는 데 공헌하였다. 또 건무(建 武) 신정권하에서 최고 정무기관 기록소(記録所)의 기인(寄人)에 기용되어 아시카가 다카(足利尊) 씨와 함께 천황을 도왔다. 연원(延元)의 난 때 정씨(尊 氏) 군에게 패하자 자살하였다.

초혼사·초혼장이 세워졌고 1868년에는 교토 히가시야마東山에 초혼사招魂社가 세워졌다. 도쿄로 옮긴 신정부는 1869년 병부대보兵部大輔였던 오무라 마스타로大村益太郞(대촌익태랑) 등의 의향에 따라 도쿄 큐단九段에 초혼사를 설치하고 무진전쟁戊辰戰爭[4]의 전사자들을 위령하는 대규모적인 초혼제가 열렸다.

초혼사에는 메이지 천황으로부터 사령社領으로서 1만석이 하사되었으나 당시 이 처우는 이세신궁 다음의 것으로 이야기되었다고 한다.村上重良, 『위령과 초혼』 이후 도쿄의 초혼사는 정부군의 공적인 위령慰靈 시설이 되었고 1872년에는 육군성과 해군성 공동 소유의 시설이 되었다. 1877년 서남전쟁西南戰爭[5]에서는 6,971명의 전사자에 대한 제사를 지냈는데 이를 계기로 도쿄의 초혼사가 신사가 되었고 1879년 야스쿠니신사로 이름을 바뀌어 별격관폐사別格官弊社가 되었다.

야스쿠니신사의 지위는 대외전쟁을 거쳐 크게 높아지게 되었다. 청일전쟁의 전사자는 약 1만 4천 명으로 그 대부분은 전병사자

---

4   게이오 4년·메이지 원년~메이지 2년(1868~1869). 메이지 정부를 수립한 사츠마번(薩摩藩), 죠슈번(長州藩), 토사번(土佐藩) 등을 중핵으로 한 신정부군과 구(舊) 막부세력 및 오우우에츠(奥羽越) 동맹간 있었던 일본의 내전. 이 내전에서 메이지 정부군이 승리하여 국내에서 다른 교전단체가 소멸함으로써 열강이 조약에 의한 내전에 대한 국외중립을 해제하고 이후 메이지 정부가 일본을 통치하는 합법정부로서 국제적으로 인정을 받게 되었다.

5   1877년에 현재의 구마모토현(熊本縣)·미야자키현(宮崎縣)·오이타현(大分縣)·가고시마현(鹿児島県)에서 사이고 다카모리(西郷隆盛)를 맹주로 하여 일어난 사족에 의한 무력반란. 메이지 초기에 일어난 일련의 사족 반란으로 일본 국내에서 마지막 내전이다.

戦病死者였으나, 1895년과 1896년의 합사[1898년은 전병사자의 특별합사를 위한 임시대제臨示大祭에는 천황이 '몸소 배례'하였다. 러일전쟁의 8만 8천 명을 넘는 전사자에 대해서는 1905년 5월과 1906년 5월 두 차례에 걸쳐서 임시대제와 '친제親祭'가 열렸고 육·해군 각 참가부대에 의한 개선관병식凱旋觀兵式, 개선관함식凱旋觀艦式 후의 공식 참배도 열렸다. 이 공식 참배일이 후에 야스쿠니신사의 춘추 예대제일例大祭日이 된다. 전사자의 합사는 국가와 천황을 위해 목숨을 바친 병사에게 보답하기 위한 위령 초혼제이고 어대장御大葬, 천황의 장례과 함께 국가신도의 보다 엄숙한 의례였다.

국가신도는 불교나 기독교나 천리교와 같은 구제救濟종교와 다르고, 개인의 운명과 관련하며 사후死後의 구원을 약속하기도 하며 고뇌하는 개개인의 혼에게 호소한다는 것과 같은 실존적 깊이의 차원은 그렇게 가지고 있지 않다. 국가신도와 여러 종교와의 이중 구조 가운데에는 구제나 사후의 생, 혹은 고뇌로부터의 해방이라는 실존적 문제는 사적인 영역에 본령本領이 있는 여러 종교에게 맡기고, 국가신도는 공적인 질서의 영역을 관장한다는 분업적인 의미도 있었다. 그런데 괴로워 죽어 가는 병사의 운명과 관련한 야스쿠니신사의 경우는 피하기 어려운 실존적인 고뇌나 치유, 위로의 차원이 들어가지 않을 수 없다. 사람의 마음의 깊은 부분도 움직이는 힘을 가지고 있다고 하는 점에서 야스쿠니신사는 국가신도 가운데서 특별한 무게를 띤 시설이 되었다.

야스쿠니신사의 국가신도 교육

야스쿠니신사의 이런 성격을 띤 자료도 『심상소학수신서』 제 4^{1920년판, 4학년 용}의 「제3 야스쿠니신사」를 보도록 한다. "당신을 위해 국가를 위해 몸을 다한 사람에 대해 신사에서 제사를 지내고 또 정중하게 제사를 지내는 것은 천황폐하의 뜻에 의한 것입니다. 우리는 폐하 은혜의 깊음을 생각하고 여기에 제사를 모시고 있는 사람들을 본받아 천황을 위해 국가를 위해 힘을 다하지 않으면 안 됩니다"라고 주장하고 있다.

야스쿠니신사에 대한 소학생의 단체참배에 대해 1935년 당시 소학교 저학년 용 지도서에는 다음과 같은 「설화요항^{說話要項}」이 실려 있었다.^{山本·今野, 『다이쇼·쇼와교육의 천황제 이데올로기 』I, 312쪽}

(참배 앞, 신사의 이름을 들려주고 장소에 대해) 여러분은 야스쿠니신사를 알고 있나요. 보통 초혼사라고도 합니다. 이전에 제사를 지낸 적이 있었지요. (⋯중략⋯) 지금까지 일본에는 종종 옆의 나라와 전쟁을 했습니다만 그 때마다 적과 몸을 바쳐 싸워 천황폐하에게 충의를 다하고 국가를 위하여 생명을 잃은 사람들이 많이 있습니다. 이 육군 해군의 병사들을 신에게 제사를 지낸 신사입니다. (⋯중략⋯) 제사를 지낼 때마다 칙사^{勅使}라 하여 천황·황후 양 폐가가 보낸 사람이 일부러 반드시 참여하기도 하고 양 폐하가 직접 참여하는 경우도 있습니다. (⋯중략⋯) 나라를 위해 생명을 바친 사람들을 제사를 지내는 것이기 때문에 우리들도 반드시 가지 않으면 안 됩니다.^{『아동교육』 제29권 제11호}

실존적 깊음에 와닿는 야스쿠니신사

야스쿠니신사의 실존적 깊이는 이하와 같은 1940년 소학생의 작문에서 찾아볼 수 있다. 이것은 전쟁에서 죽음을 맞이한 아버지의 자녀가 제사에 참여하였을 때의 감상을 문장으로 정돈하게 한 것이다.山本·今野, 『다이쇼·쇼와교육의 천황제 이데올로기』I, 22쪽

야스쿠니신사 참배 후지미심상소학교富士見小學校 6학년 고바야시 다케시小林武, 고 육군보병 소좌 고바야시 차남

초목의 싹이 트기 시작하는 3월 말에 그리운 아버지와 대면하였다. (…중략…) 우선 궁성요배하고 히비야공회당日比谷公會堂에 갔다. 공회당에서는 황공하옵게도 황후 폐하로부터 과자의 전달식이 있었다. (…중략…) 벚꽃이 피는 큐단의 야스쿠니신사 앞에 가깝게 갔을 때는 다만 기쁘게 생각하는 마음으로 가슴이 벅차올랐다.

대면하기 전에 손을 깨끗이 하고 입을 가시고 온몸을 새롭게 했다. 아버지는 정전正殿의 깊은 곳에서 내가 성장한 것이라든가 건강하게 대면하기 위해 온 것을 보고 어떻게 기뻐하실까. 나는 눈을 감았다. 그리고 '아버지는 나라를 위해 몸을 바친 훌륭한 사람입니다. 나는 우선 어머니에게 효행을 하고 빨리 성장하여 국가를 위해 몸을 바칠 것이기 때문에 안심하십시오.'천기(川崎)교육사편찬위원회, 『천기교육사』 상권, 川崎市敎育硏究所, 1958

'교육칙어'가 내려지고 국가신도적인 학교 행사가 전국으로 보급되기 시작한 1890년대 전후부터 이 작문이 작성되기까지 50년

이 지나고 있다. 메이지 후기에 천황·황실 숭경의 의례 시스템이 확립함으로써 '대교 선포의 조' 시기에 정계 관계자나 황도 사상을 받든 사람들이 생각치도 않게 '대교'가 '소국민少國民'의 마음을 빼앗게 되었다. 1930년대 단계에서는 천황 숭경을 중핵으로 하면서 학교 교육과 신사와 미디어가 긴밀하게 결합하여 강력한 국가신도 보급 시스템이 기능하게 되어 있었다.

3. 국가신도의 언설을 몸에 익혀 가는 시스템

교육칙어 · 수신교육 · 국체론

제3장에서 보았듯이 메이지 초기에는 천황 숭경이나 국체론·황도론의 '교敎'화化의 과제는 문명화의 훈육과 함께 종교집단이 맡아야 할 것으로 생각되었으나 얼마 안 있어 학교 교육이 그야말로 교화의 주요한 현장이라는 점이 보이게 되었다. 우선은 근대문명을 도입하기 위한 기관으로서 서양 시스템을 받아들이는 데 열성이었던 학교인데 얼마 안 있어 국체 사상이나 천황 숭경의 선포보급을 위하여 충분히 도움이 되는 현장이라고 생각할 수 있게 되었다.

그것은 또 서양 근대의 계몽주의적 이념과 유교의 영향이 농후하였던 막부 말기까지 일본의 교육 이념을 합쳐서 절충하고 국체 사상에 토대하는 근대국가에게도 적합한 교육 이념이 구축되어 가는 과정이기도 하였다. 이 모색은 1890년에 「교육칙어」가 발포

됨으로써 결착이 되었고 이후 교육칙어의 이념과 거기에 담은 천황의 '가르침'에 입각한 수신 교육, 역사 교육, 국민 도덕의 선포운동이 이루어지게 되었다.

교육칙어가 발포되자 그것은 천황이 보여준 교육의 성스러운 원리가 됨과 동시에 수신 교육의 근간이 되는 것으로 절대적인 권위를 받게 되었다. 1891년에 공포된 「소학교교칙대강小學校教則大綱」의 제1조에서 '덕성의 함양은 교육상 가장 신경을 기울어야 하고', 제2조에서는 '교육에 관한 칙어의 취지에 토대하여 아동의 양심을 배양하고 그 덕성을 함양하며 인도人道실천의 방법을 하사하는 것을 요지로 한다'로 되었다. 그 후 수신 교육의 전개에 대해서는 생략하지만 1904년부터 사용되게 된 제1기 국정교과서의 수신과에서 천황 숭경이나 국체사상이나 충군애국의 덕목이 중요한 위치를 차지하고 있었던 점을 확인해 두고자 한다.

가츠베 미타케勝部眞長, 1916~2005와 시부카와 히사코渋川久子의 요약을 인용하면『도덕교육의 역사』, 93~94쪽 "메이지 천황에 대해서는 이미 1학년 때, 고메이孝明 천황의 자녀, 이름은 모츠히토睦仁(목인), 16세 때 즉위하여 현재 53세, 일본국을 통치하는 분으로 궁성에 사시며 신민을 깊이 사랑하고 계시다. 신민은 천황의 큰 은혜를 받고 있으며 천황의 모습에 대해서는 최고 경례를 한다 등의 것을 가르친다". 4학년이 되면 "니니기노미코토의 강림3종의 신기와 아마테라스 오미카미의 신칙(神勅)의 이야기를 포함한다, 진무 천황의 즉위, 만세일계 천황의 국가통치 등 국체에 관한 이야기와 함께 국민으로서의 마음가짐을 가르치며

고등과학 1년에서는 '제27 축일제일祝日祭日'에서 국가의 축제일에 대해서 가르칠 수 있다"로 되어 있었다.

또 교사용의 지침서라는 것도 있고 거기에서는 축제일의 의의를 이해시키고 축제일에는 "천황 폐하 스스로 엄숙한 의식을 행한 것으로 한다면 우리 국민의 신민이 되는 것은 이러한 날에는 삼가 공손의 뜻을 표하고 또 특히 충군애국의 도를 생각하게" 할 것을 지시받고 있다.

역사교육에서 국체론과 국가신도

다음으로 역사 교육으로 이야기를 옮기면 메이지 전기에는 국체사상이 교육의 대전제가 된다는 생각은 그렇게 정착되어 있지 않았다.海後宗臣,『역사교육의 역사』 1870년대 이후의 교과서에서도 '신대神代에 대해서는 이것을 국체의 본원으로서 중시할 것과 신대는 역사로부터 제외할 것'의 두 방향이 있었다. 후쿠자와 유기치福澤諭吉나 다구치 우기치田口卯吉 등은 진무 천황神武天皇 이후를 역사서술의 대상으로 간주하는 입장에 있었다. 1891년에 문부성에서 간행한 『고등소학역사』는 천황 자신의 의향을 반영하여 '존왕애국'의 생각을 기를 것을 주장하고는 있으나 역사서술은 진무 천황에서 시작하고 있다. 당시의 고고학 등 학문적 연구나 역사학의 성과를 반영시켰을 것이다.

그런데 1891년의 「소학교교칙대강」에서는 "일본역사는 이 나라 국체의 대요를 알게 하고 국민이 되는 지조志操를 키우는 것을 요지로 한다. 심상소학교의 교과에 일본역사를 덧붙일 때는 향토에 관한 사담史談에서 시작하여 서서히 건국의 체제, 황통皇統의 무궁, 역대 천황의 성스러운 업적, 충량현철忠良賢哲의 사적事蹟, 국민의 무용武勇, 문화의 유래 등 개략을 가르치고 국초부터 현재에 이르기까지의 사력事歷의 대요를 알게 해야 한다"라고 적혀 있다. 청일전쟁의 영향 등도 있고 이 주지는 보다 직접적으로 받아들이게 되었고 1890년대 말 이후 천조신칙天祖神勅이나 3종 신기神器 등에 대해 역사교과서에 덧붙이지 않으면 안 되었다. 예를 들면 1899년에 간행된『신찬新撰 제국사담帝國史談』의 '천조대신'과에서 '이 신은 천황의 조상이라는 점, 농업을 가르친 점, 누에를 길러 의복을 만드는 것 등을 인민에게 가르치고 안락하게 생활을 할 수 있도록 한 점'이 기술되어 있고 특히 '3종의 신기', '천손강림'의 과가 이어진다. 이 시기 이후 어느 역사교과서도 이 3과의 내용 기술이 포함되기에 이르렀다.

국체 사상에 토대하는 도덕론이 성인들도 이해하기 쉬운 형태로 정돈되어 가는 시기는 학교에서 국가신도의 가르침이 직접적으로 이야기되기에 이른 시기보다도 늦다. 이미 이노우에 테츠지로井上哲次郎(정상철차랑)는『칙어연의勅語衍義』1891에서 그 틀을 보여주고 있었으나, 그것이 더 다듬어진 문체로 구체화되는 것은 간행물로 말하면『국민도덕개론』1912이다. 교양 있는 성인에게 신화적 개념을 그대로 불어넣을 수 없었다. 그 대신에 국체론을 계속 뒷받침하고 어느 정도의 설득력이 있는 '이론'을 짜내지 않으면 안 되었다.

신사의 조직화와 황도화

국가신도가 국민 생활에 침투하기 위한 기초는 국체에 토대한 국가를 지탱하는 제사 체계로서의 신사신도가 국가신도의 기초로서 편성됨으로써 굳혀져 갔다. 제사 체계로서의 신도를 국가신도의 일익으로 방향 지우려는 시도는 황실 제사나 이세신궁, 아츠다 신궁熱田神宮(열전신궁),[6] 야스쿠니신사동경초혼사 등의 중핵적 신사관국폐사의 기능 강화라는 측면과 전국 신사의 국가신도의 기관으로서의 조직화의 측면 양쪽에서 진행되었다.

국가신도의 제1기인 형성기에는 황실 제사의 정비가 눈에 띄게 진전되었다. 신불분리·폐불훼석에 의하여 불교조직의 지배를 받던 신불습합의 신기시설이 존황 사상에 역점을 두는 신사신도 시설의 전환이 촉구되었다. 게다가 미나토가와湊川(진천)신사楠木正成, 1872,[7] 야스쿠니신사동경초혼사, 1869. 1879년에 개칭, 도요쿠니豊國(풍국)신사도요토미 히데요시, 1880, 아베노阿部野(아부야)신사北畠親房, 1882,[8] 카시하라橿原(강원) 신궁神武天皇(신무천황), 1890 등이 창건 신사로서 세워졌다. 이것들은 모두 천황숭배와 연결되는 성격을 띤 신사로 국가신도적 색채가 짙은 것이었다.

6　아이치현(愛知県) 나고야시 아츠다구에 있는 신사로 제2차 세계대전 이전에는 관폐대사였으나 현재는 신사본청의 별표신사(別表神社)이다.

7　효고현(兵庫縣) 고베시(神戸市) 중앙구에 있는 구스노키 마사시게(楠木正成)를 제사지내는 신사. 현지에서는 친숙함을 표현하여 '난코(楠公) 상'이라고 부르고 있다.

8　일본 오사카시 아베노구 기타바다케(北畠)에 있는 신사.

그런데 전국의 신사를 이세신궁을 정점으로 편성하는, 결국은 천황가의 조신祖神이 지배하는 신사체계로 다시 조직한다는 과정은 쉽게 이루어지지 않았다. 지역사회에 뿌리를 내린 신직은 신사에 대한 메이지 정부의 처우가 냉담하다고 생각하였다. 그런 상황을 뒤엎고자 국가신도의 토대가 될 만한 신사세력의 존재를 자기주장하는 움직임이 나타나게 된다. 신사세력을 전국적인 통일적 시스템으로 만들고 국가신도의 담당자로 키워가려는 시도는 황전강구소皇典講究所, 동경와 신궁황학관神宮皇學館, 이세이라는 2대 신직 양성기관을 설립하는 운동부터 전개되었다.

이세신궁에 부속하는 신궁교원神宮教院에서는 1873년에 신궁본교관神宮本教館이, 노교의 신노사무국神道事務局에는 1876년에 생도 기숙사가 설립되었다. 이것들은 장래 충실과 발전을 내다본 싹과 같은 것이었으나, 1882년 신궁과 교도직이 분리함으로써 구체화의 필요가 긴급하게 요구되었다. 종교와는 다르고 국체 사상에 토대하며 천황 숭경을 기초로 하는 제사를 올리는 조직으로서 신사가 자리매김이 되었고 그것을 위한 신직 양성이 필요하게 되었다. 그것은 또 메이지유신 이래 국학이나 황학皇學을 내세워 국체 사상에 토대한 새로운 교육체계를 구상해 온 사람들에게 목표가 구체화되는 시설이 될 만한 것이 되기도 하였다.

황전강구소皇典講究所 설립

도쿄에서는 1881년부터 황전강구소의 설립안이 세워지고 이를 내무경에 신청하였으나 1882년 2월에 내무경 야마다 아키요시山田顯義로부터 향후 10년 동안의 내탕금內帑金, 황실에 권한이 있는 자금의 하사와 신도 교도직 총재였던 아리스가와노미야다카히토有栖川宮幟 친왕親王이 칙명으로 황전강구소의 총재 임명건이 하달되었다. 같은 해 11월, 도쿄 한다쵸飯田町(반전정)의 새로운 교사에서 열린 개교식에서 총재 아리스가와 친왕은 다음과 같은 고유告諭를 투고하고 있다. 국체 사상이 중핵에 있다는 것을 알게 된다.

대개 학문의 길은 본을 세우는 것보다 큰 것은 없다. 따라서 국체를 구명함으로써 입국立國의 기초를 견고하게 하고 덕성을 함양함으로써 인생의 본분을 다하는 것은 오랫동안 바뀔 수 없는 전형적인 규범이고 이 세상에 본 연구소의 설립이 필요한 이유가 된다.국학원대학 85년사편찬위원회 편, 『국학원대학85년사』

또 시시노나카바宍野半 간사는 이전 생도 기숙사에서 새로운 숙사로 옮기는 생도들을 자택으로 초대하여 앞으로 5개년 동안 일체 세상 일에 관여하지 않고 마음의 수학에 전념하여 몸을 국가에 맡기며 오로지 자기를 위하지 않고 황도의 진리를 구명하여 학문을 이룬 이후에는 힘써 국가에 진력하는 것을 희망하였다고 한다.위의 책, 31쪽

여기에서 나타나 있듯이 황전강구소는 국가를 위해 천황을 위

해 진력을 다하는 사람을 양성하는 것을 목표로 내걸고 국체나 황도를 배울 만한 시설이라고 생각되었다. 설립의 후원은 내무성과 궁내성이고 국가적 기관이라고 해서 좋은 것인데 정부는 어느 정도 그 이상으로 지출할 의지가 없었고 운영자금은 여러 신사로부터의 기부에 기대하게 되었다.

황학관皇學館 설립

이세의 황학관 쪽은 약간 사정이 달랐다.황학관대학, 『창립90년재흥10년 황학관대학사』 이세신궁에는 1875년 '제주祭主'신궁제주로 임명된 구니노미야아사히코久邇宮朝彦(구이궁조언) 친왕이 메이지 천황의 각별한 신임하에 중망을 얻고 부임하였다.위의 책, 1쪽 제수라는 섯은 궁성에서 파견되어 이세신궁의 정무를 담당하는 관인으로 이세 혹은 교토에 살며 큰 권한을 가지고 있었다. 원래 나카다미 씨中臣氏로부터 나왔는데 에도시대는 후지나미 씨藤波氏(등파씨)가 맡고 있었다. 메이지유신의 개혁으로 이 제주를 황족이 맡게 되기에 이르렀고 교토에서 황실과 신궁을 매개하는 상징적인 지위가 되었다.

구니노미야아사히코久邇宮朝彦 친왕은 1878년 이래 이세의 신궁교원에서 강구회講究会를 열도록 지시하고 교토의 자택에서도 신직 등을 모아 매월 신전神典 등을 제재題材로 한 강구회를 열고 있었다. 교토의 강구회에는 오사카로부터 파격적인 대우로 국학자 시키다토시하루敷田年治(부전연치)가 초대되었고 얼마 안 있어 신관·교도직이 분리되어 구니노미야아사히코 친왕이 새로운 신직 양성기관으로서 황학관신궁황학관으로 칭한 시도도 있다의 설립에 나서게 되자 시키다도 거기에 협력하게 되었다. 구니노미야아사히코 친왕은 아들 카야노미야키니노리왕賀陽宮邦憲王(하양궁방헌왕)의 교육을 시키다에게 맡기고 구니노리왕은 1882년 이래 이세에 거주하게 되다. 신궁제주 구니노미야아사히코 친왕이 황학관 설립의 영달令達을 내는 것은 황전강구소의 설립허가가 나오고 얼마 되지 않은 1882년 4월이다.

신직 양성 시스템과 황도론·국체론

황학관은 황전강구소를 맡을 만한가 어떤가 하는 질의를 냈는데 내무성은 독립기관으로서 1883년에 설립의 허가를 전달하게 된다. 1887년에는 생도는 '별과別科'나 '예과豫科'도 포함하여 40여명의 소규모였다. 이 해에 정해진 '신궁황학관규칙神宮皇學館規則'에서는 '황학관은 우리 건국建國 체제 및 군신君臣의 대의大義를 알게 하고 아울러 덕성을 양성하는 데 있다'고 규정하였고 배울 만한 주요 학지學知는 '황학'이라고 이해되고 있었다.위의 책, 30쪽 황전강구소에서도 황학관에서도 초기부터 배울 만한 학문은 신도이나, 국체에 관한 학지學知가 주축이었다는 것을 알 수 있다.

그 후 황전강구소는 지역사회에서 신직 양성을 위해 전국 각 부현에 분소分所를 설치하였다. 또 보다 고도의 연구·교육기관으로서 1890년에는 국학원國學院이 설치되었다. 그런데 황학강구소는 설립 이후 재정난 때문에 계속 어려움을 겪었다. 설립될 때에는 황실의 은사금恩賜金과 이세신궁이나 관국폐사의 과출금課出金으로 운영한다는 방침이었는데, 공교롭게 관국폐사에 대한 국고보조가 제한을 받은 시기였고 과출금은 멈추었고 기부도 생각만큼 이루어지지 않았다. 1903년 신궁황학관은 내무성 소관의 관립전문학교가 되었으나, 황전강구소도 관립을 목표로 황학관과 합동하자는 안도 나오게 되었으나 실현되지 않았다.

'국가의 종사宗祀'로서 신사

초기에는 재정난 때문에 곤란을 겪은 황전강구소나 국학원이었으나, 메이지 말기에 재정기반이 개선되었다. 이것은 신사의 지위가 높아짐에 따라 신사신도의 당사자들 사이에 연대감이 생기고 재정적 지원이 증대하였기 때문일 것이다. 지역의 신사와 신직을 제대로 대접하지 않은 것에 분개하는 사람들은 일찍이 지역의 신사와 신직의 대우 개선운동에 나서고 있었다. 1889년에는 신궁동지회神宮同志會가 결성되었고 의회를 움직여 신기神祇 관계의 관청을 높은 지위의 신기관으로 해야 한다는 목소리를 높이고 있었다. 그 운동 가운데 1898년 전국신직회全國神職會가 창립되었다.전국신직회 편, 『전국신직회연혁사요』이 전국신직회 사람들과 신도의 의의를 중시하는 의회 사람들이나 지방 유력자들이 그 후 신기관재흥운동神祇官再興運動·특별 관아 설립운동特別官衙設立運動을 맡게 된다. 신직이나 지역의 우지코氏子 조직을 배경으로 하는 신사신도가 국가신도의 담당으로서 그 영향력을 높여 가는 것은 이 운동을 통해서였다.

전국신직회의 우선 큰 성과는 1913년 4월에 내무성훈령 제9호

'관국폐사 이하 신사신직봉무규칙神社神職奉務規則' 제1조에서 "신직은 국가의 예전禮典에 따라 국가의 종사宗祀에 종사할 만한 직사職司"라 하여, 신사가 '국가의 종사'라는 점이 명문화되었다. '국가의 종사'라는 단어는 여기에서는 전국 신사의 종사가 황실 제사와 관련되는 것이고 제정일치 체제를 담당하는 데 적합한 국가기관이라는 점을 나타내는 단어로 사용되고 있다.

이 단어는 이미 1871년 5월 14일의 태정관 포고太政官布告에서 "신사의 의례는 국가의 종사로서 한 사람 한 집이 사유할 만한 것이 아닌 것은 물론이다"라고 규정하였으나, 이 단계에서는 신사의 사적 성격을 불식하는 것에 주안점이 있었고 '국가의 종사'에 어울리는 처우는 생각하지 않았다. 1913년 내무성훈령에서 모든 신사가 '국가의 종사'로서의 지위를 공식적으로 인정되기에 이르렀으나 그것이 실질화되는 것은 그 후의 운동이고 전국신직회는 그 운동에서 중핵적 역할을 하게 된다.

4. 밑으로부터의 국가신도

국민 자신이 국가신도의 담당이 되다

'일본형 정교분리'로 진행이 된 것은 국가신도 역사의 제1기 '형성기'1868~1890년경 후반부터 제2기 '확립기'1890~1910년경에 걸친 시기인데 그 시기에 착착 국가신도가 국민에게 퍼지게 되는 포석이 만들어졌다. 지금까지 학교 행사나 학교 교과 내용, 또 신직 양성 시스템과 신사신도의 형성에 대해서 살폈다. 거기에서는 언급하지 않았으나, 군대훈련이나 공동생활을 통해서 사람들이 천황 숭경에 익숙하게 되는 시스템이 고착되어 간 것도 이 시기이다. 이 시기는 또 천황·황실이 대일본제국헌법 제정 기념행사, 전승기념행사, 다이쇼 천황 결혼식 등 국가 행사에서 직접 또는 매스컴을 통해서 국민의 뇌리에 강하게 새겨지게 되는 시기이기도 하였다.(이것에 대해서는 제1장에서 황실 제사와 천황숭배의 의의에 대해서 서술하였을 때에도 언급했다.)

학교나 군대나 국가행사를 통한 민족주의의 육성은 유럽을 비롯한 세계 각 국민국가에서 널리 공통으로 나타난 현상이다. 일본에서는 민족주의가 국가신도라는 종교적 요소와 서로 얽혀 전개되었다. 세속적인 민족주의가 표준적이라고 생각된 유럽과는 다른 형태이나, 세계 각국을 보면 민족주의와 종교가 서로 중첩되어 전개하는 예는 드물지 않다.유르겐스마이어, 『내셔널리즘의 세속성과 종교성』 종교적 민족주의가 두드러진 국가는 인도, 이스라엘, 이란을 시작으로 이슬람 여러 국가가 생각에 떠오르나, 러시아나 동유럽 여러 국가나 아시아의 불교국도 거기에 포함될 것이다.

종교운동이 국체론·황도론을 받아들이다

이 같은 관점에서 국가신도가 국민 자신이 담당이 되어 밑으로부터 일어난 운동이라는 성격을 띠게 된 점에 주의할 필요가 있다.

민족주의가 국민에 의하여 밑으로부터 뒷받침되어 간 성격은 널리 인식되어 있다. 국가신도도 무사층이 불어넣고 국가 제도로 받아들여 퍼져간 것이나, 얼마 되지 않아 민중에게 받아들여지고 밑으로부터의 국민운동 혹은 종교적 민족주의로서 퍼져가게 되었다고 볼 수 있다.

이 절에서는 국가신도가 민중이 적극적으로 참여하는 밑으로부터의 운동으로 받아들여지고 얼마 안 있어 정치적 큰 영향력을 가진 세력으로 성장하였으며 결국에는 국정을 움직이는 세력으로까지 된 경위에 관해 흥미로운 사례를 들어가면서 서술하고자 한다.

이미 큰 세력을 구축하게 된 신종교운동은 천리교의 예에서 보았듯이제1장 제5절, 1900년경에는 국가신도의 틀에 따를 것을 강요당하고 있었다. 그런데 그것과 대체로 같은 시기, 성장하고 있었던 두 종교운동의 경우 각각 적극적으로 황도론이나 국체론을 받아들이는 움직임을 보인다. 그것은 데구치 나오出口なお, 1836~1918, 데구치 오닌사부로出口王仁三郞(출구왕인삼랑), 1871~1948에 의한 오모토교大本敎(대본교)[9]와 다나카 치가쿠田中智學(전중지학), 1861~1939에 의한 고쿠쥬카이國柱會(국주회)이다.

오모토교와 고쿠쥬카이는 그 후 많은 종교운동의 발전을 촉진하는 견인 역할을 한 종교운동이다. 이 두 운동은 함께 다이쇼 시

---

9   데구치 나오(出口なお)와 그 사위 데구치 오닌사부로(出口王仁三郞)가 일으킨 신도계열의 신종교로 '대본교(大本敎)'로 흔히 부르나, 정식적으로는 '교敎'를 붙이지 않는다.

기부터 쇼와 초기에 걸쳐서 큰 세력을 구축하였을 뿐만 아니라, 이러한 운동에 공명한 재야의 천황숭경운동에도 매우 큰 영향을 끼치게 된다. 2·26사건 등 쿠데타나 테러를 통하여 천황 중심의 신정神政국가체제로 변혁하는 것을 목표로 한 쇼와유신운동에 참여한 사람들에게 강한 자극을 주기도 하였다.

다나카 치가쿠田中智學와 고쿠쥬카이國柱會

그 오모토교와 고쿠쥬카이 모두 본래는 천황 숭경의 요소는 그렇게 포함되지 않은 운동이었다. 다나카는 일련종日蓮宗 교도였던 의사인 다다 켄류多田玄龍(다전현룡)의 3남으로 에도에서 태어났다. 일찍이 양친이 세상을 떴기 때문에 10세에 출가하였으나, 미적지근한 종문宗門의 체질에 실망하여 다시 세속으로 돌아와 재가在家로서 일련종日蓮宗을 확산하는 운동에 관여하게 된다. 1884년에 입정안국회立正安國會[10]를 결성하고 아사쿠사나 니혼바시日本橋에 본거를 설치하나, 당시의 주장은 일련종과 일본 불교의 개혁에 있었다. 『종문지유신宗門之維新』1901에서는 일련종을 변혁하고 일본과 세계를 구제한다는 의욕이 언급되고 있었다. 이미 청일전쟁 때에도 천황이 일련종을 지지함으로써 국가를 구제할 수 있을 것으로 전망한 '국

---

10 창설자 다나카 치가쿠는 10세 때 아버지를 잃고 일련종 사찰에 출가하여 일련의 사상을 배우는 동안 개인 마음의 구제보다도 사회환경의 정화를 중시하게 되어 종문의 존재 방식에 의문을 느끼고 19세에 환속하여 1880년에 재가불교의 운동을 위해 연화회(蓮華会)를 창립하고 1885년에 그 회를 입정안국회(立正安国会)로 발전시켰다.

도國禱'가 이루어지고 있었다. 그러나 진무 천황이나 국체에 관한 것은 당시 치가쿠의 관심 밖에 있었다.

그런데 1902년경부터 치가쿠의 강연에 진무 천황이나 국체에 관한 주제가 포함되기에 이르렀다. 1903년의 강연은 『세계통일의 천업天業』으로 간행되었으나, 거기에서는 진무 천황의 단어에는 독자적인 덕치 이념이 있다 하고 그것이 일본 국체의 기초라 하여 일본의 국체는 일련주의一蓮主義가 목표로 하는 것과 일치한다고 주장하고 있다. '천황이 일련불교를 지지하고 일련불교 중심의 세계통일이 이루어진다'는 비전에서 '천황은 그 존재 그 자체가 불교적 진리를 구현하고 있으며 세계를 통일할 만한 신성한 국체야말로 일련불교가 목표로 하는 최고 이상이다'라는 비전으로 변한 것이다.

나중에 더욱 국가신도에 가깝게 되나, 1900년대의 치가쿠는 국체론을 다루어도 여전히 불교의 틀 안에 머물러 있다. 그렇지만 국체론을 받아들이고 국가신도와 보조를 맞추는 것으로, 운동의 활력을 높이는 것을 목표로 하고 있었고 그것은 성공하였다고 말할 수 있을 것이다. 이야기에 의한 불교 정신의 각성을 목표로 한 미야자와宮澤賢治(궁택현치)[11]나 만주사변을 앞장서서 도모한 관동군 지도자 이시하라 칸지石原莞爾(석원완이)[12]가 이런 고쿠쥬카이의 활력으로부터 강하게 자극을 받은 것은 부정할 수 없다.

---

11 1896~1933. 일본의 시인이면서 동화작가.
12 1889~1949. 일본의 육군군인.

오모토교와 데구치 오닌사부로

다음으로 오모토교인데 처음 이 종교운동의 기초를 쌓은 사람은 능부綾部, 교토부의 가난한 주부였던 데구치 나오이다. 1892년에 처음 신내림을 체험하고 '세상을 새롭게 세우기'를 주창하기 시작하였다. 얼마 안 있어 능부 지역에서 신도 집단이 형성되기에 이르렀고 나오가 신의 말을 전한 '오후데사키붓끝(お筆先)'을 계속 써 갔다. 그것은 신의 힘으로 변혁이 가까운 미래에 일어나고 이상세계가 다가온다는 점, 그 때문에 인간 한 사람 한 사람이 마음을 깨끗이 하고 신에게 복종해야 한다는 것을 주창한 것인데, 거기에 천황 숭경의 요소는 전혀 포함되어 있지 않았다.

능부의 소집단이 큰 활력을 띠는 종교집단으로 발전하는 것은 거기에 후의 데구치 오닌사부로, 당시의 우에다上田喜三郎(상전희삼랑)가 참가하였기 때문이다. 구도를 얻고자 여행을 하던 우에다가, 자신의 신이 세상에 퍼뜨리는 중요 인물이 될 것을 직감한 나오와 우연히 만난 것은 1898년의 일이다. 나오의 딸 스미와 결혼을 하고 데구치 오닌사부로로 이름을 바꾸고 집단의 지도자가 될 입장이었으나, 이전부터 신도와의 인간관계가 나빴다.

그래서 데구치는 1906년에 일단 교단을 떠나 교토의 황전강구소 분소에 입소한다. 반년 넘게 국가신도의 초보를 받고 신직 자격을 얻은 데구치는 별격관폐사別格官幣社 다케이사오建勳신사[13]에 봉

---

13   교토시 기타구(北區)의 후나오카산(船岡山)에 있는 신사로 오다 노부나가(織田信長)를 제신으로 한다.

직하고 있었다. 이 다케이사오신사는 1869년에 메이지 천황의 명으로 창건된 오다 노부나가를 제사 지내는 신사였고 이른바 국가 신도의 본류本流에 위치하는 신사이다. 다케이사오신사에서 사무社務를 본 것은 반년 정도였는데 이 1년여 동안에 데구치는 국가신도의 사상 언설과 현장의 노하우를 충분히 몸에 익힐 수 있었다.

황도皇道주의의 수용

일단 권위를 높인 지도자로서 나오의 교단에 돌아온 데우치는 교단 이름을 금명영학회金明靈學會에서 일본수재회日本修齋會로 바꾸어 포교를 강력하게 추진하였고 그 후 여러 해 안에 전국적인 영향력을 가진 교단으로 발전시켰다. 그리고 1916년에는 교단 이름을 '황도대본皇道大本'으로 바꾸고 황도론으로 접근을 강화해 갔다. 교단 안에서는 데구치가 구제주라는 신앙이 널리 퍼졌으나, 데구치 자신은 천황이야말로 구세주라는 시사를 하게 되었다. 기관지 『신령계神靈界』의 1917년 3월호에 게재된 「다이쇼유신大正維新에 대해」는 그러한 입장을 잘 보여준다.

황도 오모토大本의 근본 대목적은 세계 대가족제도의 실시 실행이다. 황송하옵게도 천하통치의 천직을 유신惟神에 서로 갖추고 황위를 계승하는 신성한 위광에 의하여 받드는 것이다. 우선 우리나라에 그 국가 가족제도를 실시하고 그로써 그 좋은 성적을 세계 만국에 보여주고 그 모범을 세우고 치국안민의 경륜을 보급하고 지구를 통일하며 만세일계의 국체의 훌륭함과 천황 국가의 토대를 떨쳐 일으켜 세계 각국이 모두 그 덕을 하나로 하는 것이 황도 오모토의 근본 목적이며 다이쇼유신·신정복고神政復古의 방침이다.

이 문장에서는 마치 천황이야말로 세계통일을 이루는 구세주라고 간주하고 있는 것처럼 읽을 수 있다. 오모토는 '경륜'이라는 단어를 자주 사용하여 거기에 국가나 세계의 정치적 운명이 신의 의지로 전개해 나간다는 신적神的 역사의 관념을 포함하고 있다. 1917년 시점에서 이미 『고사기古事記』야말로 '세계 경륜'의 근본 성전이라 하여 니니기노미코토瓊瓊杵尊(경경저존) 이래 180만 년에 걸쳐 "세계 인문이 개발하고 천하 통치의 신권神權을 행사할 만한 시운時運의 도래를 기다리고" 있었다고 한다. "실로 세계 통치의 신권은 만세일계萬世一系·천양무궁天壤無窮으로 향유하는 것이다"라고 서술할 때 그 후 황도주의적 우익운동으로 연결되는 것 같은 과격한 황도론을 먼저 이끌어가고 있었다고 말해 좋다.

지역 신직층의 활성화

오모토교가 국가신도의 색깔을 강하게 띤 것은 국가신도가 신직층이나 지역주민이나 수양단체修養團體를 끌어들여 밑으로부터의 운동으로서 나아가는 동향과 보조를 맞춘 것이었다. 오카야마현岡山縣에서는 1914년에 미마사카美作지방의 기부네貴布禰(귀포네)신사의 젊은 신직, 다메사다 모토오미爲貞元臣, 1893년 태생 등을 중심으로 미마사카 청년신직동지회美作青年神職同志會가 결성되었고 얼마 안 있어 젊은 신직의 결합이 전체 현으로 확대되어 1920년에는 오카야마현 신직동지회岡山縣神職同志會가 결성된다. 이하 아제가미 나오키畔上直樹(반상직수)의 『촌의 진수鎭守』와 제2차 세계대전이 끝나기 전의 일본』에 비추어 이 젊은 신직의 운동과 '밑으로부터의' 국가신도의 관여에 대해 보고자 한다.

러일전쟁 후 지방개량운동에서 '신사중심주의'가 주창되었고 신사가 지역사회의 통합 활성화를 위해 큰 역할이 기대되고 있었다. 그것에 부응하여 신궁황학관이나 황전강구소에서 배운 젊은 신직들이 천황 숭경과 신사 활성화와 지역사회의 진흥을 연결한 다양한 활동을 일으키게 되었다. 오카야마현은 그 뚜렷한 예를 보여주고 있다.

예를 들면 쿠라시키倉敷(창부) 근교의 야마노테촌山手村 온자키신사御岐神社의 신직으로 소학교 교원으로도 근무한 적이 있는 미야오카 료코宮岡亮行, 1895년 태생는 1921년 남북조南北朝 합전合戰 때에 남조 측에서 많은 전사자가 나온 고향 후쿠야마성터의 현창보존운동을 하고 있었다. 아제가미畔上는 같은 해 『오카야마현 신직회 회보』에 게재된 미야오카의 논설문 「신기도神祇道 선전대宣傳隊를 조직하자」를 인용하고 있으나 거기에서 "어떡하든 신기神祇는 국가의 종사宗祀다. 그 보증인은 국가가 아닌가. (…중략…) 쇠락하고 있는 야마토大和민족성을 함양하고 떨어지려는 신기관을 안정시키고 민중교화의 큰 세력이 되자"라는 문장을 볼 수 있다. 이 운동에는 야마노

태촌의 청년단이나 하스누마몬죠蓮沼門三(연소문삼), 1882~1980가 1906년에 창설한 수양단이 깊게 관여하고 있었다. 수양단도 사람들의 자기변혁을 촉구함과 동시에 밑으로부터 국가신도를 뒷받침하고 고조시키려고 한 단체의 하나이다.

지역의 신직 등이 국가신도를 고조시키다

이런 풀뿌리운동은 오카야마현 신직회로부터 전국적인 지지를 받았으나 그 오카야마현 신직회는 전국 신직회의 개혁운동에서도 선도적인 역할을 하였다. 1898년에 결성된 전국신직회는 관국폐사官國幣社가 주도권을 쥐고 있고 부현사 이하의 신사民社의 신직은 냉대를 받고 있다고 느끼고 있었다. 이미 1914년경에는 전국신직회총회에서 이러한 목소리가 나오게 되었고 1916년에는 부현사 이하 신직의 역할을 확대하는 조직개혁이 제안되고 있었다. 이 운동은 관사 신직인 '궁사宮司'에 대해 젊은이들이나 민사 신직인 '사사사장社司社掌'의 역할을 확대하라는 움직임으로 전개되었고 1925년에는 전국사사사장회全國社司社掌會가 창립된다.

이런 운동을 뒷받침하는 주장은 '국가의 종사'라는 점에서는 신사에 변화는 없고 재지在地 신사이기 때문이야말로 국민교화에 큰 역할을 할 수 있다는 것이었다. 전국신직회의 기관지『황국皇國』1923에 게재된 나가노현長野縣의 신직에 의한 문장의 첫 구절은 그런 생각을 잘 보여주고 있다.

신직부현사 이하의 내용적 개선을 나는 극도로 요구한다 (…중략…) 일반 민중과 직접 긴밀한 관계를 가지는 것은 부현사 이하이고 황실 중심, 신사 중심주의를 받드는 우리 야마토大和민족은 사회정책상에서도 이를 관국폐사와 분리하여 경시하는 것은 잘못이다.

1920년경에 지역의 젊은 신직에 의하여 고조된 이런 운동은 30년대 풀뿌리 일본정신흥융운동으로 이어졌다. 오카야마현 야마노테촌의 미야오카宮岡亮行(궁강량행)가 1921년에 착수한 후쿠야마성 터 현창보존운동은 1930년대 중엽에는 촌 전체, 지역 전체의 이른바 '총동원'적인 운동으로 전개되었다. 1935년 2월에 '후쿠야마전투 600년 기념회'를 내걸고 후쿠야마성지보승회福山城阯保勝會가 발족하였고 같은 해 11월 대규모적인 건비제막식建碑除幕式과 위령제전慰靈祭典이 거행되었으며 산 위에 현창비들이 세워지게 된다. 이 운동은 야마노테촌의 행정 담당자나 구라시키의 상공업계도 적극적으로 관여하여 관광지화가 목표로 되기도 했다.

교육칙어로 성장한 지역사회의 여러 세력

이 행사의 계기가 된 것은 1934년 5월 '천행회天行會' 회원이 산 위에서 올린 위령제였다. 천행회는 오모토교에서 탈퇴한 토모기요 요시자네友清歡眞, 1888~1952가 일으킨 신도천행거神道天行居의 오카야마岡山지부였다. 덧붙여 이 신도천행거는 후에 미시마 유키오三島由紀夫가 『영령英靈의 목소리』를 쓸 때 영계관靈界觀의 본보기로 삼은 단체이다.

이 위령제는 '영적靈的 국방國防'을 내세우는 그 단체의 오카야마 지부가 '전쟁에서 목숨을 바친 장사將士의 영령과 함께 중비重秘의 신불을 지하반굴地下磐窟에 봉진奉鎭하고 그 위에 석궁石宮을 건립'한 것을 계기로 한 것으로, 그것은 '후쿠야마신사福山神社'라고 불렸다. 이 제사는 남공제楠公祭[14]나 초혼제의 전통을 이어받았을 것이다. 실제는 오사키신사御崎神社(어기신사)의 신직, 미야오카宮岡(궁강)는 이미 1921년 단계에 '후쿠야마신사'와 연결하는 구상을 하고 있었다. 1935년의 한 이벤트 후에 이것은 대규모적인 건설계획으로 구체화되었고 후쿠야마신사창립기성준비회福山神社創立期成準備會가 발족된다.

이상 아세가미畔上의 자료를 파낸 덕분에 하나의 사례를 서술해 왔다. 이것이야말로 1920년대 이후의 지역사회를 기초로 한 '밑으로부터의 국가신도'운동의 전형이라고 말하고 싶은 것이 아니고 매우 짧게 소개하는 것으로 그쳤으나 이 야마테촌의 사례에서 배울 만한 것이 몇 가지 있다. 우선 이 운동에 신직층, 학교교원, 촌 행정 담당자, 상공업계, 청년단, 종교단체, 수양단체 등 여러 사람이 관여하고 있는 것을 알 수 있다. 야마테촌의 경우는 후쿠야마성터가 존재하였다는 것 등으로 상업적인 이익도 관련되었고, 국가신도적인 밑으로부터의 운동이 활성화하는 데에 부합하는 조건이 있었던 것 같다.

---

14 1336년 7월 4일에 현 효고현(兵庫県) 고베시(神戸市)에서 규슈에서 올라온 아시카가(足利尊氏・足利直義) 형제의 군사와 이를 맞이하여 싸운 고다이고 천황(後醍醐天皇) 쪽의 닛타 요시사다(新田義貞)・구스노키마사시게(楠木正成)의 군사 간에 있었던 전쟁.

또 교육칙어가 기둥이 된, 학교 교육을 받은 새로운 세대의 자기주장도 볼 수 있다. 특히 오카야마현에서는 신궁황학관神宮皇學館이나 황전강구소皇典講究所와 같은 신직 양성기관에서 황도·신도를 배우고 전국신직회全國神職會에서 횡적인 연대를 경험해 온 새로운 세대의 신직층이 각지에서 활력적으로 활동을 하고 있었다는 사정도 있었다. 이 사례에서는 새로운 시대의 활력이 밑으로부터의 국가신도운동으로 나아가는 것이었다.

많은 국민이 몸에 익힌 국가신도

이 장에서는 주로 국가신도의 역사의 제2기 확립기1890년경~1910년경를 다루고 국가신도가 언제 어떻게 국민에게 퍼져 언제 어떻게 국민 생활 속으로 침투해 갔는가를 보여주려고 하였다. 제2기에 진행한 과정의 결과가 제3기의 '침투기', 제4기의 '파시즘 시기'에 분명히 보이게 된다. 그래서 이 절에서는 제3기나 제4기에 대해서도 언급해 왔다.

제2기에 확립한 의례 시스템, 교육 시스템, 신사조직과 신직 양성 시스템 등이 기반이 되어 국민은 국가신도의 가치관이나 언설이나 실천을 스스로 몸에 익혔다. 다이쇼데모크라시로 불리는 시대는 국가신도의 제3기 침투기와 겹치나, '민주화'의 흐름 속에서도 국가신도의 침투의 동향을 멈추게 하려는 움직임이 우세라고 말할 수 없었다. 사회의 여러 국면에서 민중의 밑으로부터의 참가가 추진됨에 따라서 오히려 제2기 확립기에 정돈된 국가신도 보급의 장치가 힘을 발휘하게 되었다. 그 결과 제4기 파시즘 시기에는 황도나 제정교일치의 이념을 내세워 기존의 체제를 뒤엎으려고 하는 밑으로부터의 운동을 멈추게 하는 것이 곤란하게 되었다.

'정교분리'와 '제정일치'의 균형은 결국 후자의 우위 쪽으로 전개되어 간 것처럼 보인다. 그것은 메이지 전기부터 중기에 걸쳐서 '제정일치'를 통하여 국가신도를 국민에게 깊게 침투시키기 위한 시도가 주도면밀하게 정돈되었고 아케가라스 하야가 그러하였던 것처럼 '정교분리'로 뒷받침될 만한 여러 종교도 얼마 안 있어 '제정일치'체제로 삼켜 버리게 되었고 국가신도와 여러 종교의 이중구조는 전자의 압도적인 우위 쪽으로 기울어져 갔다.

국가체제를 둘러싼 '현교顯教'와 '밀교密教'

이러한 근대 일본종교사의 전개를 이해하는 데 풍부한 시사점을 주고 있는 것은 구노 오사메久野收(구야수)[15] · 츠루미 슌스케鶴見俊輔(학견준보)[16]의 『현대일본의 사상』1956에서 구노 오사메가 집필한 제4장 「일본의 초국가주의」이다. 구노 오사메는 종교를 논하고 있는 것이 아니라, 정치 이념을 논하고 있기에 다소 문맥이 다르나 국가신도의 역사라는 문제에 적용해 볼 가치가 있다.

구노에 의하면, 메이지헌법의 국가체제는 민중을 위한 '현교'와 엘리트를 위한 '밀교'와의 조합으로 성립하고 있었다.

---

15 1910~1999. 일본의 철학자.
16 1922~2015. 일본의 철학자이며 평론가, 대중문화 연구자.

천황은, 국민 전체에 향하고 있을 때야말로 절대적 권위, 절대적 주체로서 나타나 초등 중등의 국민교육, 특히 군대교육은 천황의 이러한 성격을 국민에게 철저하게 스며들게 하고 거의 국민의 제2의 천성으로 마무리를 지을 정도로 강력하게 작용하였다.

그러나 천황의 측근이나 주위의 보필 기관에서 보면 천황의 권위는 오히려 상징적 명목적 권위이고 천황의 실질적 권력은 기관의 담당자가 거의 전면적으로 나누어 대행하는 시스템이 만들어졌다.

주목할 만한 것은 천황의 권위와 권력이 '현교'와 '밀교', 통속적인 것과 고등적인 것 두 가지로 해석되고 이 두 가지 해석의 미묘한 운영적 조화 위에 이토가 만든 메이지 일본 국가가 성립하고 있었다.久野·鶴見, 『현대일본의 사상』, 131~132쪽

국민 전체에 대해서는 무한한 권위를 갖는 천황을 신봉하게 만드는 겉의 형식을 교화하여 국가에 대한 국민의 충성심을 확보하려고 하였다. 이것이 '겉의 형식', 결국 '현교'이다. 다른 한편 국가와 사회의 운영에서는 근대 서양의 민주주의나 자유주의 제도에 준거하여 경제나 학문 지식의 발전, 그를 위한 인재활용을 중시했다. 이것이 지배층 사이의 '협의'로 '밀교'에 해당한다.

헌법해석에 비추어 말하면, '현교'는 천황 = 절대군주설이 되고, '밀교'가 입헌군주제의 입장이고 천황기관설天皇機關說[17]이 된다.

---

17 1889년 발포된 대일본제국헌법하에서 확립된 헌법학설이다. 통치권은 법인인 국가에 있고 천황은 그 최고기관으로서 내각을 비롯한 다른 기관으로부터

"소·중학 및 군대에서는 '겉의 형식'으로서 천황을 철저하게 가르치고, 대학 및 고등문관시험에 이르러 '합의'로서의 천황이 처음으로 분명하게 되어 '겉의 형식'으로 교육이 된 국민 대중이 '합의'에 숙달한 제국대학 졸업생의 관료에게 지도를 받는 시스템이 고안되었다."위의 책, 132쪽

이토 히로부미나 이노우에井上毅의 의도에 의해서는 이 '밀교'의 입장이 정치 시스템을 당연히 계속 제어해야 하였으나, '현교顯敎'를 내세우는 밑으로부터의 운동 그리고 그 영향을 받은 군부나 중의원衆議院이 제어를 넘어 '밀교'의 작동을 곤란하게 하고 있었다. "군부만은 밀교 가운데 현교를 계속 고수하면서 초등교육의 책임을 맡은 문부성을 복종시켜 얼마 안 있어 현교에 의한 밀교 정벌, 즉 국체명징운동國體明徵運動[18]을 개시하고 이토가 만든 메이지 국가 시스템을 마지막에는 엉망진창으로 만들어 버렸다. 쇼와의 초국가주의가 춤을 추며 무대 정면으로 나올 기회를 잡을 때까지는 군부에 의한 밀교 정벌이 개시되었고 현교에 의하여 교육을 받은 국민 대중이 대중으로서 자각하고 천황기관설天皇機關說의 인텔리 냄새에 반발하며 이 정벌에 동원될 때를 기다리지 않으면 안 되었다."위의 책, 133쪽

근대 정치는 세속적인 힘으로 움직인다고 생각하고 있었던 구

보필을 받으면서 통치권을 행사한다고 주장한 것이다. 헌법학자 미노베(美濃部達吉) 등이 주장한 학설로 천황주권설과 대립하였다.

18   국체명징(国体明徵)이라는 것은 국체 관념을 확실하게 증거로 내세워, 1935년에 헌법학자 미노베(美濃部達吉)가 주창한 천황기관설(天皇機関説)을 배격한 군부, 재향군인회, 우익단체 등이 중심이 되어 전개한 운동.

노는 '초국가주의'라는 '이데올로기'가 기축이었다고 생각하고 종교용어를 예로 들어 사용하고 있으나, 구노가 말하는 '현교顯敎'는 사실 국가신도로 이해하는 것이 적절하다

제정교일치 체제의 지배로

국가신도의 제정일치, 겉으로 드러나는 제정교일치의 방식은 문서상으로는 「대교大敎 선포의 조詔」에서 볼 수 있듯이 메이지 초기에 국가가 목표로 할 만한 기본방침으로서 확립되어 있었다. 그러나 그 후 근대국가로서의 제도 틀과 그 방식을 어떻게 조정할 것인가를 둘러싸고 장기에 걸친 모색이 계속되었다. 황실 제사의 정비 등 일찍이 큰 진전을 보인 점과 함께 천황 숭경의 교화 시스템 신사의 조직화 등 장기간에 걸쳐서 겨우 정돈되어 간 측면이 있었다. 대일본제국헌법과 교육칙어가 제정된 후 국가신도의 제2기 확립기에는 이러한 측면도 그 참에 정돈되어 국가신도가 국민으로 침투하는 기초가 강고하게 되었다.

이 장에서는 이 시기에 진행되는 일본 사회 기저부에서 진행된 국가신도화에 대해서 개략적으로 살펴 보았다. 학교에서 천황 숭경의 의례 시스템이 정돈되었고 그것은 '천황의 제사' 쪽으로 국민 전체가 참가하게 되었다. 수신서나 역사 등의 학교 교과에서 국체론이나 황도론의 내용에 대한 교육 체제가 확립되는 것도 이 시기였다. 다른 한편 신직 양성기관은 제1기의 끝에 가까운 1880년대에 창설되었으나 그 기초를 토대로 제2기에 그 내실을 갖춘

후 얼마 안 있어 동창同窓 옆으로의 결합을 기초로 한 신직 조직이 확립되어 갔다. 전국 신사조직이 황실 제사와 이세신궁을 정점으로 하는 '국가의 종사宗祀'로서 그 실질을 갖추기 위한 운동도 추진되었다. 더욱이 그 참에 많은 국민에게 영향력을 끼치는 운동으로 발전해 가는 중이었다. 코쿠쥬카이國柱會나 오모토교大本敎와 같은 종교운동이 국체론, 황도론을 받아들이는 것도 이 제2기였다.

이렇게 이 시기에는 국가신도는 위로부터의 교화 통제 시스템이 정돈되어 '밑으로부터의 운동'으로 전개되어 가기 위한 기초가 강고하게 되어 갔다. 이 절의 중간에서는 1910년대 중엽부터 퍼져간 '밑으로부터의 국가신도'운동은 오카야마현 지역에 뿌리를 내리는 신직이 관여한 운동의 사례를 보여주었다. 메이지 시기에 존황파尊皇派의 무사에 의하여 '위로부터' 도입되어 민중으로의 침투를 목표로 한 국가신도는 쇼와 시기, 특히 전쟁 중에는 많은 민초의 지지자에 의한 밑으로부터의 운동이 되었다.

1930년대에 지식인 종교자, 아케가라스 하야曉烏敏, 1877~1954도 황도·신도를 주창하게 되었고, 오모토교大本敎(대본교)는 회원 8백만 명이라고 이야기되는 쇼와신성회昭和神聖會의 핵심이 되었으며 다나카田中智學, 1861~1939[19]로부터 강한 영향을 받은 이시하라 칸지石原莞

---

[19] 10살 때 이치렌종(日蓮宗)에 입문한 후 지학(智學)이라 칭했고 1872년부터 다나카라는 성을 얻었다. 그 후 이치렌종에 의문을 품어 환속하였고 개혁을 목표로 1880년에 요코하마에서 연화회(蓮華会)를 설립하였고 그 후 4년이 지난 1884년에 활동거점을 도쿄로 옮기고 입정안국회(立正安国会)로 개칭하고 1914년에는 여러 단체를 통합하여 국주회(国柱会)를 결성했다. 이치렌주의운

爾, 1889~1949²⁰와 같은 엘리트 군인을 포함하여 많은 일련주의자日蓮主義者가 천황과 민중과의 직접적인 연결을 주장하게 되었다. 그것은 또 오카야마현岡山縣의 야마노테촌山手村에서 후쿠야마성福山城 터 현창운동이 크게 일어난 시기이기도 하였다. 이렇게 전개된 국가신도는 메이지 초기에 국가신도의 기본노선을 구축하려고 하였던 사람들이 예상할 수 없는 것이었다.

그들에게는 무엇이 보이지 않았는가. 다양한 시각에서 각각에 타당한 답변의 방식이 가능할까. 그런데 이 책에서는 지금까지 그렇게 주목을 받지 않았던 이유에 주의하고 있다. 국민국가 시대에는 국가적 공동성을 길들이는 것이 목표로 설정되었으나 민중 자신의 사상 신조信條는 위정자나 지식계급의 예측을 넘어 역사를 움직이는 큰 요인이 된다. 또 계몽주의적이고 세속주의적 교육이 이루어진 근대였으나, 그럼에도 민중의 종교성은 사회의 방향성을 좌우하는 힘이 되는 경우가 적지 않다. 일본의 국가신도 역사는 이 같은 근대사의 역설을 그 사례로 잘 보여주고 있는 것일 것이다.

동(日蓮主義運動)을 전개하고 일본국체학(日本国体学)을 창시하였고 이치렌주의(日蓮主義)와 국체주의(国体主義)에 의한 사회운동을 목적으로 입헌양정회(立憲養正會)를 창설하고 총재가 되었다.
20 관동군에서 만주사변을 일으킨 수모자(首謀者)로 2·26사건에서는 반란군을 진압하는 데 공헌하였으나 후에 도조 히데키(東條英機)와 대립하면서 예비역으로 물러나게 되었다. 패전 후 도쿄재판에서는 도조 히데키에 반대한 입장이 고려되어 전범(戰犯)에서 제외되었다.

제5장

국가신도는 해체되었는가
제2차 세계대전 이후

1. '국가신도 해체'의 실태

신도지령^{神道指令}은 국가신도를 해체하였는가

제2차 세계대전 후 일본 종교의 존재 방식은 국가신도의 해체와 신교^{信敎} 자유의 확립으로 특징을 지을 수 있다고 생각해 왔다. 제2차 세계대전까지 국가신도는 국민의 종교적 관념·실천의 중심에서 높은 지위에 있었고 다른 여러 종교는 종속적인 입장에 만족하지 않으면 안 되었다. 제2차 세계대전 이후에는 국가신도가 해체되어 신도^{神道}도 포함하여 여러 종교단체가 법적으로 대등한 지위가 되어 개개인들은 종교를 선택할 수 있게 되었다.

일본의 종교지형^{地形}, 혹은 세계관 구조에 나타난 이 큰 변화는 1945년 12월에 GHQ^{연합국군최고사령관 총사령부}가 제시한 '신도지령^{神道指令}「국가신도, 신사신도에 대한 정부의 보증, 지원, 보전, 감독 및 홍보의 폐지에 관한 건」에 의한 것이었다. 여기에서 말하는 '국가신도^{國家神道}'라는 것이 무엇을 가리키는가에 대한 문제는 제2장에서 본 것처럼 크다. 당연한 것으로 '국가신도의 해체'가 무엇을 가리키는가에 대해서도 다시 생각할 필요가 있다.

지금까지 보아 온 것과 같이, 메이지 초기 이래 근대국가 수립의 비전으로 제정일치祭政一致, 제정교일치祭政敎一致라는 사고방식이 있었고 제2차 세계대전까지 국가신도를 이끌어온 점, 신사신도神社神道는 국가신도의 일부에 지나지 않고, 황실 제사가 매우 큰 역할을 한 점, 이 양자는 일체一體일 만하다고 생각되어 왔던 점을 고려하면 1945년을 구획으로 이루어진 제도 변혁으로 국가신도는 어떻게 변하였는가. 그것은 어디까지 '해체'되었다고 말할 수 있는가.

실제 국가신도는 해체되어 있지 않다. 물론 그 규모는 상당히 축소되었다. 그런데 지금도 살아 있다. 국가신도가 지금도 살아 있다고 하면 그 실체는 어떠한 것일까. 거기에서 황실 신도·황실 제사는 어떠한 위치를 차지하고 있는가. 또 종교집단으로 변한 신사신도는 어떠한 위치에 있는가. 천황 숭경이나 국체國體 관념의 존재 방식은 제2차 세계대전 종전 이전과 어떻게 다른가. 이 같은 여러 문제의 각 내용에 대해서는 많은 논의가 이루어지고 있다. 그런데 그 전체 모습을 분명하게 논하지는 못하고 있다.

신도지령에서는 황실 제사를 언급하고 있지 않다

국가신도적인 황실 제사의 체계는 제2차 세계대전이 끝난 후 어떻게 변하였는가. 제2장에서도 서술했듯이 신도지령에서는 황실 제사를 전혀 언급하지 않았다. 그 전제는 황실 제사와 신사신도를 분명히 구분하고 그 중 황실 제사는 대체로 국민을 위한 신교의 자유라는 문제영역 밖에 있다는 사고방식이다.

'종교'라는 것은 종교집단의 교의敎義나 의례 시스템이고 그 가운데 특정한 하나신사신도가 국가와 특별한 관련성을 맺는 것을 금지하는 것이야말로 신교 자유 보장의 중심적인 과제라고 생각되었다. '국가'와 '종교집단교회'이라는 미국적·서양적인 틀에서 신교의 자유를 생각하고 있는 신도지령은 그 문제를 정면에서 다루었으나, 황실 신도·황실 제사는 그 같은 의미에서 '종교'나 '신도'의 틀에는 맞지 않는다. 황실 제사는 신도의 틀에 들어간다고 해도 오히려 천황이나 황족이 개인 자격으로 실천하는 자유의 상황이고 종교집단과 국가의 관계라는 관점에서 제한하는 데까지는 이르지 않게 된다. 여기에서는 황실 제사, 황실 신도의 공적 기능과 신교의 자유 간 갈등의 가능성을 매우 낙관적으로 보고 있다.

신도지령과 그것이 구체적으로 나타난 과정을 포괄적으로 연구한 국학원대학國學院大學 교수 오하라 야스오大原康男(대원강남)는 "GHQ가 한편 강력하게 없애려고 한 천황의 신성성이나 국민의 천황숭배의식과 황실 제사 간에는 직접적인 관련은 없다고 보았던 한 구절을 엿볼 수 있다"『신도지령의 연구』, 120쪽라고 논하고 있다.

신도지령이 등장하기까지 GHQ가 검토한 과정은 '제사왕祭祀王, Priest-King에 대한 신앙'이 논제가 되었다. 신도지령의 작성 책임자 CIE민간정보교육국의 반스William Kenneth Bunce, 1907~2008는 1945년 10월 당시 ATIS연합국 번역통역부의 보고서를 받아보고 "국민의 '제사왕'에 대한 신앙belief은 그들의 자유로운 선택에 전면적으로 기초가 있지 않으면 안 된다"라고 하면서 정치적 강제가 아니라 자유로운 선택에 의한 것이라면 위험한 것이 아니라고 간주하고 있었다.위의 책, 11~12쪽

반스는 이어서 1945년 11월부터 12월까지 3개의 「담당자 연구」라는 문서를 정리하고 있는데 제3차 「담당자 연구」에서는 다음과 같이 기술하고 있다.

위험은 천황과 신도의 상호 관계에 있는 것이 아니다. 위험은 명목적名目的으로는 문무文武의 권력을 제사왕에게 맡기면서도 실제는 국가기구를 지배하고 있는 권력 집단의 행사에 허용되는 정치제도의 특수한 성질에 있다. 해결책은 ⓐ 천황이 황위를 유지하는 것을 허용한다는 우리의 최근 정책과 일치할 정도로 교회와 국가의 분리를 완벽하게 이룰 것, ⓑ 국민에 의하여 선발된 국회의원에 의하여 직접 국가의 실제 관리가 이루어지는 것과 같은 헌법과 법령의 개정을 보증하는 것이다. 물론 해결책 중 제2의 부분은 이 연구의 범위를 넘고 있다.위의 책, 119쪽

이 같은 판단에 토대하여 황실 제사 그 자체는 크게 보존되었다. 일부 세력이 그것을 정치적으로 이용하는 일이 없도록 제도를 확립하면 사적인 신앙 영역에 그치고 국민 생활에 큰 영향을 끼치지 않는다고 생각하고 있었다.

황실 제사를 소중하게 보존시킨 정치판단

여전히 이 같은 판단으로 천황제는 유지되고 천황의 권위를 이용함으로써 점령 통치占領統治를 효과적으로 수행하고자 하였다. 거기에는 맥아더의 의도가 반영되었을 가능성이 높다. 오하라 야스오는 "GHQ가 황실 제사에 대해 처음부터 끝까지 온건한 대응을 한 이유는 처음에 서술했듯이 그들이 황실 제사 그 자체로부터는 '위협'이나 '위험'의 냄새를 거의 느끼지 않았기 때문이고 또 한 가지 거기에는 최고사령관 맥아더의 천황에 대한 미묘한 배려가 있었던 점도 생각할 수 있을 것"위의 책, 160쪽이라고 기술하고 있다. 이것은 반스가 "우리의 최근 정책"이라고 기술하고 있는 것과 관계가 있을 것이다.

실제 황실 제사의 존속 방침이 정해지게 되는 시기는 맥아더가 천황 권위를 소중하게 보존하는 것 자체가 최선의 계획이라는 판단을 굳혀 가는 시기이기도 하였다. 맥아더에게 큰 영향을 끼쳤다고 하는 친일파 펠라즈Bonner F. Fellers, 1896~1973 준장이 1945년 2월에 맥아더에게 전달한 메모에는 국민의 천황에 대한 종교적 존경심을 적극적으로 평가하고 천황의 전쟁범죄를 묻지 않을 것을 촉구하는 문장이 반복적으로 기술되어 있다. "어떠한 국가에서도 인민은 자신의 정부를 선택하는 고유의 권리를 가지고 있다는 것이 미국인의 기본적인 이해이다. 혹시 일본인이 그러한 권리를 받는다면 천황을 국가의 상징적인 원수로 선택할 것이다. 대중은 특히 쇼와 천황 히로히토裕仁를 경애하고 있다. 천황이 직접 국민에게 말을 건넴으로써 대중은 천황을 지금까지와는 다르게 가깝게 느끼고 있다."다와,『패배를 꼭 껴인고』하, 36~37쪽 국가신도에 대한 내저라는 측면에서 천황가天皇家와 황실 제사를 어떻게 우대를 하였고 신도지령으로 인하여 생기는 충격이나 불만을 완화하려고 하였는가를 볼 수 있을 것이다

존속하는 국가신도를 바로 보다

국가신도라는 중요한 정치문제에서 황실 제사를 제외한 GHQ의 판단이 일본인에게 좋은 상황이었다고 생각하는 일본인은 많을 것이다. 그런데 황실 제사가 남겨졌다고 해서 국가신도가 지금도 살아 있다는 자각이 없다고 하여 좋을 것은 없다. "일본인은 무종교다"라 할 때도 이 문제를 잊고 있지 않을 것인가. 일본인은 국가신도의 사상이나 심정의 영향을 지금도 보통 받고 있고 그것에 자각적으로 대처하는 것이 좋다.

이렇게 자신 성찰을 깊이 함으로써 정교政教 관계를 둘러싼 국내의 여러 문제에 더 적절하게 대처할 수 있다. 전몰자戰歿者의 추도追悼를 둘러싼 문제나 국가와 종교행사나 제사와의 관련성 문제, 더나아가 여러 종교집단의 활동 자유나 공익성의 문제를 생각할 때 국가신도의 현상에 대한 정확한 인식이 빠질 수 없다. 또 국제사회에서 정교政教 관계 문제를 둘러싼 상호 이해를 심화하는 데도 당연히 도움이 될 것이다. 신교의 자유에 대해 유럽 기독교를 기준으로 하기 일쑤인 사고 틀의 편중을 다시 생각하는 데에도 도움이 될 것

이다. 이것이 내가 주장하고 싶은 것이다.

그래서 이 절에서는 지금까지 이해해 온 국가신도의 역사상에 비추어서 제2차 세계대전이 끝난 이후부터 현재까지 국가신도와 황실 제사의 양태를 생각하고자 한다. 황실 제사의 현상을 검토하기 위해서는 ① 일상적·계절적 황실 제사, ② 천황 등의 통과의례, ③ 3종 신기神器와 능묘, ④ 신사와의 관련, ⑤ 황실 제사의 국가제도 여러 영역을 검토할 필요가 있는데高橋紘,『상징천황』;『헤이세이 천황과 황실』지면 관계상 ①에 대해서만 약간 상세하게 설명하고 나머지 설명은 간략하게 마친다.

일상적·계절적 황실 제사

천황이 거주하는 황거皇居에 있는 가시코도코로賢所, 황령전, 신전을 궁중 3전으로 불린다. 보통 신사와 다른 것은 도리이鳥居가 없고 조상제사를 지내고 있기에 신사가 아니라고 자리매김을 하는 사람도 있으나, 조상제사를 지내고 있기에 신사가 아니다, 더욱이 종교가 아니라는 인식은 통하지 않을 것이다. 8,200제곱미터 부지의 큰 신도예배시설神道禮拜施設로 이해하는 것이 자연적이다. 중심에 있는 가시코도코로에는 아마테라스 오미카미天照大神가 손자에 해당하는 니니기노미코토瓊瓊杵尊의 강림 시에 자신의 분신으로서 받은 거울이 신체神體로 자리를 잡고 있다. 특히 본래의 거울은 11대 스이닌천황垂仁天皇 시에 이세신궁으로 옮겨졌다고 하며 궁중에는 '복제품'이 놓이게 되었다. 황령전에는 역대의 천황·황후·황

궁중 3전. 3동이 나란히 있는 가운데 왼쪽부터 황령전, 가시코도코로, 신전(공동통신사 제공)

비皇妃·황친皇親의 2,200여 영령이, 신전에는 카미무스비의 카미神産日神, 다카미무스비의 카미高御産日神 등 『고어습유古語拾遺』에 기록되어 있는 8신과 천신지기天神地祗가 있다. 특히 궁중 3전의 왼쪽에는 신카덴神嘉殿이 있고 니나메사이新嘗祭가 이루어지는 중요한 제사 공간이다.

　가시코도코로에서는 매일 아침 남성의 장전掌典, 1명이 천황의 제문 축사祝詞를 읽고 여성의 내장전內掌典 여러 명이 목욕재계 후 '쌀'을 바치며 '종鈴'을 봉사하면서 장전과 함께 '제물'삼각김밥, 물고기, 다시마, 청주 등을 바친다. 이어서 시종이 내진內陣에서 천황 대신에 예배대배(代拜)를 한다. 매월 1일, 11일, 21일의 순제旬祭에서는 이른 아침 천황이 직접 예배를 주재하는 일도 많다. 장전이나 내장전은 황실이 사적으로 고용한 사람으로 간주되어 내정비內廷費에서 지출되나, 시종은 공무원이다. 연중행사에서 제사는 대제大祭, 소제小祭가 있으며 덧붙여 요오리節折, 오하라이大祓 등의 제사가 있으며 연 20회를 넘는 것이 보통이다. 소제에서는 천황은 예배만 할 뿐이고 대제에서는 천황이 제사를 주재한다. 대제는 1월 13일의 원시제元始祭, 1월 7일의 쇼와 천황제昭和天皇祭, 춘분일의 춘계황령제春季皇靈祭, 춘계신전제春季神殿祭, 4월 3일의 진무천황제神武天皇祭, 추분일의 추계황령제秋季皇靈祭, 추계신전제秋季神殿祭, 10월 17일의 칸나메사이神嘗祭, 1월 13일의 니나메사이新嘗祭이다.

이러한 행사는 천황가의 사적 제사라고 하는 형식이다. 그러나 대제 가운데 몇몇은 내각총리대신, 국무대신, 국회의원, 최고재판관, 궁내청 직원 등에게 안내장이 나가고 이렇게 국정의 책임자나 고급 관료들이 출석하면 천황과 함께 예배를 올린다. 분명히 국가행사로서 신도 행사가 이루어지고 있는데 '내정內廷의 일', 즉 천황가의 사적인 일로 처리되고 국민에게는 보도되지 않는다. 보도되는 것은 탄생일 등 비종교非宗敎적인 행사이고 천황가는 최근의 가정적 모습을 기초로 보도된다. 그러나 "쇼와昭和, 헤이세이平成 천황은 메이지明治, 다이쇼大正 천황과 비교하면 제사에 대해서는 엄격하였다"다카하시 히로시, 『헤이세이의 천황과 황실』, 135쪽고 한다.原武史, 『쇼와 천황』 참조 공공연하게는 이루어지지 않지만, 천황 및 천황가가 신도 제사를 엄중하게 지내는 것은 천황에게 경애의 생각이나 강한 관심을 품는 국민은 잘 알고 있다.

또 많은 황실 제사는 이세신궁을 시작으로 신사본청神社本廳[1]에 속하는 전국의 신사 제사와 대응하는 내용을 가지고 있다. 칸나메사이와 니나메사이는 각각 이세신궁과 황실에서 지낸 중요한 제사인데, 메이지유신 이후는 두 곳 모두에서 지내게 되었다. 제3장에서도 서술했듯이 1907년부터 1914년까지 내무성은 전국의 신사에서 행할 만한 연간행사나 제사 예법을 정했는데 그 가운데에는 황실 제사와 함께 이루어지는 것이 많이 포함되어 있다. 지금도 신사신도의 각 신사에서는 황실 제사에 따라 제사가 종종 행해지고 있다. 제2차 세계대전이 끝난 후에 일상적·계절적 황실 제사가 거의 그대로 계속 행함으로써 신사 세계나 황실 숭경이 두터운 사람들에게는 국가신도의 성스러운 시간과 공간의 변함없는 실재감이 유지되었다고 말해 좋을 것이다.

제2차 세계대전이 끝난 후 황실 제사의 여러 모습

이상 ① 일상적·계절적 황실 제사에 관해 기술했는데, 이어서 그 외의 황실 제사의 여러 모습을 아주 개략적으로 보고자 한다.

② 천황·황후의 장례식이나 황태자의 결혼식 때에는 보통 겉으로 보이지 않는 천황가와 황실 제사와의 관련성이 국민들에게는 보이게 된다. 그리고 이런 행사에서 행해지는 신도 제사가 정교분리政敎分離에 반하는 것은 아닌가 어떤가가 큰 논쟁거리가 된다.

---

1   이세신궁을 본종(本宗)으로 하고 전국의 신사를 관장하는 종교법인. 단, 청이라고 하지만, 관공서가 아니다.

여러 신도 제사가 국가행사의 성격을 띠고 있는 것은 부정할 수 없다. 내정비內廷費로 처리하는 점, 또 국비를 이용하는 '무종교적無宗教的' 행사와 분명히 구별함으로써 전체적으로 정교분리의 형식을 유지하는 상황이다.

③ 천황의 신적 지위를 보여주는 3종 신기神器 가운데 거울8척 거울은 이세신궁의 본체가, 가시코도코로에 '우츠시'가 있고 검총운검(叢雲劍), 초치검(草薙劍)은 아츠다신궁熱田神宮에 본체가 있는데 검의 '우츠시'와 국새八坂瓊勾玉(야사카니노 마가타마)는 천황 부부의 침실 옆에 있는 '검새劍璽의 공간'에 놓여 있다. 천황이 여행할 때 검새를 함께 휴대한다는 '검새어동좌劍璽御動座'는 1946년에 일단 폐지되었으나, 1974년부터 다시 신궁 참배 등에 이동하게 되어 있다. 메이지유신 이후 근거 확정의 이유도 없이 정해진 것이 많고 900개나 되는 능묘가 천황가의 신성한 시설로서 숭앙이 되었으며 학문적인 연구가 제한되고 있는 것에 대해서는 의문의 목소리가 나오고 있다.

④ 황실 제사가 '해체'되지 않고 지금도 왕성하게 행해지고 있어도 그것은 종교집단으로서의 신사신도와는 관련이 없다고 하는 것이 제2차 세계대전이 끝난 이후의 제도 형식이다. 분명히 황실과 신사의 관계는 크게 변했다. 천황이 공적인 자격으로 신사를 참배하기도 하고 신사 제사에서 큰 역할을 할 기회는 줄어들었다. 그러나 이세신궁이 황실의 시조묘로서 그 성격을 띠고 궁중의 가시코도코로의 본체로 간주되는 것이 자연스러움은 부정할 수 없으며 신사조직 측에서는 그 점을 강조하고 있다. 천황이 이세신궁에 참배하는

것은 그 자체 국가적인 신도 행사로서 큰 의미를 띤다. 20년에 한 번 이루어지는 식년천궁式年遷宮[2]은 이세신궁의 가장 중요한 제사의 하나인데 그에 대한 황실 관여는 그참에 심화되고 있다.

연중행사 중 중의重儀로 여기는 삼절제三節祭, 즉 칸나메사이와 6월과 12월의 월차제月次祭에서는 칙사가 폐백幣帛을 봉납하는 봉폐奉幣 행사가 거행된다. 그때 이전의 '재왕齋王'제사에 관여하기 위해 이세신궁이나 카모신사(賀茂神社)에 파견된 미혼의 내친왕(內親王) 또는 여왕(친황의 딸)에 비견되는 역할을 황족 또는 황족 출신의 여성(1988년 이후는 이케다 아츠코(池田厚子))의 '신궁제주神宮祭主'의 역할을 하고 있다. 특히 1974년 이래 천황의 이세신궁 참배에는 검새어동좌가 함께 하게 되었다. 공적 비용을 사용하지 않고 개인적으로 천황가의 제사를 거행한다는 범위 내에서 실제는 황실이 신사 신도에 관한 행사를 많이 거행하고 있다.

황실 제사의 제도 틀

⑤ 제2차 세계대전이 끝나기 전, 황실 제사의 법적 근거는 황실전범皇室典範이나 황실령皇室令[3]에 있었고 그것들은 제2차 세계대전이 끝난 후에 철폐되었다. 그러나 새로운 황실 제도에서도 실질적으로 종래의 황실령의 일부인 「황실제사령」1909이나 그 「등극령登極令」1909이 규범이 되었고 정교분리의 원칙을 언급하지 않은 한 그

---

2   일정한 주기마다 새로운 신전을 세우고 이전 신전의 신체(神體)를 옮기는 것으로 이세신궁은 20년마다 한 번씩 식년천궁을 한다.

3   대일본제국헌법 및 황실전범하에서 천황의 천조(践祚)·즉위의례·오나메사이(大嘗祭)·원호(元号)에 관해 규정하고 있던 구 황실령이다.

규범에 따르게 되었다. 이것은 신헌법이 시행될 때1947.5.3에 궁내부 문서과장의 이름으로 제출된 '사무취급에 관한 통첩'에서 유래한다. 거기에서는 "종전의 규정이 폐지되고 새로운 규정이 없는 것은 종전의 예에 준하여 사무처리를 한다"는 것이 되었다. 다카하시 히로시高橋博之에 의하면 이 때문에 "제사는 대제大祭였던 기원절제紀元節祭와 소제小祭의 명치절제가 없어졌을 뿐 기본적으로는 변하지 않았다. 이 양일도 삼전三殿에 임시어배臨示御拜하는 형식으로 비공식으로 참배를 하고 있다". 쇼와로부터 헤이세이의 대시代始의 여러 의식도 "정교분리의 원칙을 배려하면서 거의 구舊 등극령에 따라 이루어졌다."『헤이세이의 천황과 황실』, 133쪽

정교분리의 원칙을 배려할 때 알기 쉬운 방식은 국사國事 행위와 사적 행위를 구분하는 것이다. 신도적神道的 실천은 국사 행사에서 행해져서는 안 되며 사적 행위의 범위 안에서 처리한다는 것이다. 그러나 "본래 일본 측은 천황의 공적인 변별이 불가능에 가까운 것을 분명히 인식하고 있었다."大原康男, 『신도지령의 연구』, 161쪽 이 같은 배경에서 1970년대에 국사 행위이지도 않고 사적 행위이지도 않은 '상징으로서의 공적公的 행위'라는 범주를 생각하게 되었고 신도적인 공적 행위의 범위를 확충하여 허용하는 논거가 되고 있다.

2. 신사본청의 천황 숭경

민간단체가 된 신사신도

신도지령으로 신사신도는 국가기관으로서 그 지위를 잃었고, 제도사적으로 "국가신도국가 제사를 담당하는 시설 성직자(신사·신직)의 집합체"가 아니게 되었다. 전국의 신사들이 민간단체로서 재조직되었고 처음으로 신사본청이라는 종교 교단이 되었다. 그러나 신사본청은 민간의 신사신앙을 통합한다는 것보다는 국가와 천황을 주요 주제로 하는 정치적 종교단체로 발전하게 된다. 신사본청은 황실 제사에 높은 의의를 부여하는 국가신도적 신념을 종교적인 기둥으로 하고 신도적인 의의를 띤 천황 숭경이나 천황이나 신사의 연대 강화를 목표로 하게 되었다. 민간의 신사신도의 충실에 뜻을 두면서도 국민 생활 가운데 국가신도, 특히 황실 제사나 천황 숭경의 지위를 높이려는 데에 많은 힘을 기울이는 종교단체로서 그 활동을 중요시하게 되었다.

신사신도神社神道라는 전국의 여러 신사가 머리에 떠오를 것이다. 그래서 사람들崇경자의 참배하는 마음을 생각하면 반드시 천황 숭경이 그 토대나 중심은 아니라고 상상할 것이다. 그러나 신사본청의 교단조직에서는 천황 숭경, 황실 제사 및 이세신궁 숭경이 매우 중요한 지위를 차지하며 신념체계의 토대나 중심이 되어 있다. 그 경위와 신념체계의 교의적 서술에 대해서 간략히 보고자 한다.

대개 당초부터 '무교의주의無教義主義'를 표방하는 사람들이 유력하였던 신사본청인데 그 한편에서 통일적인 '표준'을 마련할 필요가 있다고 생각하고 있었다.신사신보사 편, 『신도지령과 전후의 신도』; 신사본청중앙연수소 편, 『신사본청사고』교의에 해당하는 이 '표준'에 대해서는 1946년 2월 설립 때 '청규廳規'에 그 원형이 있고 1947년 6월에는 '교의조사취급요령敎義調査取扱要領'이 정해졌으며 1963년에는 본청 내 신사심의회神社審議會에 의하여 「표준해석수립을 위한 요항要項」이 만들어졌으며 그 앞머리의 3조에는 신사본청의 신념체계의 기축이 응축되어 있다.

> 제1조 신사본청은 전통을 중시하고 제사의 진흥과 도의의 앙양을
>   노보하며 이로써 역대 전황의 한승의 번상을 기념하고 아울
>   러 전 세계의 평안에 기여한다.
> 제2조
>   1. 신사본청은 신궁을 본종本宗으로 섬기고 봉찬奉賛의 성의를
>   바친다.
>   2. 신사본청은 신궁 및 신사를 포괄하며 그 진흥과 신덕神德의
>   선양에 노력한다.
> 제3조 신사본청은 경신존황敬神尊皇의 교학敎學을 일으키고 그 실천강
>   령을 들어 신직神職의 양성, 연수 및 우지코氏子, 숭경자의 교화
>   육성에 힘쓴다.

신사본청헌장神社本廳憲章의 천황 숭경·신궁神宮 숭경

신사본청 교학연구실敎學硏究室이 편찬한 『신사본청헌장의 해설』 1980은 제1조 '역대 천황의 한층의 번창을 기념祈念'한다는 것에 대해 다음과 같이 적고 있다.

제사의 진흥, 도의道義의 앙양昂揚을 궁극적인 목표로 하는 것은 역대 천황의 한층의 번창이다.

통치하여 백성이 마음 편한 것을 기원하는 것이야말로 우리가 생각하지 못한 생각고다이고 천황, 『속후습유집』

기세가 센 신을 민에게 알리기 위해 세상을 편안하게 비는 마음은메이지 천황, 1891

우리 정원의 궁에서 제사를 지내는 신들에게 세상의 평안을 비는 아침마다지금(1975)의 상천황(上天皇), 즉 쇼와 천황 - 저자 주

송구스럽게도 역대 천황이 민을 위해 이렇게 빕니다. 억조에 이르는 천황의 성려聖慮에 부응하기 위해서는 오로지 역대 천황의 미영을 기념하는 것이야말로 신사 제사의 본의本義가 아니면 안 된다.신사본청 교학연구실 편, 『신사본청헌장의 해설』, 25쪽

제2조는 이세신궁이야말로 모든 신사의 상위로 '본종本宗'이라는 것을 나타낸 것인데 『신사본청헌장의 해설』은 다음과 같이 서

술하고 있다'신궁'은 이세신궁을 가리킨다.

8백만 천신지기天神地祇 가운데 아마테라스 오미카미가 가장 존경할
만한 신이시어 신궁이 천황 친제親祭를 본의로 하는 것은 기기記紀에 의
해서도 분명하다. 또 고어습유古語拾遺에는 그 신덕神德을,

아마테라스 오미카미는 조상이시고 종宗으로서 계시고 존경은 오직
하나이며 여러 신은 즉 자식이며 즉 신하로 계시고 누가 능히 감히 저
항할 것인가.

때문에 전국의 신사를 포괄하는 「신사본청」이 빠짐없이 신궁神宮을
본종本宗으로 받드는 것이다. 또 전국 신사의 우지코, 숭경자에게 아침
저녁으로 신궁을 경배하는 어새御璽로서의 신궁대마神宮大麻를 포괄하는
신사의 신직이 배포하기에 이른 것이다.위의 책, 27쪽

예를 들면 정월에 처음 참배하는 하츠모우데初詣(초예)⁴나 병 없이
건강한 무병식재無病息災를 빌고 신사참배를 하는 숭경자들의 마음
과는 상당히 떨어져 있다고 생각되나, 여기에서는 천황 숭경, 이세
신궁 숭경이 강하게 강조되고 있다. 이세신궁과 천황하에 전국의 여
러 신사는 통합되어야 한다는 점이 나타나 있다. 이 같은 신사신도
의 존재 방식은 메이지유신 이후 형성된 국가신도적인 신도를 표방
하는 것이라고 말해 좋다. 국가를 어떤 정신적 방향으로 이끌 것인

---

4   새해가 되면 절과 신사에 참배하러 가는 일.

가가 주된 목표가 되어 있는 데에서 매우 정치적인 종교성이다. 신사본청은 전국의 신사를 산하에 결집하면서 국가신도를 스스로의 신조로서 내거는 정치적 지향을 띤 종교단체로서 활동하고 있다.

신사본청이 착수해 온 운동

신사본청이 주요한 추진자의 하나로서 적극적으로 진행해 온, 많은 경우 정치적인 여러 운동을 되돌아봄으로써도 이 점을 확인할 수 있다. 신사본청의 기관지인『신사신보』를 간행하고 있는 신사신보사神社新報社에 의한『근대신사신도사』의 후편『신도지령 이후의 신도계의 활동』은 그러한 정치운동 중 가장 처음의 것을 '신궁의 진자현현眞姿顯現운동'이라고 부르고 다음과 같이 기술하고 있다.

제2차 세계대전 후 신사계가 신도지령으로 폐해를 받은 일본인의 정신 기류를 전환시키고자 노력한 그 첫 번째 운동은 이세신궁에 대한 국가의 자세를 바로잡는 것 이른바 신궁제도의 시정운동이었다. 이세의 신궁정식적으로는 '신궁'은 말할 필요도 없이 황조가 친히 받은 거울을 봉사하는 천황 제사의 관사이며 그 황실 국가와의 관계는 멀리 고대부터 대동아전쟁의 점령시대에 이르기까지 2천 년에 걸쳐 전혀 변함이 없었다. 이 귀중한 신궁이 점령군의 정책에 의하여 그 황실 및 국가와의 공적 관계를 끊고 제2차 세계대전 후는 단지 민간의 한 사적 법인으로서 취급받게 되었다. 그것이 신궁의 본질을 해치는 것은 말할 필요도 없고 점령이 해제된 뒤 신궁의 본질을 넓히는 본질회홍本質恢弘·본질의 모습

이 나타나는 진자현현眞姿顯現의 국민 요망이 나온 것은 당연하였다. 이
것이 즉 신궁 제도의 시정운동이고 그것이 결국 1960년 10월 당시의
정부 이케다池田 수상의 회답으로 그 운동 목표의 정신적 중심점 — 황
위皇位와 신궁과의 불가분의 관계 — 을 명확히 한 성과를 얻을 수가 있
었다. 신사신보사 편,『증보개정 근대신사신도사』, 277쪽

이것에 이어서 이 책이 기술하고 있는 것은 '기원절紀元節부활운
동', '검새어동좌劍璽御動座부활운동', '야스쿠니신사靖國神社 국사國事호
지護持의 운동'[5]이고 이어서 '계속되는 정교政敎 문제의 혼란' 항목에
서 '진지진제津地鎭祭소송'[6]과 '자위대와 신사'가 다루어지고 있다. 이

---

5   야스쿠니신사법안에서는 야스쿠니신사를 일본 정부의 관리로 옮기고 정부가
     영령을 위로하는 의식, 행사를 치루며 그 인사는 국가가 관여하고 경비의 일
     부를 국가가 부담 및 보조하는 것으로 규정을 하고 있다. 정교분리 규정에 대
     한 저촉을 막기 위해 야스쿠니신사를 종교법인으로부터 특수법인으로 바꾸고
     신도제사의 형식에서 종교색을 흐리게 한다. 이 때문에 '이 법률에서 "야스쿠
     니신사"라는 명칭을 사용한 것은 야스쿠니신사의 창건 유래에 비추어 그 명칭
     을 답습한 것이고 야스쿠니신사를 종교단체로 하는 취지의 것으로 해석을 하
     지 않으면 안 된다'(제2조) 또 '야스쿠니신사는 특정한 교의를 가지고 신사의
     교화육성을 하는 등 종교적 활동을 해서는 안 된다'(제5조)라고 규정하고 있
     다. 본안을 지지하는 전국전우회연합회나 일본유족회 등은「야스쿠니신사국
     가호지(靖国神社国家護持)」를 탄원하는 서명을 2,000만에 달했다. 한편 좌파
     로부터는 제2차 세계대전 전 복고라고 하여 반대론이 전개되었다. 다른 종교
     단체도 국가가 야스쿠니신사를 특별히 보는 것이라 하여 반대론이 다수 표명
     이 되었다.
6   1965년 미에현(三重県) 츠시(津市)에서 시립체육관 건설 때 이루어진 지진
     제를 둘러싸고 일본국헌법 제20조에 규정된 정교분리 원칙에 위반한 것이 아
     닌가 하여 전개된 행정소송이다. 이를 구체적으로 보면 츠시체육관 건설기공
     식이 1965년 1월 14일에 센도마치(船頭町) 건설현장에서 오이치신사(大市神

러한 것들은 모두 정교분리의 헌법 문제와 관련되어 있고 국가기구
가 이세신궁이나 야스쿠니신사의 제사와 천황의 신성성에 관여하
는 것을 허용하도록 요구하는 것이다. 『근대신사신도사』는 신사본
청이 주도한 일로서 '국민정신앙양精神昂揚운동'1967, '신사본청시국
대책본부'1969, '신사정치연맹'의 발족1969에 대해서도 기술하고 있
다. 그리고 신도정치연맹신정맹의 운동의 성과로서 원호법제화元號法制
化운동1972~1979이 또 '천황황실존엄호지운동'1973 이후을 들 수 있다.

社)의 궁사 등 4명의 주재로 지진제가 열렸다. 시장은 그 신사에 공금에서 행
사비용 7,663엔을 지출했다. 이에 대해 츠치시의회 의원이 지방자치법 제242
조 2항(주민소송)에 의거, 손해보전을 요구하여 소송을 냈다. 이에 대해 최고
재판소는 1977년 7월 13일 판결에서 "정교분리 규정의 기초가 되어 그 해석
의 지도원리가 되는 정교분리원칙은 국가가 종교적으로 중립일 것을 요구하
는 것이나 국가가 종교와 상호 관련을 가지는 것을 전혀 허용하지 않는 것이
아니라 종교와 상호 관련을 가져오는 행위의 목적 및 효과에 비추어서 그 상
호 관련이 오른쪽 제조건에 바추어 상당하게 되는 한도를 넘는 것으로 인정될
수 있는 경우에 이것을 허용하지 않은 것으로 해석할 만하다. (…중략…) (헌
법20조 3항의 금지하는 종교적 행위라는 것은) 대개 국가 및 그 기관의 활동
으로 종교와 상호 관련을 가지는 모든 행위를 가리키는 것이 아니라 그 상호
관련이 오른쪽에서 말하는 상당이 되는 한도를 넘은 것으로 한정이 된다고 말
할 만하고 해당 행위의 목적인 종교적 의의를 가지고 그 효과가 종교에 대한
원조, 조장, 촉진 또는 압박, 간섭 등이 되는 것과 같은 행위를 말하는 것으로
해석을 할 만하다. 본건 기공식은 종교와 상호 관련을 가진 것이라는 것을 부
정할 수 없으나 그 목적은 건축 착공 시 토지의 안정견고, 공사의 무사안전을
기원하고 사회의 일반적 관습에 따른 의례를 한다는 오로지 세속적인 것으로
인정이 되며 그 효과는 신도를 원조, 조장, 촉진하고 또는 다른 종교에 압박, 간
섭을 가하는 것으로는 인정될 수 없는 것이기 때문에 헌법 20조 3항에 의하여
금지되는 종교적 활동에는 해당될 수 없다고 해석하는 것이 맞다.

천황 숭경의 강화를 목표로 한다

이같이 신사본청은 정치운동에 큰 힘을 기울이고 있고 제2차 세계대전 후 천황의 지위를 둘러싼 정치적 쟁점을 둘러싸고 눈에 띈 운동을 해 온 세력으로서 인지되어 있다. 미국의 정치학자 케네스 루오프Kenneth James Ruoff, 1966~[7]는 제2차 세계대전 후 일본에서는 천황의 정치적 기능을 중립적 성격을 가진 것에 그치고 군주제를 유지하려고 하는 상징천황제象徵天皇制의 사고방식을 그 참에 정착시켰다고 논하고 있다.『국민의 천황』 그와 같은 추세 가운데 종교적 동기를 배경으로 늘 천황의 정치적 기능 강화를 주장해 온 것이 신사본청이라고 한다. 신사본청은 국민의 다수파가 합의하고 있는 상징천황제보다는 천황의 지위를 높이려고 하는 정치운동의 대표격이다. 울프는 원법안의 성립을 위하여 지방의회에 영향력을 행사하는 운동에 대해 "1977년부터 1979년에 걸쳐서 신사본청의 본부는 마치 작전지령실과 같은 것이 되었다"위의 책, 267쪽라고 기술하고 있다.

신사본청의 운동이 천황의 지위 강화나 내셔널리즘의 앙양에 어느 정도 공헌하였는가에 대해 울프의 평가는 미묘하다. 야스쿠니신사를 보호하고 지키는 운동이나 불경죄不敬罪의 부활이 실패로 끝난 것을 예로 들어 "신사본청과 같은 단체는 주류의 오른쪽에 위치하고 있으며 그 때문에 그들의 많은 운동이 실패로 끝나고 있다"위의 책, 259쪽라고 말하고 있다. 다른 한편 건국기념일의 제정기원절 부활운

---

7   포틀랜드주립대학(Portland State University)의 일본학연구센터장이면서 역사학 교수이다.

이 서술하고 있기도 한다.

나는 제2차 세계대전 후 일본 국가의 사태가 중립적이라고는 생각하지 않는다 — 일본은 우익으로 움직여 갔다. (…중략…) 신사본청의 생각은 좌파정당은 말할 필요도 없고 자민당의 사고방식과도 종종 다르다. 미국의 최우파단체 기독교연맹과 마찬가지로 신사본청은 개개 시민과 국가의 사이에 위치하는 시민사회 가운데 확고한 위치를 점하고 있다. 그리고 80년대 후반부터 90년대에 걸쳐서 기독교연맹이 활발했듯이 신사본청도 몇 가지 강령에 관해서는 폭넓은 지지를 얻을 수 있는 힘을 가진 것을 실증한 것이다.위의 책, 274~275쪽

어느 쪽이든 신사본청은 정치세력으로서 매우 두드러진 활동을 하고 있으며 그 정치목표는 민족주의를 드높이면서 천황 숭경을 돋구고 국가신도를 번영시키는 것에 있다. 덧붙여서『근대신사신도사』의 서술을 보면 후편「신도지령 이후의 신사계의 활동」의 대부분이 천황 숭경 앙양과 국가신도 번영을 위한 정치운동에 관한 기술로 할애되고 있다.

---

8   1949년 법률 제43호에서는 일본의 원호(元号) 제정에 관해 정해놓고 있다.

3. 지역사회의 신사와 국민

우지코氏子에게 신사

〈표 1〉 신사의 활동(활발한 비율 순서)

23구區		상다마三多摩9	
하츠모우데(初詣)	74.2%	하츠모우데	77.3%
액년이나 액 제거 기원	50.6	액년 및 액 제거 기원	53.3
지진제 · 상동제(上棟祭) · 준공제	44.1	하츠미야마이리	52.3
호텔이나 결혼식장에서 결혼식	29.0	시치고상735참배	52.0
하츠미야마이리(初宮參り)10	26.4	지진제 · 상동제 · 준공제	49.4
절분(節分, 세츠분)11	25.9	호텔이나 결혼식장에서 결혼식	33.47
시치고상753참배(參り)12	19.9	절분	18.7
성인식13	4.3	신사에서의 결혼식	5.3
신사에서의 결혼식	3.8	입학 · 졸업의 봉고	3.3
입학 · 졸업의 봉고	2.2	성인식	2.6

출저 : 石井삐士, 『제2차 세계내선 후의 사회변동과 신사신도』

지역사회에서 신사의 일상적인 종교활동은 결코 이 같은 정치 운동을 중심으로 한 것이 아니다. 예를 들면 제2차 세계대전 후 신

---

9 도서 지역을 제외한 도쿄도(東京都) 가운데 구부(區部) 제외 서반부(西半部)의 지명을 가리킨다. 구체적으로 니시다마(西多摩), 기타다마(旧北多摩), 미나미다마(旧南多摩)의 3개를 말한다. 본래 가나가와현(神奈川県)에 속하였다가 1893년에 도쿄부(東京府)에 편입되었다.

10 갓난아이가 무사히 탄생했다는 보고와 감사, 앞으로의 건강한 성장을 기원하여 신사에 참배하는 일.

11 각 계절이 시작하는 날(입춘, 입하, 입추, 입동) 전날을 가리킨다. 절분은 계절을 나눈다는 의미이다.

12 11월 15일에는 남자아이가 세 살과 다섯 살, 여자아이가 세 살과 일곱 살이 되는 해에 신사에 참배하여 건강을 기원한다.

13 성인식을 통해 사회적으로 성인으로 인정받는 행사로 이전에는 남자의 경우는 15살쯤, 여자는 13세쯤이었으나, 요즘은 1월 15일에 20살이 되는 성인 남녀가 각지에서 열리는 성인식에 참가하여 성인으로서의 의식을 다진다.

사신도의 종교 활동을 논한 국학원대학 신도문화학부 교수 이시이 센지石井研士(식정언사)의 『제2차 세계대전 후의 사회변동과 신사신도』1998를 보면 매우 다른 신사신도의 모습이 떠오르게 된다. 〈표 1〉은 도쿄의 신사에 대한 설문 조사에 기초한 것으로 신사와 우지코를 관련지은 활동을 10개 열거하고 실태에 관한 질문에 대한 답변이다. 지역과의 연결이 긴밀한 우지코신사에 한정한 분석인데 361사社에 대해 269통의 답변을 얻었다.위의 책, 194쪽

답변 항목에 다른 내용을 넣을 수도 있었다고 생각하나, 천황 숭경이나 이세신궁 숭경에 관련한 내용을 들어 보아도, 활발하다는 답변은 그렇게 많지는 않을 것이다. 아래의 〈표 2〉는 신사의 녹음緣陰이 지역사회에서의 역할을 어떻게 인식하고 있는가를 복수 답변으로 질문한 것이다.

〈표 2〉 지역사회에서 신사의 역할(복수 답변)

마음의 편안함을 준다	210(78.1%)
계절감을 준다	157(58.4%)
자연을 소통하는 장소로서	131(48.7%)
아이들이 즐기는 장소로서	90(33.5%)
방재를 위한 피난 장소로서	79(29.4%)
사람들이 모이는 장소로서	77(28.6%)
지역주민의 집회 장소로서	58(21.6%)
기타	14(5.2%)

출처 : 石井研士, 『제2차 세계대전 후의 사회변동과 신사신도』

이 같은 역할의 측면에서 신사신도의 역사를 서술할 수도 있을 것이다. 그러나 『근대신사신도사』나 『신사본청사고神社本廳史稿』의 서술은 지역사회에서의 신사에 대해서가 아니라 국가에서의 신도 지

위에 관한 사건의 서술로 끝나고 있다. 제2차 세계대전이 끝난 후의 신사신도는 민간의 종교교단이 됨에 따라서 국가기구로서의 정치적 기능보다도 지역사회에서 신사로서의 기능으로 강조점을 옮겼다. 그러나 신사신도의 통합단체인 신사본청은 제2차 세계대전이 끝난 이전의 국가신도적인 신사의 지위와 존재 방식을 이어받았고 국가에서의 정치적 기능에 역점을 둔 활동형태를 선택해 오고 있다.

신사신도[神道神社]의 여러 가능성

신사본청의 역사 기술상 지역사회의 신사의 일상적 기능 측면이 감추어지고 정치적 활동이 눈에 띄게 보이게 되는 이유는 무엇인가. 그것은 신사본청이 제2차 세계대전이 끝나기 이전의 국가적 신사조직으로부터의 이탈에 괴로워하였고 처음부터 국가통합적인 기능 회복에 관심을 집중해 왔기 때문이다. 결국, 국가신도가 국민 생활에 깊이 침투한 시대의 신사 지위를 모범으로 하고 그것을 뺏어간 신도지령과 점령군, 그리고 제2차 세계대전이 끝난 이후의 지식인에 대한 강한 비판의식으로부터 영향을 받았고 국가신도의 번영과 관련한 많은 운동을 그 중심적 과제로 계속 해왔다.

더욱 신사본청이 그런 쪽으로 방향을 바꾼 점에서 말하면 제2차 세계대전이 끝난 후의 '신사 세계[神社界]'가 정치적인 운동체로서 늘 일치단결을 하고 있었던 것은 아니다. 신사 세계 중에서도 신사나 신도의 특징을 국가 통합적인 기능으로 보는 것이 아니라, 오히려 자연과의 친밀성이나 지역사회의 활동 등으로 보려는 사람들도 적지 않았다. 그럼으로써 신사본청 중에서도 지역사회의 소규모 신사에 대한 배려를 중시하는 움직임도 있었다. 1976년의 『신사본청사고神社本廳史稿』는 다음과 같이 기술하고 있다.

신사본청은 우리나라일본-저자가 독립한 이후 점령 중의 법제를 고치는 것을 통해 신앙의 왜곡을 바로잡고자 노력을 거듭해 왔다. 동시에 격변이 계속되는 시대에 신사 세계가 가야 하는 바를 보여줌과 함께 시대 변화에 바로 부응하지 못해 피폐해 가는 신사의 구제갱정救濟更正에도 노력을 거듭하였다. 즉 1956년에는 경신敬神 생활의 강령을 공표하여 관계되는 사람들의 마음을 하나로 하고자 노력하였다. 교의를 가지지 않은 신사신도로 단체를 결성해 온 신사본청의 신앙적 실천의 방향을 보여주는 이 강령은 현재 자리를 잡고 있다.신사본청중앙연구소 편, 『신사본청사고』, 42쪽

'경신敬神 생활의 강령'은 '신도는 천지유구天地悠久의 대도大道로서 숭고한 정신을 기르고 태평을 여는 기초이다. 신의 뜻신려(神慮)를 두려워하고 조상의 가르침을 받아 드디어 도道의 정화精華를 발휘하며 인류 복지를 증진하는 것이 사명을 달성하는 이유이다'라고 강조하고 있다. 여기에서도 천황 숭경을 시사하는 '대어심大御心'은 언급하고 있으나, 국가신도적인 뉘앙스는 그렇게 강하지 않다. 신사신도는 이러한 측면의 방향성도 풍부하게 보여주고 있다.

그러나 종교 교단으로서의 신사본청은 국가통합적 기능을 강화하는 대 힘을 기울이게 되었다. 제2차 세계대전 전의 신사 세계는

'종교'가 아니라, '제사'의 위치로 매김이 된 국가기구이기 때문에 포교의 자유는 없었다. 그 체제로부터 해방되었고 새롭게 '종교'로서의 활동을 하고자 설립 당초 신사본청의 일부에 있었던 지향예를 들면 「신사청(가칭)설립취의서」, 신사본청 교학부 조사과 편, 『신사본청 50년사』, 1945.11, 7~8쪽; 신사신보사, 『신도지령과 전후의 신도』, 83쪽과는 다른 방향을 선택하게 되었다.

'국체를 보호하고 지키기'의 방향

천황에 대한 숭경심을 귀중하게 생각한 것은 물론 신사 관계자만이 아니다. 지역주민 가운데에도 제2차 세계대전 전부터 천황 숭경심을 유지하는 사람들이 적지 않았다. 대체로 포츠담선언도 '국체를 보호하고 지키기국체호지(國體護持)'를 조건으로 수락한 것으로 생각하는 사람이 적지 않았다. 천황의 결단으로 전쟁이 종결되었고 군국주의・전체주의의 책임자가 처벌되었으며 국민에게도 누는 끼칠지 모르겠으나 여하튼 '국체'는 '보호하고 지키게' 된 것 같이 느끼는 국민이 많았다. 실제 황실 제사는 유지되었고 교육칙어도 국회에서 실효가 확인된 것은 1948년이었다. 그리고 그 후에도 교육칙어를 지지하는 언설은 뿌리 깊게 계속되고 있었다.

신도지령이 국가신도의 폐지는 이야기하면서 황실 제사에는 손을 대지 않았던 점에 대해서는 이 장의 서두에서 서술하였으나, 실제 '천황의 제사'가 보존되게 되면 천황을 신성하게 보는 것이 계속되지 않을까를 염두에 두었다. 1946년 1월 1일 이른바 천황의 '인간선언'"신일본건설에 관한 조서"은 신도지령에서는 불충분할지 모른다고 느

껴졌던 국가신도 해체 방법을 보완한다는 의미도 띠고 있었다.

이 조서에서 '인간 선언'이라고 불리는 부분을 보기로 한다.

짐과 이들 국민 간 유대는 처음부터 끝까지 상호 신뢰와 경애로 맺어졌고 단지 신화와 전설로 생기는 것이 아니다. 천황으로서 현재의 신[現神]으로 하고 단 일본 국민으로서 다른 민족보다 우월한 민족으로 더 나아가 세계를 지배할 만한 운명을 가진다는 가공加工의 관념에 토대하는 것은 아니다.

여기에서 부정할 만한 관념으로 되어 있는 것은 신도지령에서 '군국주의적 내지 과격한 국가주의적 이데올로기'로 불리고 있던 것과 관련이 있다. 신도지령의 후반부에는 이것이 무엇을 가리키는가에 대한 정의적인 설명도 있었다. 이하 그대로이다.

본 지령에서 사용하고 있는 군국주의적 내지 과격한 국가주의적 '이데올로기'라는 단어는 일본의 지배를 이하 내세우는 이유로 다른 국민 내지 다른 민족에게 끼치려고 하는 일본인의 사명을 옹호하거나 혹은 정당화하는 가르침으로 신앙·이론을 포괄하는 것이다.

　　① 일본의 천황은 그 가계, 혈통 혹은 특수한 기원 때문에 다른 국가
　　　의 원수元首보다 우월하다는 주의

　　② 일본의 국민은 그 가계, 혈통 혹은 특수한 기원 때문에 다른 국민
　　　보다 우월하다는 주의

③ 일본의 여러 섬은 신에 기원이 있기에 혹은 특수한 기원을 가지기 때문에 다른 국가보다 우월하다는 주의

④ 그 외 일본 국민을 속이고 침략전쟁으로 나아가게 하거나 혹은 다른 국민의 논쟁의 해결 수단으로서 무력의 행사를 구가하기에 이르게 한 것 같은 주의

천황의 '인간 선언'은 이 ①에 토대한 것은 당연하였으나, 절충 과정에서 일본 측의 의향이 통하여 미묘한 변화가 있었다. 천황 측근의 시종직侍從職에 있던 기시타 미치오木下道雄(목화도웅)에 의하면 '신의 후예'라는 '가공의 관념'을 부정한다는 GHQ 측 원안에 대하여 기시타가 '현어신現御神'이라는 '가공의 관념'을 부정한다는 문장으로 바꾸도록 시사하고 천황도 거기에 동의하였다고 한다.『측근일지』, 89~90쪽 혹시 그렇다고 한다면 천황은 신의 자손이라는 국체론의 중요한 한 부분은 '보호되고 지켜지게' 되었다.

국민의 천황 숭경 지속

국민 생활 차원에서도 "국체를 보호하고 지키기" 위하여 실제로 취할 수 있는 여러 방책이 있었다. 국민이 국가신도의 형식이나 내용을 그렇게 쉽게 놓으려 하지 않았던 예가 수없이 많으나, 아주 작은 한 부분을 보여주고자 한다. 천황은 1946·1947년에 전국 각지를 순행巡幸하였는데 전국 각지로부터 열렬한 환영을 받았다. 또 1948년부터는 정월 초하루와 2일에 천황이 거주하는 황거皇居

에 들어가 축하하는 일반 하례^{당시 국민 참하(參賀)}와 니쥬바시二重橋¹⁴의 개방이 이루어지게 되었고 첫해에는 약 16만 명이 모였다. 같은 해 4월 29일 천장절天長節, ^{다음해에 천황탄생일로 개칭}에 천황이 국민 앞에 모습을 나타냈을 때는 약 35만 명이 모였다. 1953년 1월 2일에는 약 60만 명이 하례하게 되었다.

교파신도나 신종교의 종교단체 중에는 제2차 세계대전이 끝나기 이전의 국가신도적인 천황 숭경을 끌어내리려는 단체도 있었지만, 어떻게든 그것을 유지하려는 단체도 있었다. 한 예로 최성기에는 1만 명 이상의 신도를 가지고 있었던 수양단봉성회修養團捧誠會¹⁵라는 신종교 교단을 소개하고자 한다.^{시마조노,『시대 가운데 신종교』} 이 교단의 교조는 도치기현 아소군安蘇郡 사카이촌界村 다카하기高萩(고적), 현 사노시 출신의 이데이 세이타로出居淸太郎, 1899~1983이다. 소년 시절 빈곤하여 생활이 어려웠던 세이타로는 도쿄에서 우체국에 근무한 뒤 병환 때문에 천리교天理敎에 입신하였다. 그런데 얼마 안 있어 천리교에서 분파한 천리본도天理本道에 참가하여 쇼와昭和 초기에는 천황을 비판하여 경찰 단속을 받았고 아울러 2년 동안 옥중생활을 보낸다. 출소 후 1938년경부터 독자적인 신도 집단의 형태가 만들

14　도쿄도 치요다구(千代田區) 치요다의 황거 안에 있는 다리로 정확하게는 황거 정문에서 장화전(長和殿)으로 가는 도중의 철교이다.

15　1941년에 창설된 신종교로 교단본부는 도쿄 이케부쿠로(池袋)에 있고 성지는 이즈반도(伊豆半島)의 달마산(達磨山), 도치기현(栃木県) 사노시(佐野市)에 있다. 개조는 이데이 세이타로(出居淸太郎)로 그가 청년 시절에 천리교 계통의 혼미치(ほんみち)에 속해 있었던 적도 있었으나 교의로서의 영향은 없었다고 한다.

어졌고 1941년에 교단으로서 그 체재가 갖추어졌을 때 세이타로는 천황 숭경의 입장으로 변해 있었다. '생명의 부모'를 신봉하고 마음을 깨끗이 함으로써 행복을 실현하는 것을 목표로 하였는데 치유나 이익을 추구하기 위한 신앙에 머무는 것을 엄하게 경계도 한다. 그 신앙과 국가신도적인 천황숭배가 연결된 신앙 세계가 형성되었다.

신앙 활동에서 중요시하는 것은 기도인데 교단 발족 앞뒤로 신의 계시로 정해진 '맹세의 말'이후 '서사'로 표기가 바뀐다이 중요하다. 매일 아침 '맹세의 말'은 "두려운 역대 천황 앞에서 절을 하며 말하기를 신의에 의하여 벼가 풍족하게 익고 영광스러운 일본, 천황의 옥새에 비추어서 빛나는 신의 마음 그대로의 국가 언령言靈이 번성하는 국가를 두려워하는 우리 백성 살아가는 보람 있어"로 시작하고 있다. 이것을 보면 국가신도의 신앙 내용을 따르고 있는 것 같으나, 그 계속되는 부분에서는 국가를 뛰어넘는 보편적인 신에 의한 구원의 가르침이 이야기되었고 "천지의 은혜가 풍부함이 끝이 없고 빛이 널리 퍼지고 현세에 신의 아들로서 태어나게 그 진리를 지금 여기 마음 바로 밑에서 깨닫고"라고, 신과 개인의 관계에 초점이 맞추어져 있다. 그리고 "부모와 자식, 형제자매, 친족 가족, 여러 사람에 이르기까지 스스로를 허무하게 하고 싸우는 일 없이 서로 친하게 교류하며 덕을 하나로 마음을 맺는다"라고, 보편적인 사랑의 도덕만령만물존애(萬靈萬物尊愛)의 실천을 촉구한다. 매일 저녁 '맹서의 말'은 간단하여 아래와 같은 것이다.

오늘 하루 보이지 않는 은혜를 몸에 새기고 마음의 바로 밑으로부터 기쁨의 예를 조심스럽게 존경하며 말씀드립니다.

아침저녁 원하기는 거짓은 다시 없을 것을 맹세합니다

이같이 기도의 주요한 내용은 우주적이고 더욱이 신체 및 자세한 부분에 그야말로 머무는 신과 개인이 교류되는 가운데 일본의 천황이나 황조신皇祖神과 관련한 표현이 들어가 있다.

지속하는 국가신도

제2차 세계대전이 끝난 후 이데이 세이타로出居淸太郎(산거청태랑)는 '유구悠久한 세계평화'를 높이 내걸게 되는데 점령군에 의하여 규제를 받고 있었음에도 일본 국기 히노마루의 게양이나 일본 국가國歌〈기미가요〉의 제창을 강력하게 계속 실천하였다. 또 '맹세의 말'에 대해서는 한자 표기를 모두 히라가나로 표기했으나 음성상으로는 하나도 변경하지 않았다. '황조황종皇祖皇宗'은 '스메미오야', '대어심大御心'은 '오미코코로', '황국皇國'은 '스메라미쿠니', '유신惟神의 국가'는 '카무나가라노쿠니'로 표기하였고, 해석할 때에는 국가신도적인 의미를 제외하기는커녕 부드럽게 하였다.

최초 시기의 신도信徒이며 초대 회장을 지낸 이전 육군중장 우에노 요시츠구上野良亟는 1952년경에 정리한 「교의敎義의 통속적 설명」에서 다음과 같이 기술하고 있다.島薗進, 「신종교와 패전 점령」— '황조황종'이라는 것은 글자 뜻 그대로 해석하면 황실의 조상을 가리키는데 '맹세의 말'은 그것만을 의미하는 것이 아니라 보다 넓은 의미가 있다. '이 대우주는 넓고 한계가 없어 실로 아주 맑게 트인 것이고 더욱이 인간의 머리로는 생각할 수 없는 위대한 힘을 가지는 것'이며 그 대우주를 창조한 '대어친大御親'을 의미한다. 유일 절대 신이라는 의미가 있는 것이다. 국가신도로부터 탈피한 보편적인 구제를 설파하는 가르침의 입장에서 해석되고 있으나 국가신도를 여전히 존중하려는 사람들에게 이 '맹세의 말'은 친숙해지기 쉬울 것이다.

사실 이 교단의 회원 가운데에는 자유와 평등을 높이 주창하고 민주국가의 건설에 희망을 걸게 되는 사람들도 포함되었는데 어느 쪽인가 하면 전통적인 도덕성을 존경하는 보수적인 사람들이 천황에 대한 경애의 생각을 많이 가지려고 하였다. 1979년부터 1998년까지 교단의 수십 명 회원이 천황이 거주하는 황거皇居의 근로봉사를 매년 하고 있었던 것은 알기 쉬운 현상이다.

이 교단과 많은 회원에게는 1945년까지 몸에 익혀 온 국가신도적인 종교성을 강하게 부정하는 것과 같은 기회는 없었다. 분명히 교단은 자립한 구제종교교단救濟宗敎敎團으로 그 성격을 갖추어 제2차 세계대전이 끝난 후에 발전하게 되었는데, 천황 숭경이나 국체론적인 심성을 계속 짙게 가지게 되기도 하였다.

이상 제2차 세계대전이 끝난 이후 새로운 제도 틀과 민심의 두 측면을 보아 왔는데, 제2차 세계대전이 끝난 후 국가신도는 예를 들어 '해체'되었다고 해서 결코 소멸된 것은 아니었다. 제2차 세계대전이 끝난 후 국가신도는 두 개의 명확한 위상을 가지고 있었다. 하나는 황실 제사이고 또 하나는 신사본청神社本廳 등 민간단체가 담당 주체가 되어 전개한 천황숭경운동이다. 전자는 잘 보이지 않게 숨겨져 있는데 현존의 법 제도에서 국가신도의 중핵이고 후자는 그 중핵을 응시하면서 국가신도적인 제도를 확충해 가려는 단체 혹은 운동체이다. 여러 정치 · 종교 · 문화단체가 있으며 특히 국민 사이에 널리 확산되고 있는 천황 숭경이나 국체론적인 사고방식의 심정이 있다. 그것들에 뒷받침되면서 국가신도는 제2차 세계대전이 끝난 이후에도 존속하여 계속해서 오늘날에 이르고 있다.

4. 잘 보이지 않는 국가신도

정면에서 천황 숭경에 관한 주장

제2차 세계대전이 끝난 후에도 국가신도는 존속하고 있다. 신사신도의 관계자 외에 당당하게 국가신도적인 주장을 주창하는 학자나 논객도 있다. 여기에서는 교토대학 교수로 정치학을 전공하는 나카니시 테루마사中西輝政(중서휘정), 1947~의 발언을 소개하고자 한다. 게이오대학 교수로 비평가인 후쿠다 가즈야福田和也(복전화야), 1960~와 대담하는 자리에서 나카니시는 스스로 천황 숭경의 심정을 솔직하게 말하고 있다.

일본에서는 늘 '정직하고 깨끗한 마음', '겉과 속이 없는 마음'이라고 하는 독특한 마음을 가질 것을 요구한다. (…중략…) 그리고 그러한 '일본의 마음'의 존재 방식을 눈으로 보이게 더 분명하게 보여주는 것, 그것이 '천황'이다.中西輝政,「왜 일본에 천황이라는 존재가 필요한가」

제2차 세계대전이 끝난 후 얼마 안 있어 와츠지 데츠로和辻哲郎 1889~1960는 '국체'론의 모양을 바꾼 것과 같은 어조로 천황이 '문화 공동체로서 국민'의 통일성을 '상징'하는 것이라고 논했다.『국민 통합의 상징』, 1948 이것을 참조로 미시마 유키오三島由紀夫, 1925~1970[16]는『문화방위론』1969에서 '문화개념으로서 천황'을 논했다. 이것에 대해 나카니시는 천황은 '일본문화의 보호자'라는 것에 그치지 않고 '종교적인 존재'라고 말한다.

나카니시는 자신의 신앙을 피력한다. '천황의 계보를 거슬러 올라가면 신화까지 간다. 그 천황이 일본국의 번영과 국민의 행복을 위해 밤새 제사를 올려 주고 계신다.' 그러므로 천황은 일본이라는 국가를 체현하고 국민을 통합하는 역할을 할 수 있다. 그것은 단지 '문화'의 문제가 아니라 '큰 의미에서 정치 그 자체이며 정말 국가를 지도하는 운영제사이라고 말하지 않을 수 없다'. 그리고 이것이야말로 '고대로 연결되는 천황의 궁극적인 존재 이유'이며 '그렇기에 황실은 귀중하다'. 현대 일본인은 이것을 잊고 있는데 이것이야

---

16   도쿄대학 법률학과 졸업. 소설가 겸 극작가 등으로 활동한 황국주의자.

말로 국민에게 더 중요한 것이며 변하지 않는 '일본의 마음'인 것이다.위의책, 30~31쪽

일본 국민인 이상, 종교이고 정치이기도 한 것 같은 '제사', '제사를 지내는 일'과 관련이 되어 있는 존재로서 천황을 떠받들어야 한다는 주장이지만, 1945년 이전이라면 이 같은 언설은 이상하지 않았다. 그러나 제2차 세계대전이 끝난 이후는 이 같은 언설은 강한 비판을 받지 않으면 안 되는 것이었다. 시민의 자유를 억압하는 정치체제를 가져올지도 모른다는 염려가 생기기 때문이다.

오나메사이大嘗祭 소송 판결과 국가신도

나카니시 테루마사中西輝政[17]는 황실 제사가 공적인 기능을 한다는 점을 인정하고 있다. 결국, 현대 일본에서 국가신도는 공적 기능을 하고 있고, 그것을 다시 강화시킬 만한 것이라고 주장한다. 이 인식은 일본에서는 엄격하게 정교분리政敎分離가 제도화되어 있고 국가신도는 과거의 것이 되어버렸다는 판단과는 정면으로 대립하는 것이다. 1989년 현 천황의 오나메사이 때, 지방자치체로부터 공금이 지출되었다는 것을 쟁점으로 하는 '오나메사이 소송'의 하나, 오이타大分 오나메사이 소송의 지방재판판결1994.6.30은 「일본국헌법」 등의 문서를 제시하면서 다음과 같이 기술하고 있다.

---

17   1947~. 일본의 국제정치학자로 보수계의 논객이나 정치 활동가로 알려져 있다.

오른쪽과 같이 쇼와 천황의 인간 선언 및 일본국헌법에 의하여 천황의 신성神性이 부정되었고 천황은 일본국 및 일본국 통합의 상징이 되었던 것인데 제2차 세계대전이 끝난 후 40여 년 동안 천황은 일본국 및 일본 국민의 상징이라는 사상은 널리 국민 사이에 침투하여 정착하고 있는 것으로 볼 수 있고 현재는 일반적 더욱이 대다수 국민의 의식으로서는 천황의 신성을 기초로 하여 천황이 모든 가치체계의 근원이라는 의식은 얼마 안 있어 존재하지 않게 되었다고 말할 수 있으며 국가신도의 기초가 되었던 사상 관념은 소멸한 것이라고 말할 수 있다. 더욱 국가신도의 기초가 된 사상 가운데 유교 사상에 토대한 봉건적 충성의 관념, 일본인의 종교적 전통에 뿌리를 내린 조상숭배의 관념 등은 영원에 걸친 일본인의 전통적 사고 양식이었던 것도 있고 아직 많은 사람의 의식 안에 남아있다고 생각할 수 있는데 이것들은 그 종교성을 기초 지우고 있는 천황의 신성절대성과 떨어진 경우 이미 종교라고 하기보다도 단순한 도덕적, 윤리적 관념으로 볼 수 있다.

이 판결문에서는 '국가신도의 기초가 된 사상·관념은 소멸하였다'라고 서술한 것이나 그 근거는 지금 하나도 분명하지 않다. '천황이 모든 가치체계의 근원'이나 '천황의 신성절대성'이라는 어구는 1931년 만주사변 이후에는 어느 정도 맞아떨어질지 모르나, 제2차 세계대전이 끝나기 이전의 국가신도 전체를 표현하는 것이라고는 말할 수 없다. 신도지령이 지시한 것처럼 '국가신도'가 폐기되었다는 것을 전제로 하면 논리를 상당히 무리하게 구성하지 않으면 않게 된다. 현대의 헌법학에서 국가신도를 어떻게 이해할 것인가, 오랫동안 계속 망설이고 있는 것도 그러한 인식과 관련이 있다.平野武, 『정교분리재판과 국가신도』

국가신도와 '자연종교'

『일본인은 왜 무종교인가』1996를 저술한 아마 토시마로阿滿利麿[18]는 실은 일본인은 '무종교'가 아니다, 분명히 교조敎祖가 주창한 가르침에 토대한 '창창종교創唱宗敎'[19]에 대한 친숙함은 엷을지 모르나, '자연종교'에 대한 친숙함은 깊다고 논하고 있다.

'자연종교'라는 것은 문자 그대로 언제 누구에 의하여 시작되었는지도 모르는, 자연발생적인 종교를 말하며 '창창종교'와 같이 교조나 교전敎典, 교단敎團을 가지지 않는다.

'자연종교'라 하면 종종 대자연을 신앙대상으로 하는 종교로 오해를 하기 쉬우나 그렇지 않다. 어디까지나 '창창종교'에 비교한 용어이며 그 발생이 자연적이고 특정한 교조에 의한 것이 아니라는 것이다. 어디까지나 자연적으로 발생하고 무의식으로 조상들에 의하여 계승되어 지금 계속되는 종교를 가리킨다.阿滿利麿, 『일본인은 왜 무종교인가』, 11쪽

---

18 1939~. 일본의 종교학자.
19 일본에서 종교를 그 발생형태로 분류할 때, 특별한 한 사람의 창창자(創唱者)에 의하여 제창된 종교를 가리킨다.

구체적으로 '자연종교'라는 것은 무엇인가 하면 '조상을 귀중하게 여기는 기분이나 마을을 지키는 일에 대한 경건한 마음'을 가리킨다고 한다.위의 책, 15쪽 하츠모우데[20]나 오봉[21] 행사, 춘추 히간[22] 성묘 등의 연중행사는 그 좋은 예이다. "일본인은 매년 같은 행사를 반복하면서 언제인가 '자연종교'에 동화되어 있다고도 말할 수 있다"고 한다.위의 책, 16쪽

이 이분법은 편리한데 이것으로 일본인의 종교성 전체를 그린다고 하면 약간 불안하다. '국가신도'는 '창창종교'와 '자연종교'의 어디에도 들어갈 수 없는 것으로 일본인의 종교 생활에서 매우 큰 위치를 차지해 왔기 때문이다. 적어도 제2차 세계대전이 끝나기 이전에 대해서는 그렇다. 그런데 제2차 세계대전이 끝난 후에는 그렇지 않을 것인가.

지금까지 보아 온 것처럼 현대 일본인에게 '국가신도'는 눈에 띄기 어렵게 되어 있기에 여러 혼란이 일어나고 있다. 일본인론이라는 형태로 '일본인은 무엇인가'라는 질문이 수없이 반복되는 것도 그것과 관련이 있는 것 같다. 제2차 세계대전이 끝난 후 일본인은 종교적 아이덴티티정체성가 불명확하다는 것 때문에 그야말로 그 질문을 반복하고 있는 것으로 볼 수도 있다.

20　일본에서 정월 첫날 신사 등에 참배하는 일.
21　일본에서 8월 15일에 지내는 명절로 조상을 맞이하는 여러 행사를 한다.
22　일본에서 선조를 추모하는 날로 춘분과 추분을 사이에 두고 전후 3일씩 일 년에 두 번 행사를 한다.

'상징'과 '국체國體'

적어노 제2차 세계대전이 끝나기 전에는 일본의 국민정신 기반에 교육칙어가 있었고, 천황 숭경의 의례 시스템이 있었으며 '국체'가 있었다는 공통의식이 있었다. '국체'와 일본인의 관계에 대해서 『심상소학수신서尋常小學修身書』1927의 3학년 용권3 최종과「제27 좋은 일본인」에서 "좋은 일본인이 되기 위해서는 늘 천황폐하·황궁폐하의 덕을 받아 또 늘 이세신궁의 중심 황대신궁皇大神宮을 존중하고 충군애국의 마음을 일으키지 않으면 안 됩니다"라고 말하고 있다. 5학년 용권5의 제1과 '우리나라'의 제목에 "우리나라는 황실을 중심으로 전국이 하나의 가족과 같이 되어 번영해 왔습니다", "세계에 국가가 많이 있습니다만 우리 대일본제국과 같이 만세일계의 천황을 받들어 황실과 국민이 일체가 되어 있는 국가는 이외에 없습니다"라고 기술하고, "우리는 이 감사한 국가에서 태어나 이 존경스러운 황실을 받들고 또 이 미풍을 남긴 신민의 자손이기 때문에 매우 훌륭한 일본인이 되어 우리 제국을 위해 힘을 다하지 않으면 안 됩니다"라고 요약하고 있었다. '국체'론에 의한 '일본인'으로서의 자기인식을 강고하게 불어넣고 있었다.

'교육칙어'와 천황 숭경의 의례 시스템과 '국체' 가운데 '교육칙어'는 거의 사용하지 않게 되었다. 천황 숭경의 의례 시스템은 신사신도가 국가와 분리되어 국민의 일상생활과는 매우 먼 것이 되었으나 여전히 황실 제사는 남아있다. 그러면 '만세일계의 천황'을 받는 '국체'는 어떻게 되었는가. '국체'는 어디까지 '보호하여 지키게' 되었는가.

1889년 대일본제국헌법 제1조는 "대일본제국은 만세일계의 천황이 이를 통치한다"라고 되어 있었으나, 패전 후 「일본국헌법」 제1조는 "천황은 일본국의 상징이고 일본 국민 통합의 상징이며 그 지위는 주권을 가진 일본 국민의 총의總意에 기초한다"라고 되어 있다. 민주주의 체제에서 천황의 지위를 '상징'이라는 단어로 표현된 것은 천황의 지위를 가지는 것을 좋다고 생각하는 미국의 지일파知日派나 일본 국내의 저명한 학자들의 노력이 그 효과를 나타낸 것은 아닌가라고 논하고 있다.中村政則,『상징천황제로의 길』

'천황은 직접 정치를 하지 않는다천황불친정(天皇不親政)는 전통'의 논리

와츠지 데츠로和辻哲郎[23]는 1946년 초, '국체國體'를 둘러싸고 헌법학자 사사키 소이치佐々木惣[24]와 논쟁하는 자리에서 제사의 통치 기능을 강조하면서 다음과 같이 기술하였다.「국민 통합의 상징」

천황이 일본 국민의 통일적 상징이라는 것은 일본 역사에 일관적으로 흐르고 있는 사실이다. 천황은 원시 집단이 살아가게 하는 전체성全體性을 표현하는 사람이고 또 정치적으로는 무수한 지방으로 분열되어 있던 일본 민족people의 '한 전체로서의 통일'을 표현하는 사람이었다. 이러한 집단 혹은 민족의 전체성은 주체적인 전체성이고 대상적對象的

---

23   1889~1960. 일본의 철학자 및 윤리학자.
24   1878~1975. 일본의 법학자.

으로 파악할 수 없는 것이다. 바로 그렇기에 그것은 '상징'으로 표현하는 방법밖에 없다. 그 상징은 여러 가지일 수 있겠으나 우리 국민은 원시적인 조상이 인류에게 통하는 원리와 법칙에 따라서 선택한 상징을 전통적으로 계속 지켜 왔다. 여기에서 우리는 천황이 담고 있는 중핵적 의의를 간파할 수 있다.和辻哲郎, 「국민 통합의 상징」, 『和辻哲郎全集』 제14권, 364쪽

와츠지뿐만 아니라 제2차 세계대전이 끝난 이후 천황론은 정치적인 권력을 행사하지 않고 오로지 제사를 통하여 사람들의 안녕을 기원하는 존재로 천황의 모습이 자주 묘사되었다. 이시이 요시스케石井良助(석정량조)[25]의 『천황』이 대표하는 정치에 천황은 직접 관여하지 않는다는 천황부친정론天皇不親政論이 대표적이다. 고대 이래 천황은 예외적인 시기 외에는 직접 통치에 관여하지 않았다. 천황이 강대한 권력을 쥐게 되었던 대일본제국헌법은 이런 전통과 모순된 것이었다. 상징천황象徵天皇이야말로 직접 정치하지 않는다는 전통과 합치하는 것이라고 논했다. 아카사카 노리오赤坂憲雄[26]는 이같이 제사자祭祀者로서 천황이 강조되는 것과 '상징'으로서 천황이라는 개념은 밀접하게 연결되어 있다는 점을 논하고 있다.『상징천황이라는 이야기』 거기에서는 제사를 통한 큰 정치적 기능이 감추어지기 일쑤이다. 제사나 의례라고 불리나, 그것은 또 종교라는 점, 천황이 직접 정치한다는 천황친정天皇親政은 아니라 하더라도 천황이 직접 제

---

25 1907~1993. 일본의 법제사학자.
26 1953~. 일본의 민속학자. 학습원(學習院)대학 교수.

사를 주재하는 친제親祭의 정치적 기능을 묵인하는 경향이 있었다.

정치적으로는 어떤 것도 하지 않는 천황이 중심에 있다는 점에서 일본 사회는 '텅 빈 중심'에 의하여 통합되어 있다는 논의가 인기를 불러일으킨다. 아카사카는 천황불친정론의 원류로 많이 거론되는 일본 근대의 계몽가·교육가 후쿠자와 유기치福澤諭吉(복택유길)의 『제실론帝室論』1882에 '허기虛器'나 '허위虛位'라는 단어가 사용되고 있는 점에 주목한다. 황실은 정치에는 관여하지 않고 모든 것을 총괄하는 기능을 한다. 직접 국민의 '형체形體'를 언급하지 않고 '정신'을 '거두어 드릴[收攬]' 수 있다. 이것은 뛰어난 시스템이 아닌가라고 후쿠자와는 논하고 있었다.

텅 빈 중심?

그 후 대략 90년이 흐른 지금, 프랑스 비평가이며 기호론자 롤랑 바르트Roland Barthes, 1915~1980는 도쿄 도시의 인상과 천황의 존재감을 겹쳐서 천황이 거주하는 황거皇居의 경관에 대해 다음과 같이 논했다.

이 둥글고 낮은 정점頂点, 불가시성不可視性의 가시적인 형태, 이것은 신성한 '무無'를 숨기고 있다. 현대의 가장 강대한 2대 도시의 하나인 이 수도는 성벽, 물길, 지붕, 수목들과의 불투명한 둥근 고리 주변에 만들어져 있으나, 그 중심 그 자체는 무엇인가의 힘을 내뿜기 위하여 거기에 있는 것이 아니라 도시의 모든 움직임에 공허한 중심점이 되어 움직임의 순환을 영구적으로 우회迂回하도록 강제하기 위하여 거기에 있다. 이같이 공허한 주체에 따라 (비현실적이며) 상상적인 세계가 우회하기도 하고 또 방향을 바꾸면서 계속 순환하며 넓어지고 있다.바르트, 『표징(表徵)의 제국』, 54~55쪽

　나와 같은 시점視點에 서면 이 책에서 '공허한 중심'으로 보인 것이 실제는 공허가 아니다. 메이지유신부터 1945년까지 그것은 어느 의미에서 '주축이 되는 중심'이었다. 그리고 제2차 세계대전이 끝난 후부터 현재까지도 거기에는 황실 제사가 이루어지고 있다. 황실 제사는 일본의 종교·정신문화에 여러 영향을 계속 끼치고 있다. 그리고 황실 제사를 중요 토대로 하면서 국가신도를 강화하려는 운동이나 국체론國體論적 언설이 계속 생산되고 있다. 엷은 방식이긴 하지만, 메이지유신 전후前後부터 형성된 국가신도는 아직도 여전히 존속하고 있다. 그것이 보기 어렵게 되어 있다는 이유야말로 '텅 빈 중심'이라는 언설이 인기를 불러일으키는 것이다.

　제2차 세계대전이 끝난 후 일본인론日本人論에서 신도나 정신문화를 언급한 유력한 것으로 '핵核이나 축軸을 "결여"한 일본문화'나 '핵이나 축을 계속 "결여"하면서 "고유적인" 것을 계속 가진 일본문화'라는 논의가 있었다. 마루야마 마사오丸山眞男는 『일본의 사상』1961에서 일본 사상의 '구조 없는[無構造(무구조)] 전통'을 논하였고 가와이 하야오河合隼雄(하합준웅)27는 『텅 빈[中空(중공)] 구조 일본의 심층』1982에서 『고사기』와 『일본서기』의 신화 이래 '중심이 텅 빈 것'이라는

논리 구조를 언급했다. 그리고 마루야마는 '구조構造 없는 전통'이 야말로 '고유신앙'의 특징에 합치하는 것이라고 말한다.

여기에서 바르트의 '텅 빈 중심'론은 일본인론의 이러한 패턴을 정착시키는 데 중요한 역할을 하였다. 바르트의 예리한 통찰은 칭찬할 만하다. 그러나 만약 바르트가 '국가신도는 무엇인가'라는 질문에 답할 만한 것을 알고 있었다면 '텅 빈 중심'론의 내용은 당연히 크게 다른 것이 되었을 것이다.

---

27 1928~2007. 일본의 심리학자.

저자 후기

국가신도가 무엇인가를 밝혀낼 수 있다면 일본인의 종교성의 문제를 풀어낼 수 있는 열쇠를 쥘 수 있지 않을까. 저자는 1970년 쯤부터 종교학을 배우기 시작한 이래 어렴풋하게나마 그렇게 느끼고는 있었다. 1960년대 이후 국가신도에 관한 중요한 연구 성과를 낸 야스마루 요시오安丸良夫 씨나 사카모토 코레마루阪本是丸 씨와는 오랫동안 연구 교류를 계속해 왔다.

그런데 나의 주요 연구 과제는 민중종교나 신종교新宗敎[1]였고 두 사람을 비롯한 역사학·종교학·신도사학神道史學·법학 등 여러 영역에서의 국가신도를 둘러싼 논의를 어떻게 대하면 좋을까, 정말 잘 보이지 않았다. 내 나름의 대응방식이 보이게 된 것은 겨우 1990년대 후반이고 그 후 국가신도에 관한 논문을 몇 편 계속 내놓았다. 10년 정도가 지나서 이와나미서점岩波書店의 편집부 직원들과 서로 이야기를 나누면서 신서新書 형태로 정리하게 되었지만, 그로부터 다시 여러 해가 흘러가 버렸다.

근대 일본사의 여러 영역이 서로 관련되는 복잡한 문제를 신서 형태로 축약적으로 더욱이 알기 쉽고 명료하게 논하는 일은 쉽지

---

1   일본에서는 막부 말기 메이지유신에 의한 근대화 이후에 걸쳐서 창시된 비교적 새로운 종교를 말한다. 2000년 이후 일본에서 일정 규모로 지속적으로 종교 활동을 하고 있는 신종교 교단은 350~400교단 정도로 생각되고 제2차 세계대전 이전 종교단체법하에서 승인된 종교는 신도(교파신도), 불교, 기독교이고 비(非)공인된 종교단체는 행정상 유사종교(類似宗敎)로 분류되었다.

않았으나, 이 작업을 하면서 근대 일본 종교와 국가와의 관련을 파악할 수 있는 큰 틀을 제시할 수 있었던 것은 아닌가 생각하고 있다. 단, 당연한데 증거가 되는 사실의 서술이나 논증을 크게 생략하지 않으면 안 되었다. 마무리 논의의 상세한 내용에 대해서는 이미 발표한 논고를 참고해 주시면 좋을 것이다. 그러한 논고를 모아 앞으로 상세한 서술이나 논증의 연구서를 내놓으려고 생각하고 있다. 또 이 책은 신도가 중심 주제이나, 불교나 신종교에 대해서도 근대정신사상의 그 위치를 다시 이해하는 실마리를 찾을 수 있었다고 생각한다. 또 세계적인 시각에서 근대 종교와 정치에 대한 비교고찰을 위한 도구 준비도 착착 진행해 왔다고 생각하고 있다. 더욱 계속 고찰해 가고자 한다.

국가신도를 고찰하는 과정에서 그간 신세를 진 사람들이 너무 많고 여기에 그 이름을 일일이 도저히 열거할 수 없다. 그러나 여러 면에서 도움을 받고 시사를 받은 사람들에게 진 큰 신세를 깊이 자각하고 있다. 그 모든 것을 가능한 한 생각하고 모든 사람에게 감사의 예를 표하고 싶다.

특히 야스마루 요시오 씨, 하야시 준林淳 씨, 이소마에 슌이치磯田順一 씨 등과 함께 해 온 종교·역사·민중연구회, 국학원대학의 사카모토 코레마루 세미나와 도쿄대학 종교학 시마조노 세미나와의 합동 세미나를 통해서 얻은 것은 적지 않다. 관련한 모든 사람에게 깊은 감사의 예를 표하고 싶다. 아제가미 나오키畔上直樹, 다테 기요노부伊達聖伸, 토모가카 오스케共關大介 등은 이 책의 초고를 읽고 귀중한 의견을 준 점도 적어 두고자 한다.

국가신도를 둘러싼 논의에서 깊이 고찰을 해야 할 논제는 여러 학문 분야에 걸쳐 있고 결론을 간단히 낼 것은 아니다. 앞으로 논의를 깊이 해가는 데 이 책이 조금이라도 공헌할 수 있기를 바란다. 또 학문적 논쟁에는 그렇게 관심이 없는 일반 독자들에게는 국가신도에 대해 배우고 생각하는 일이 일본의 종교문화와 근대사와 또 자기의 문화적·종교적 정체성正體性에 대해 다시 한번 생각하는 것과 연결되어 있다는 점을 되돌아본다면 기대 이상으로 다행이라고 생각한다.

2010년 5월 2일
시마조노 스스무

역자 후기_ 식민지 신사神社·神祠를 만나기까지의 여정 스케치

1

이 책에서는 일본 근대사에서 국가신도가 어떻게 '창출'되어 전개·확산되어 갔으며 패전 이후 그것이 과연 해체되었는가를 자문하면서 이에 답변하고 있다. 목차를 통해서 이를 구체적으로 보면, 종교지형의 관점에서 국가신도를 어떻게 자리 매김을 할 것인가, 국가신도라는 용어를 어떻게 파악해 왔는가, 에도 막부에서 메이지유신으로의 이행기에 국가신도는 어떻게 탄생하였는가, 1890년 교육칙어 발포 이후 국가신도는 어떻게 확산되었으며 패전 이후 국가신도는 과연 해체되었는가에 대해 묻고 대답하고 있다. 일본 국내 학계에서 국가신도의 역사적 평가를 둘러싼 논의의 한 축에 이 책이 존재한다. 그러나 일본 근대사에서 국가신도에 대한 역사적인 논의·평가는 일본 근대사와 그들의 식민지 역사를 전체의 시야에 놓고 접근할 필요가 있다. 일본 근대 역사식민지시대를 포함하여의 시대별 전개와 그들 외지外地, 식민지에 대한 통치 기조의 변화 간 차이 혹은 간극, 갈등, 합의 등을 시야에 놓고 일본 국내의 오키나와, 홋카이도뿐만 아니라 대만과 조선, 만주, 사할린 등으로 시야를 확대해 국가신도의 '정치학'을 살필 필요가 있지 않을까. 그렇게 할 때에야 비로소 일본 근대사와 국가신도에 대한 종합적이고 객관적인 조감이 그려질 수 있을 것이다.

이하에서 역자가 일본의 신도에 관심을 가지게 된 과정과 이 책에서 다루고 있지 않은 일제의 조선 강점 상황하 1930년대 조선의 국가신도의 문제를 간략하게나마 스케치하는 것으로 역자후기를 대신하고자 한다.

2

역자가 일본 근대사의 전개 속에서 신사의 위상 변화나 국가신도의 창출과 식민지 통치에 관심을 가지게 된 것은 일본 유학을 하면서부터이다. 그 후 관심의 폭이 넓어진 지금도 그 주제에 대한 고찰은 멈추지 않았다. 신사나 국가신도의 문제는 일본인과 일본 문화를 이해하는 데 부분에 지나지 않음에도 불구하고 그 끝이 잡히지 않는다. 역자가 일본 근대사에서 메이지 정부에 의하여 국학자와 신도 관계자 등의 협조로 창출된 국가신도를 만나기 전에는 한국사에서 시대에 따른 정치사상 등의 영향으로 무속의 존재양상에 어떠한 변화가 나타났는가에 대해 관심이 있었다. 다시 말해 오늘날 가까이서 접하게 되는 한국무속의 역사적 위상位相의 변천사를 알고 싶었다. 역자의 연구로 무속이 정치 측근으로부터 '배제'되기 시작한 것은 고려시대 이후 천체 현상에 의한 정치 판단이 출현하면서였다. 조선시대에는 더욱이 유교 정치 이념의 채택으로 무속신앙이 왕조와 사대부로부터 탄압과 통제를 받는 가운데 지역민民의 생활 현장에 뿌리를 내렸다. 그러나 여전히 무속에 대한 수요는 변하지 않아 궁중에까지도 관심을 갖게 되어 양자가 '밀착密着'하는 등의 여러 양상을 고찰하던 중 일제의 조선 강점 상황에서 무속이 이국異國의 문화와 무속이 접촉하였을 때 우리의 무속 문화에 어떠한 변용이 일어났는가 하는 주제로 관심이 옮겨지게 되었다. 전근대 무속이 식민지 통치상황에 의하여 문화접변acculturation이 어떻게 이루어졌는가를 연구하기 위해서는 전근대의 무속의 역사적 위상에 비추어서 고찰하는 것이 접근의 순서이다. 그러나 기존의 연구 성과가 있긴 하였지만 역자 나름대로 전근대 무속의 역사적 위상에 대해 면밀하게 살피지 못한 점은 방법상 오류였다. 연구 편의상 역자는 이에 관한 기존의 연구 성과에 크게 의존하여 그 오류를 면피하고자 하였다. 그것은 연구자로서 옳지 않은 태도였다. 기존의 연구 성과로는 대표적으로 유동식의『한국 무교의 역사와 구조』연세대 출판부, 1975가 있었다. 그 후 최종성의『조선조의 무속 국행의 례』일조각, 2004가 출간되어 전근대 무속의 역사적 위상에 관한 연구가 심화되어 갔다.

역자는 식민지 상황에서 식민지문화의 새로운'발견과 담론 창출'을 고찰하는 데 일본 유학 중 통독한 홉스봄E. Hobsbawm과 랑거T. Ranger가 엮은 *The Invention of Tradition*『전통의 날조와 창조 혹은 만들어진 전통』, 1983은 역자에게 많은 시사점과 개안開眼의 계기를 던져 주었다. 이와 관련하여 3·1독립선언문 기초로 투옥되었다가 1921년 11월 18일에 가석방된 최남선이 1925년에 탈고하여 1927년에 일본어로『조선 및 조선민족朝鮮及朝鮮民族』1호에 발표한「불함문화론不咸文化論」에 대해 역자는 기존과는 다른 해석을 시도했다. 여기에 말하는 다른 해석은 일제의 식민지 상황에서 최남선에 의한 불함문화권의

설정과 보편문화의 '발견'과 그에 대한 역자의 '신新해석'이었다

「불함문화론不咸文化論」은 최남선에게 친일의 '불씨'가 되었다. 최남선은 13세부터 1896년에 대일본해외교육회大日本海外教育會가 개설한 경성학당京城學堂에서 일본어를 학습한 후 황실 파견 유학생으로 동경부립 제일중학교에 입학하였으나, 가정 사정으로 1904년 11월 2일부터 1904년 12월 19일까지 재학할 수밖에 없었다. 다시 1906년 4월에는 와세다대학 고등사범부 역사지리과에 입학하였으나, 역시 집안 사정으로 1907년 3월까지 재학하는 데 그쳤다. 결국 그는 끝까지 학업을 끝내지 못하고 한국으로 돌아왔다. 그런 과정에서 최남선에게 일본은 독서와 유학 등을 통해서 가깝고 익숙한 존재가 되었다. 그는 1920년대 후반부터 「불함문화론」을 시작으로 일본어로 글을 발표하였고 그의 화자話者는 당연히 일본어를 읽고 쓸 수 있는 조선인 외의, 일본의 정치인과 지식인 등이었다.

1930년대에 발표한 최남선의 여러 글일본어 가운데 신도에 관한 것들은 일제에 의한 만주사변과 중일전쟁의 발발 전후에 추진된 일제의 전시戰時 체제 협력 구축과 관련된 것들이었다. 도쿄제국대학 교수 구메 구니다케久米邦武는 1891년에 「신도神道는 제천祭天의 고속古俗」이라는 글을 『사학회잡지史學會雜誌』에 발표하였는데 이 글이 다음해 『사해史海』에 전재되어 신도계로부터 심한 반발을 사게 되었고 그는 이른바 필화筆禍사건에 연루되어 도쿄제국대학에서 쫓겨나게 되었다. 구메의 제천과 그 제사로서 니나메사이新嘗祭, 칸나메사이神嘗祭는 일본뿐만 아니라 조선과 중국에서도 나타난다는

주장으로 본다면 구메 구니다케나 최남선은 동일선상에 놓여 있었으나 그들을 둘러싼 시대가 각각 달랐다. 구메가 살았던 시대는 일본 정부에서 1889년 대일본제국헌법을 제정하고 그다음 해 교육칙어를 발포하여 국가신도를 만들어내려는 상황에 있었고 구메나 최남선이 말하는 고ᄒ신도는 보편적인 것이 아니라 일본 고유의 신앙으로 자리 매김을 해야 하는 시대의 당위성에 있었다. 구메는 그러한 시대에 활동하고 있었다.

최남선은 구메의 글을 읽었을 뿐만 아니라 구메의 필화사건도 알고 있었을까. 시대는 변했고 1925년 조선신궁의 출현을 눈앞에 두고 있었다. 조선신궁의 제신祭神논쟁은 유명하다. 단군을 조선신궁의 제신으로 해야 한다는 주장은 아이러니하게도 구메의 주장에 심하게 저항했던 일본 신도계에서 나왔다. 이것은 1920년대의 식민지 통치 기조의 방향과 시대의 변화를 신도계에서 읽어낸 결론이고 주장이었는가. 그러나 조선총독부는 여전히 신사라는 것은 일본 고유신앙이라는 점을 고수했다. 조선총독부로서는 감히 신사에 일본 국내의 신이 아닌 다른 국가의 신을 제신으로 한다는 것은 생각하지도 않은 것이었다. 신도계의 주장처럼 조선신궁의 제신에 단군도 포함되었다고 한다면 신사참배 등 신사에 대한 조선인들의 시선과 인식이 크게 달라졌을까.

역자는 최남선에 대한 기존의 역사적 평가에서 다루지 않았던 자료들을 찾아 1920년대의 「불함문화론」이 그의 일제 협력의 출발이 되는 논리였다는 점을 밝혔다. 최근의 관련 연구들을 보면 역자가 직접 찾아 최남선의 '친일'의 변화를 고찰할 때 이용한 자료들이 연구자에게 참고가 되어 최남선 연구가 심화되고 있음을 목격한다. 역자가 최남선의 '친일'로의 변화를 밝힌 성과를 『일제하 무속론과 식민지권력』서경문화사, 1999에 실었다. 「불함문화론」이 최남선의 친일로의 불씨가 된 이유를 간략히 말하면 다음과 같다. 최남선은 천손강림에 기초한 역사의 발생과 그 문화의 연원이 되는 '붉사상'과 통하는 문화가 아시아에 광범위하게 분포되어 있다고 보고 이를 언어학적으로 접근하였다. 이로써 언어 발음의 변이에 의한 조작적 상호 관련성이 만들어졌다. 그에 의하면 모음 · (a)는 분화정도가 낮아 a, u, e, o의 어느 것으로도 변이될 수 있고 종성 ㄺ은 rk로 분리되면 r 또는 k 어느 것으로도 변전될 수 있다는 것이다. 또 한국어의 p음이 일본어로 전음이 되면 하ㅅ 행하, 히, 후, 헤, 호의 음을 취한다는 법칙에 따라 후대의 히코, 후쿠, 하라, 후루는 다 같이 그 어원이 붉으로 귀결된다고 주장했다. 이 붉사상은 태양신과 관련이 있고 태양신의 강림에 의한 국가의 발생으로 연결되는 것으로 생각한 최남선은 한국의 산 명칭에서 흰 백白을 가진 산을 찾아냈고 특히 백두산에 주목하였으며 일본의 경우에는 규슈九州의 히코야마彦山가 다름 아니라 태양의 아들日子, 일본어로 히코로 상통한다는 논리를 제시했다.

또 그는 이러한 불함문화권에서 단군을 무당으로 규정한다. 최남선은 이러한 예들을 찾아 설정한 보편문화에서 그 중심이 있다는 일견 모순적인 논리를 펼쳤다. 이 모순은 비정합의 논리를 가지고 있을 수밖에 없었다. 「불함문화론不咸文化論」을 집필했을 당시 그는 그 중심이 다름 아니라 조선이라고 주장했으나, 이는 모순을 내재하고 있는 것이었기에 그 중심은 고정적인 것이 아니라 언젠가는 움직일 것이었다. 아니나 다를까 1930년대 최남선은 그 중심의 위치를 조선에서 일본으로 치환한다. 1930년대 일제의 역사 전개 속에서 최남선은 1936년 4월에는 조선미소기회[朝鮮禊會]의 고문이 되어 일본의 신사신앙이 조선 전국에 확산되는 데 사상적으로 뒷받침하게 된다.

3

역자는 그 다음 작업으로 일본 정부로부터 '종교宗敎'로 인정을 받은 교파신도敎派神道가 19세기 말부터 한국 개항지를 중심으로 포교를 개시하였을 때 한국의 교파신도들은 한국의 여러 종교와 신앙의 형태들을 접촉하였을 것이다. 그 가운데 교파신도의 강신降神의 속성에 비추어서 한국의 무속에 주목하였을 것으로 생각한 역자의 다음 작업은 '교파신도와 한국 무속 간 접촉 방식이 무엇이었을까', '한국의 무당들은 그들과 공통적인 요소가 있으나 그들에게 이질적인 교파신도를 어떻게 바라보고 있었을까', '1912년에 제정된 「경찰범처벌규칙」조선총독부령 제40호에 의하여 경찰의 감시와 처벌 대상이 되고 있던 한국의 무당들이 생존할 수 있는 방법은 무엇이었는가' 등의 문제를 살피는 것이었다.

역자는 이러한 문제의식하에서 조선에 포교를 시작한 교파신도

가운데 일본 정부로부터 가장 늦은 1908년에 공인을 받았으나 포교에서는 가장 세력이 컸던 천리교天理敎를 중심으로 천리교와 한국 무속 간의 접촉방식을 살피고자 했다. 이것은 천리교의 요구 요건과 한국 무속의 필요 요건이 합치된 지점을 찾으려는 시도였다. 천리교의 포교는 비공식적으로는 1893년 12월에 고치분교회高知分敎會의 사토미 한지로里見半次郎에 의하여 부산에서 시작되었다. 일제의 조선 강점 이전에는 1908년 10월에 부산포교소, 같은 해 12월에 동한東韓 포교소, 1909년 1월에 경성선교소, 1910년 8월에 용산선교소가 각각 설치되었다『布敎所二關スル綴, 1907~1909』, 국가기록관 소장.

역자는 일본 유학 중에 히로시마의 천리교 교회 관계자의 도움을 받고 같은 대학원생 후쿠이 유즈루福井讓, 현 일본 국제의료복지대학 종합교육센터 준교수 씨의 자동차로 약 8시간 걸려 천리교가 개조開祖된 나라시奈良市의 천리교 본당의 대례大禮에 참여를 한 적이 있다. 이 자리를 빌어 운전과 동행을 해 준 후쿠이 씨에게 감사한다. 천리시에 도착했을 때 거리에는 핫피라 하여 천리교라는 문자를 새긴 검은 색 겉옷을 걸치고 걸어 다니는 신자들이 눈에 많이 띄었고 마치 성지 순례지에 온 것 같은 느낌을 받았다. 도착 첫 날 신자들이 묵는다는 쓰메쇼詰所에서 1박을 하였는데, 역자 기억으로는 천오백 엔인가를 지불하고 된장국과 밥, 찬 등의 간단한 조찬까지 서비스를 받았다. 그다음 날 안내를 받아 본당의 대례에 참석하였고 이미 전국에서 모인 신자들은 본당의 마루에 앞을 향하여 무릎을 꿇고 앉아 있었다. 앞에는 보일 듯 말 듯 흰 얇은 천을 위에서 밑까지 내렸고 그 안에는 교조가 앉아 있었다. 대례가 시작되었는데, 역시 천리교의 노래아마도 오후데사키에 맞추어 신자들은 모두 손가락을 움직이며手振：손짓 감사를 표시하는 돈을 기둥 여기저기에 놓여 있는 함에 넣기도 했다. 대례가 끝나고 관계자가 부산에서도 신자들이 와 있다고 하면서 역자에게 소개해 주겠다고 했다. 그러나 결국 만남은 성사되지 못했다.

패전 후 일본계 종교들이 한국을 떠났으나 광복 후 한국 내 19개 일본계 종교 교단의 한국인 신자는 2005년 8월 통계로 약 190만 명에 이르고 있다. 천리교는 일제의 패전 이후에도 한국에 남아 1960년 12월 말 통계로 3만 6천 명의 신자를 가지고 있다. 광복 후 국내의 천리교연합회가 사회단체 등록이 실패로 돌아간 후 영남교구청으로 개칭되었다가 천리교총본부가 재단법인으로 등록이 되었다. 그러나 한국 정부로부터 일본의 천리교와의 관계를 배제하고 왜색 종교로서의 색깔을 띠지 말라는 조치에 따라 대한천리교단은 일본 천리교 측에 독립된 자주 교단임을 통보하고 교단 본부로 사용하던 서울 충정로 청사에서 현재의 청파동으로 이전하게 되었다. 이에 일본 천리교 측과 연계하고 있던 영남지역의 교회장들이 천리교연합회를 결성하여 현재는 독자 노선의 입장인 대한천리교와 일본의 천리교 본부와 연계하고 있는 천리교한국교단으로 나누어져 있다. 부산역에 내려 계단을 거쳐 역 앞 광장을 걸어가다 보면 부산의 천리교한국교단 소속의 신자들이 지나치는 불특정인에게 회원 가입을 권하고 있는 광경을 목격한다. 한편 서울에서는 자전거 뒷자리에 천리교 깃발을 꽂고 전단지를 돌리고 있는 대한천리교 신자들의 모습을 접한 적이 있다.

일제의 조선 강점하에서 천리교의 포교 방식은 가족과 친족, 아는 사람들을 통해서 그들과 가까운 병든 자를 찾아 구제하는 것이다. 이들은 양기陽氣 생활의 세계를 추구하여 현세 중심적이고 인간 평등적인 세계를 구현하려고 한다. 이러한 교리는 메이지 정부가 추구하는 위계적 종교 체계와는 맞지 않는 것이었고 천리교의 교리에 역대 천황신의 성적聖的 흔적을 포함시킴으로써 메이지 정부로부터 종교로서 승인을 받게 되었다. 천리교의 조선 포교 과정에서 조선의 무속을 흡수하려는 시도에 대한 하나의 예를 제시하고자 한다. 단, 아직은 이에 관한 많은 예를 찾지 못해 이것을 천리교 포교의 일반적인 방식이라고는 말할 수 없다. 일본 미에현三重縣의 나바리名張분교회의 교사 호리이 미츠유키堀井光之가 개성에서 포교를 하고 있던 중 개성의 무당에게 천리교의 교리를 가르쳤다. 천리교포교 역사에 의하면 당시 개성의 무당 중 수장은 이대성李大成과 김원룡金元龍이었는데 이러한 양자의 접촉이 이루어진 데에는 천리교 측에서는 포교를 하는 데 있어서 조선 문화에 대한 이해를 위해서도 언어의 습득이 필요했고 개성의 무속 측에서는 경찰의 단속을 피하여 천리교 안에서 '합법적'으로 무속행위를 하려는 목적의 합치가 있었다.

한편 1920년에 들어서서 그 이전 1915년 「포교규칙」에서 유사종교로도 인정을 받지 못했던 많은 '유사종교 외 단체'가 유사종교로 인정을 받아, 학무국에 의한 관리 파악과 경무국에 의한 통제 단속이라는 이중적인 감시의 대상이 되었다. 1919년부터 조선총독부 종교과 촉탁으로 활동하고 있던 요시카와 부미타로吉川文太郎에 의한 조사에 따라 그 대상은 단군 계통, 유교 계통, 천도교 계통 등 11개 단체로 파악되었는데, 무속 단체로서는 숭신인조합崇神人組合이 유일했다. 이 단체의 역할과 그 성격에 대해서 그간 많지는 않으나 역자를 비롯하여 조흥윤, 아오노靑野正明 등에 의한 연구가 있었다. 그러나 최근 기존의 연구에서 언급되지 않은 자료를 발굴되어 진전된 연구 성과미야우치 사키(宮內彩希), 2021가 발표되었다. 이하에서는 기존의 연구와 함께 미야우치의 연구를 참고하여 숭신인조합의 전체상을 소개하고자 한다.

쓰시마對馬島 출신으로 12세에 한국으로 건너와, 조선 왕조의 문신 이재순李載純하에서 7년 동안 식객으로 일하면서 한양과 인천을 오고가며 조선과 일본 간의 교섭 시에 통역관 역할을 하기도 하였고 1899년에는 대한제국의 농상공부 기사로 고용되었으며 1914년부터 그 다음해까지 실시된 경기도 지방 토지조사위원회의 임시위원으로 일을 하다가 1915년 9월에 경복궁에서 개최된 조선물산공진회 때 수상자 명단에 오르기도 하였고 1917년 6월 14일에는 일본인으로서 경기도 부천군富川郡 오류리梧柳里의 이장이 되어 활동하기도 했던 고미네 겐사쿠小峰源作. 그는 1919년 3월 독립운동 이후 9월에 김재현金在賢의 이름으로 조선인과 일본인 간 융화와 동화를 꾀하고자 제세교濟世敎를 창립하였다. 그러나 얼마 안 있어 세력이 기울었고 1920년에는 제화교濟化敎를 창립하여 부흥을 꾀하였으나 이 또한 효과가 크지 못하였다. 그는 1920년 6월에는 "단군신檀君神을 비롯한 여러 영신靈神을 존경"하는 숭신인조합이라는 무속단체를 설치하여 "숭신인巫子, 무자들을 규제적으로 행동하도록 하게 하여 서로 친목으로써 기도하고 또는 좋은 재료를 연구시켜 세상 사람들에게 현혹을 끼치고 있는 현재의 폐해를 바로 잡고 정당한 존신의 미풍양속을 육성함으로써 하나의 종교로 하고자"하였다. 조선총독부는 숭신인조합의 설치를 허용하였고 경찰의 묵인하에 전국 각지에 80여 개의 지부를 두고 무당, 법사法師, 선관選官 등을 규합하였다. 여기에서 경찰의 묵인은 다름 아니라 숭신인조합을 통한 무속에 대한 경찰의 관리 통제를 말한다. 무당이 이 조합의 회원으로 가입하기 위해서는 1인당 4원, 매월 조합비 1원 내지 3원을 내야 했고 제신 봉사祭神奉祀 굿을 하기 전에 굿을 의뢰한 사람의 주소와 씨명, 굿의 종류, 집행일과 종료일, 굿의 장소 외에 사례 금액에 대해 사전에 조합의 인증을 받아야 한다. 사례 금액에서 굿의 등급에 따라서 1인당 50전 내지 5원을 징수하였다. 이를 지키지 않으면 면패免牌라는 회원증을 몰수하고 제신 대행 업무를 금지하며 경우에 따라서는 불종사실을 경찰 당국에 알려 엄중한 경고를 받도록 하든가 체포하여 구타하기도 하고 벌금으로 10원 또는 20원을 강제징수하기도 하였다. 경찰의 보호를 받고 있던 숭신인조합은 무녀의 가입을 통해 이익을 챙기고 있었는데, 무녀의 쟁탈을 둘러싸고 신도동영사神道同榮社와 여러 차례 충돌하여 폭행 상해 사건을 일으켜 왔다. 1926년

12월 9일에 일어난 사건의 예이다. 그 날 숭신인조합 소속의 무당 정광태鄭光泰가 고양군 한지면 하왕십리에 사는 허주許鑄에게 힘센 사람 20명을 모아달라고 부탁하였다가 이를 거절당하자 다른 곳에서 모집해서 그 날 국사당에서 거행된 신도동영사 무녀들의 굿을 습격하여 폭행하려다 경찰의 제지로 목적을 달성하지는 못했다. 이를 통해서 경찰과 연결되어 있던 숭신인조합에서는 경찰의 힘을 빌어 무녀들의 가입을 통해 무녀를 통제를 하고 있었다는 것을 엿볼 수 있다. 결국 숭신인조합은 운영상의 문제를 놓고 간부 간 갈등으로 창립된 지 7년 만에 와해되었고 와해된 이후에는 1931년과 32년 사이에 숭신회崇神會, 숭신교회崇神敎會, 숭신자치회崇神自治會, 신도창복회神道昌復會, 신도교단神道敎團, 성화교회聖和敎會 등의 이름을 띤 단체들이 나타났다.

4

조선의 3·1독립만세운동은 일제가 '조선사변'이라고 인식할 정도로 그들에게 큰 충격을 던져주었고 그 간의 식민지 정책과 통치기조에 대한 반성, 총독 경질과 함께 그 간 내지연장주의內地延長主義를 주창해 온 수상 하라 다카시原敬의 주문「조선통치사견(朝鮮統治私見)」등 여러 식민 정책적 변화를 불러일으켰다. 그것은 조선인의 일본인으로의 동화同化를 위한 무단통치에서 점진적인 동화에 초점을 둔 문화통치로 전환하는 것이었다. 통감부 시기 대한제국의 식민지화를 전제로 내지연장주의의 시행 여부를 확인하기 위해 한일 비교라는 관점에서 도쿄제국대학 교수 우메 겐지로梅謙次郎, 1860~1910.8에 의한 부동산법조사회1906년 설치와 법전조사국1907년 12월 설치의 구관舊慣조사 성과『한국부동산에 관한 조사기록』;『관습조사보고서』등를 이어받은 조선총독부는 일본 국내법의 적용이 아닌 독자적인 법역法域을 구축하기 위해 취조국取調局, 1910.9~1912.4, 총독관방참사관실1912.5~1915에 이어 중추원1916~1937으로 연결되는 구관조사가 지속적으로 실시되었다.

이 과정에서 1919년 3·1독립만세 발발 이후 도쿄제국대학 사회학 전공으로 1919년 7월에 졸업한 무라야마 지준村山智順, 1891~1968을 조선총독부 촉탁으로 임명하여, 그에게 사회학적으로 조선의 민족성을 조사하라는 과제를 부여한다. 그는 1919년 9월부터 1941년까지 조선총독부 촉탁으로서 조선 사회에 머물면서 조선인의 민족성을 조사 연구하여 그 성과물을 조선총독부에 제출하였다. 무라야마는 조선인의 민족성을 찾기 위해 문헌과 현지 조사, 언론자료 등을 토대로 귀신을 시작으로 풍수·무속·점복 등 민간신앙을 조사하여 이른바 '4부작'을 1929년부터 제출했다. 그는『조선의 귀신』민간신앙 제1부의 「서언」에서 '사회의 공동작위共同作爲'에 의하여 만들어진 문화를 개인적 속성을 가진 신앙현상에 비추어서 고찰하는 것은 무의미하고 문화를 고찰할 때에는 '그 민족에 공통적인 신앙현상'에 착목해야 하는데 그 공통적인 신앙이 바로 민간신앙이라고 주장하였다. 또 그는 민간신앙은 저급한 내용을 갖는 것이 당연하여 그것이 접목에 의하여 잎과 꽃을 내면 고급사상이 된다는 논리를 제시한다. 여기에서 또 그는 접목에서 그 대목이 되는 간근幹根을 보고 그것을 심게 되는 밭이 다름 아니라 조선의 민간신앙이라고 보았다. 궁극적으로 그는 일본의 문화와 조선의 민간신앙 간 '접목' 가능의 여부를 확인·타진하기 위해 민간신앙을 조사·연구하게 되었다고 말할 수 있다.

무라야마는 조선의 부락제部落祭와 무격巫覡을 조사하면서는 "부락민들이 그 생활을 위협하는 재해災害를 피하고 그 생활을 증진시키는 행복을 구하기 위하여 신명神明에게 기원함으로써 어떠한 불안도 없이 오히려 감사에 충만한 생활을 하기 위한 목적에서 마음을 합쳐 연1회 또는 여러 차례 제사를 행하는 향토적 연중행사의 하나"로서 "농촌진흥을 목표로 한, 심전개발心田開發에 필요한 심전의 인식은 사회공동성이 가장 농후한 향토신사鄕土神事"로 부락제를 자리매김하였다. 또한 무격에 대해서는 사회적, 경제적, 위생적 폐해를 불러일으키는 미신으로서 타파의 대상이 되기도 하지만 식민지 통치 차원에서 특히 신도정책의 추진과 관련하여 활용 가능성을 모색했다. 무라야마는 그 합당한 이유를 "고대의 무巫를 연구하면 고사기古事記 및 풍속기風俗記에 표현된 것과 비슷하고 무와 일본의 신교神敎와의 그것이 상호 우열이 없다"고 파악하였다. 무라야마가 무속에 대한 탄압정책에 반대했듯이, 일찍이 조선의 무속신앙을 조사 연구한 도쿄제국대학 인류학교실의 도리이 류조鳥居龍藏도 같은 입장에 있었다. 여기에서 반대했다는 맥락은 무속을 보호·육성한다는 것과는 차이가 있고, 무속신앙을 정책적으로 신

중하게 접근해야 한다는 것이고 조선인에게서 발견되는 '무속심巫
㣼'을 식민지 통치에 활용가능성을 전제로 하는 것이었다고 보아
야 할 것이다. 도리이는 함경도 지방의 무속을 조사하면서 여무女
巫가 많은 지역은 일본의 원시신도原始神道에서와 같이 방울을 소유
하고 있다는 점에 착안하여 식민지 포교를 할 때 이 지역을 식민지
정책적으로 이용할 가치가 있다는 점을 이야기했고 무라야마는
조선의 무인巫人들을 신사神社에 편입시켜서 사회적으로 폐해를 일
으키지 않도록 그들을 통제해 나갈 것과 심전개발정책과 관련해
서는 조선의 귀신신앙을 적당히 지도하고 그것을 개발시켜 나갈
것을 제안하였다.

5

1925년 10월 15일에 경성 남산에 조선신궁朝鮮神宮이 창립되기
이전에도 조선 각지에 신사가 창립되었다. 일제의 조선 강점 이
후 1916년부터 신사들이 창립되기 시작하였다. 그러나 일제의 조
선 강점 이전에도 한반도에 창립된 신사가 있었다. 그것은 부산에
한일 무역의 거점으로서 설치된 왜관에 쓰시마번對馬藩에 의하여
1678년에 창립된 용두산신사龍頭山神社였다. 이 용두산신사는 1917
년에 국폐소사로 승격되었다. 1916년에 창립된 신사의 사격社格과
제신祭神과 진좌지鎭座地를 정리하면 아래 〈표 1〉과 같다.이하 모든 표는
『大陸神社大觀』(대륙신사연맹 편, 1941)을 참고하여 역자가 작성하였음

도별	신사명	사격(社格)	제신	진좌지
경기도 (3)	경성신사	국폐소사	천조대신(天照大神) 국혼대신(國魂大神) 대기귀신(大己貴神) 소언명신(少彦名神)	경성부 왜성대
	인천신사	도공진사	천조대신 메이지 천황(明治天皇)	인천부 궁정(宮町)
	개성신사	부공진사	천조대신	개성부 송도정(松都町)
전북(2)	대장(大場)신사		천조대신	익산군 춘포면(春浦面)
	서수(瑞穗)신사		천조대신 풍수대신(豊受大神) 시저도희명(市杵島姬命)	옥구군 서수면
전남(1)	송도(松島)신사	부공진사	천조대신	목포부 송도정
경북(1)	대구신사	국폐소사	천조대신 국혼대신	대구부 달성정
경남(3)	진해신사	읍공진사	천조대신 풍수대신(豊受大神)	창원군 진해읍
	통영신사	읍공진사	천조대신	통영군 통영읍
	밀양신사	읍공진사	천조대신 예전별명(譽田別命) 비매신(比賣神) 장대희명(長帶姬命)	밀양군 밀양읍
평남(2)	평양신사	국폐소사	천조대신 국혼대신	평양부 경상리(慶上里)
	진남포신사	부공진사	천조대신	진남포부 용정리
평북(1)	용천신사		천조대신	용천군 용천면
함남(2)	함흥신사	도공진사	천조대신	함흥부 지락정(知樂町)
	원산신사	부공진사	천조대신	원산부 천동(泉洞)

위 〈표 1〉에 의하면 전국적으로 1916년에 창립된 신사는 모두 15개였다. 경기도와 경남이 각각 3개로 우위였다. 이들 신사의 제신은 공통적으로 아마테라스 오미카미 외에 신사에 따라 당시 메이지 천황, 국토 그 자체를 신격화한 국혼대신國魂大神, 구니타마 오미카미,

국토창조신 대기귀신大己貴命, 오나무치노카미, 체격이 작은 신으로 일본을 창조했다는 대국주신大國主神, 오쿠니누시노카미과 협력하여 국가를 만든 의약의 신 소언명신스쿠나비코노카미, 오곡을 관장하는 풍수대신豊受大神, 토요우케노오카미, 무신武神 예전별명譽田別命, 혼다와케노미코토, 신사의 주 제신의 처 또는 딸, 혹은 관계가 깊은 여신 비매신比賣神, 히메가미, 천공황후의 또 다른 이름 장대족(足)희명나가타라시히메노미코토, 물의 신이기도 하고 자식 보호와 재보財寶・기예의 신 시저도희명市杵島姬命, 이치키시마히메노미코토이었다. 천조대신 외에 언급한 제신들이 제사의 대상이 된 이유는 분명하지 않다. 물론 당시 이 제신들이 해당 신사의 제사 대상이 된 이유는 있었을 것이지만 자료가 남아 있지 않아 알 수 없다.

위 〈표 1〉의 창립 신사를 통해서 공진사로서 신사가 창립된 지역은 적어도 일제의 조선 강점 전후로 일본인들이 한국조선으로 건너와 많이 거주한 곳이라는 것을 엿볼 수 있다. 적어도 공진사共進社의 창립 요건에 부합되어야 할 숭경자崇敬者 일본인 30인 이상이 그 지역에 거주하고 있었다는 것은 말할 수 있다.

1916년 신사의 창립은 그 신사 창립의 조건과 허가 절차, 망실 후 재건, 폐지 또는 합병 등에 관한 법으로서 「신사사원규칙神社寺院規則」조선총독부령 제82호, 1915.8.16, 전체 12조의 제정과 무관하지 않다. 그 규칙에 의하여 신사에 한하여 언급하자면 신사를 창립하려는 사람은 신사의 창립이유, 신사의 칭호, 창립지명, 제신, 유지방법, 숭경자 수, 창립비용과 그 지변 방법, 건물 및 경내의 평수 등을 구비하여 숭경자의 최저 필요 30명 이상의 연서를 받아 제출하면 조선 총독으로부터 허가 여부가 결정이 된다. 또 숭경자의 총대總代는 3명 이상을 선출하여 신고하도록 정하였다. 따라서 신사神社는 뒤에서 언급하게 될 신사神祠와는 규모와 운영 면에서 차이가 컸다. 이 규칙은 조선총독부령 제81호1936.8.10에 의하여 1936년 8월에 폐지되었다.

1917년 3월에 총령總令 제21호「신사에 관한 건神祠ニ關スル件」전11조에 의하여 신사神祠는 "신사神社가 아니고 공중이 참배하도록 하기 위해 신기神祇를 봉사奉祀하는 것"제1조으로 정의되었다. 앞의 신사와는 달리 신사를 창립하려면 숭경자 10명 이상이 연서한 후 설립 사유, 신사칭호, 설립지명, 제신, 건물 및 부지 평수, 도면 및 배치도, 설립비 및 지변 방법, 유지 방법 등을 구비하여 조선 총독의 허가를 받도록제2조 정했다. 목적이나 조선 총독의 허가, 숭경자와 총대의 존재 등을 보면 크게 다르지 않으나 결정적인 차이는 연서하는 숭경자의 수와 공간 구조가 다르다는 것이다.

신사神社보다도 신사神祠가 먼저 세워졌다. 1916년 이전에 전국에 3개소의 신사가 세워졌다. 1914년에는 대구부 효목동孝睦洞과 경주군 강서면 안강리安康里에 세워졌는데 전자의 제신은 아마테라스 오미카미가 아니라 안도쿠 천황安德天皇, 1178~1185이었고 후자는 아마테라스 오미카미였다. 안도쿠 천황은 역대 천황 가운데 가장 일찍이 요절한 천황이다. 대구부 효목동의 신명신사의 제신이 왜 안도쿠 천황인지에 대해서는 현재로서는 알 수 없다. 1915년에는 충남 논산군 광석면光石面 천동리泉洞里에 세워진 신명신사神明神祠가 그것이다. 제신은 아마테라스 오미카미였다. 1916년에 전국에 14개소의

신사가 창립될 때 신사神祠는 겨우 1개소가 세워졌는데, 함남 삼수

군三水郡 신파면神坡面 신갈파진新乫坡鎭의 오토코야마하치만신사男山八

幡神祠가 그것이다. 제신은 하치만신八幡神과 코토히라신琴平神이다.

1917년 면제面制의 본격적인 실시로 일본인이 다수 거주하는 면

전체 2,512개 면의 1퍼센트도 되지 않은 23개 면을 특별히 지정하였고오동석, 2004, 22쪽

같은 해 3월 총령 제21호「神祠ニ關スル件」이 발포된 이후 같은

해에 전국적으로 모두 10개의 신사神祠가 창립되었고 1918년에는

20개소로 크게 증가하였다. 한편 1917~1918년에 신사神社는 12

개소1917와 2개소1918로 모두 14개소가 창립되었다. 1917~1918년

의 전국에 걸친 신사神社, 神祠의 현황을 보면 아래〈표2~5〉와 같다.

〈표 2〉1917년에 창립된 신사(神社)의 현황

도별	신사명	사격	제신	진좌지
경기도(1)	수원신사	읍공진사	천조대신	수원군 수원읍
충남(1)	대전신사	도공진사	천조대신 메이지 천황 소헌황태후(昭憲皇太后)	대전부
전북(1)	이리신사	읍공진사	천조대신	익산군 이리읍
전남(2)	광주신사	도공진사	천조대신	광주부
	동산(東山)신사		메이지 천황 소헌황태후	장성군 장성면(長城面)
경남(3)	용두산신사	국폐소사	천조대신 국혼대신 대물주신 표통남명(表筒男命) 중통남명(中筒男命) 저통남명(底筒男命)	부산부 변천정(辨天町)
	진주신사	도공진사	메이지 천황	진주부
	삼량진신사		천조대신	밀양군 삼량진면

도별	신사명	사격	제신	진좌지
평북(2)	평안(平安)신사	도공진사	천조대신 천지자팔근명 (天之子八根命) 품타별명(品陀別命)	신의주부 앵정(櫻町)
	의주(義州)신사		천조대신	의주군 의주읍
함북(2)	청진(淸津)신사	읍공진사	천조대신 메이지 천황	청진부 목하전정(目賀田町)
	성진(城津)신사	읍공진사	천조대신 대물주명(大物主命) 스토쿠 천황 예전별명(譽田別命)	성진군 성진읍

〈표 3〉 1918년 창립된 신사(神社)의 현황

도별	신사명	사격	제신	진좌지
황해도(1)	해주신사	도공진사	천조대신 메이지 천황 국혼대신 소잔명대신(素盞命大神)	해주부
강원도(2)	강원신사	도공진사	천조대신 메이지 천황 국혼대신 소잔명대신(素盞命大神)	춘천군 춘천읍

〈표 4〉 1917년 전국의 신사(神祠) 현황

도별(10)	사호(祠號)	제신	진좌지
경기도(3)	신명신사(神明神祠)	천조대신	광주군 중대면(中垈面) 방이리(芳荑里)
	신명신사	천조대신	경성부 영등포정 496
	신명신사	천조대신	부천군 소사면(素砂面) 심곡리(深谷里)
충남(1)	신명신사	천조대신	부여군 홍산면(鴻山面) 남촌리(南村里)
경북(1)	신명신사	천조대신 소잔명존 (素盞鳴尊)	청도군 화양면(華陽面) 범곡리(凡谷里)

도별(10)	사호(祠號)	제신	진좌지
경남(2)	코토히라신사 (金刀比羅神祠)	내눌수명 (大物主命) 스토쿠 천황 (崇德天皇)	하동군 진교면(辰橋面) 진교리
	신명신사	천조대신	고성군 고성면 동외동(東外洞)
평남(1)	신명신사	천조대신	안주군 신안주면 원흥리(元興里)
강원도(1)	신명신사	천조대신	삼척군 삼척면 성내리(城內里)
함남(1)	북청(北靑)신사	천조대신	북청군 북청읍내리

<표 5> 1918년 전국의 신사(神祠) 현황

도별(20)	사호(祠號)	제신	진좌지
경기도(3)	신명신사	천조대신	포천군 군내면 구읍리(舊邑里)
	신명신사	천조대신	파주군 임진면 문산리(汶山里)
	신명신사	천조대신	용인군 용인면 금량장리(金良場里)
충북(2)	신명신사	천조대신	옥천군 옥천면 삼양리(三陽里)
	신명신사	천조대신	영동군 영동면 계산리(稽山里)
충남(3)	신명신사	천조대신	보령군 대천면 대천리
	신명신사	천조대신	서천군 서천면 군사리(郡司里)
	신명신사	천조대신	논산군 논산면 대화정(大和町)
전북(2)	신명신사	천조대신	익산군 오산면(五山面) 오산리
	하치만(八幡)신사	예전별명 외이신(外二神)	군산부 도원정(桃園町)
경북(2)	신명신사	천조대신	달성군 해안면(解顔面) 방촌리(芳村里)
	선산(善山)신사	천조대신	선산군 선산면 동부동(東部洞)
경남(1)	신명신사	천조대신	동래군 동래읍 온천리
평남(1)	신명신사	천조대신	대동군 추을미면(秋乙美面) 사동리(寺洞里)
평북(5)	하치만신사	응인천황 (應仁天皇)	강계군 고산면 포상동(浦上洞)
	하치만신사	장족희명 (長足姬命)	초산군 초산면 성동동(城東洞)·성서동(城西洞)
	신명신사	천조대신	자성군(慈城郡) 자성면 읍내리
	신명신사	천조대신	선천군(宣川郡) 선천면 천남동(川南洞)

도별(20)	사호(祠號)	제신	진좌지
평북(5)	신명신사	천조대신 오토코야마 하치만 (男山八幡)	자성군 중강면(中江面) 중평동(中坪洞)
함남(1)	신명신사	천조대신 코또히라신	북청군 신포읍(新浦邑) 신포리

이상 1910년 8월 이후 일제의 조선 강점 전후에 한반도 여러 지역에 재조 일본인 사회의 윤곽을 신사의 창립 현황을 통해서 엿볼 수 있다. 특히 1916년에 창립된 신사神社의 제신과는 다른 제신으로 메이지 천황의 황태후 소헌황태후, 이자나기의 미소기[禊]로 탄생한 물의 신 표통남명우와츠노오・중통남명나카츠노오・저통남명소코츠노오, 궁정제사를 담당한 나카토미 씨中臣氏의 조신祖神 천지자팔근명아메노코야네노미코토, 대물주명오모노누시노미코토, 스토쿠 천황, 오진 천황應神天皇인 품타별명호무다와케노미코토, 이즈모出雲신화의 조신 소잔명대신스사노오노미코토, 안산安産의 신 남산팔번오토코야마하치만이 등장하고 있는 것도 특징 중 하나이다. 그만큼 일본인의 조선 거주자 수의 증가와 함께 그들의 일본 국내 출신지역이 다양화되고 있었음도 엿볼 수 있다. 물론 그들이 거주하게 된 조선 내 지역 환경의 영향도 있었겠으나 그들이 일본 국내에서 신사에서 제사한 제신들을 가져왔을 가능성이 있다.

적어도 신사가 창립된 지역에는 일본인 사회가 형성되었고 신사의 규모에 따라 일본인 사회의 규모도 알 수 있다. 이를 '거류민신사'川瀬貴也, 2023, 120쪽 또는 '해외신사'中島三千男, 2013라고 부른다. 한편 1910년대 조선총독부의 입장에서는 일본 국내와는 다르게 신사를 '비종교非宗教'가 이니라 사원과 함께 '지배를 위한 말단시설'川瀬貴也, 2023, 121쪽로 간주하여 신사 창립의 조건 등에 관한 법률을 제정하여 신사 창립을 법적으로 보장함으로써 재조일본인 사회를 통한 지역의 간접 지배를 도모하고자 한 것이라고 말할 수 있다. 그러나 일본인의 입장에서는 신사는 재조일본인의 일상 종교생활의 안온을 기원하고 또 일본인으로서의 아이덴티티를 유지하는 등 오로지 일본인 자신들을 위해 세운 것이다中島三千男, 2013, 19쪽. 신사에 대해 일본 국내의 그것과는 다른 시선은 1920년대 조선신궁의 조영 이후 재조일본인 수의 증가와 함께 신사 창립의 증가를 불러일으켰다.

(상) 조선신궁, (하) 목포 송도신사

(상) 성진신사, (하) 평양신사

6

1910년 이전에도 물론 일본 전관專管 거류지에 이주 일본인들에 의해 신사들이 건립되었지만, 천황가의 시조라는 아마테라스 오 미카미와 식민 지배 당시의 메이지 천황을 제신으로 하는 '조선신 사朝鮮神社'를 건립하려는 움직임은 1918년 11월 28일 자로 내각총 리대신에게 조선 총독 하세가와長谷川가 청의내밀(內秘) 제424호하면서 본격화되었다. 조선신사의 조영이 본격화된 시기는 1918년이지만 그에 대한 건립계획은 이미 1910년부터 세우고 있었다. 일본 국내 의 도쿄에 있는 황전강구소皇田講究所에서 열린 전국신직자평의회全 國神職者評議會에서 재조 일본인在朝日本人의 일본 국내와의 연쇄連鎖와 충군애국忠君愛國의 정신함양을 위해 경성에 신사 건설의 필요성이 제기되었다.中濃敎篤, 1973

앞서 언급했듯이 「포교규칙」을 발포하였을 뿐만 아니라, 1915 년 8월 16일에는 부령 제82호에 의하여 「신사사원규칙」을 발포하 여 신사창립의 목적, 제신, 유지의 방법, 특히 신사의 폐지, 합병, 신 사의 칭호의 변경, 제신의 증감 변경에 대한 것들까지 조선 총독, 도 장관에 신고하여 그 허가를 얻도록 규정해 놓음으로써 신사는 총독, 도장관의 통제하에 놓이게 되었다.

이와 같은 법적인 토대 위에서 하세가와 총독부터 총예산 약 150만원을 투입하여 1918년 이후 4년에 걸쳐 조선신사의 공사가 착수되었다. 장소는 경성부현 서울 남산으로 정하고 제신에 관해서 는 일선융화를 내세워 단군도 조선신궁에 합사하자는 등의 논의도 있었으나 결국 일본 천황중심의 정책에 따라서 아마테라스 오미카미, 메이지 천황으로 정하고 사격은 관폐대사로 정해졌다.

그 후 조선신사에 대한 지진제[1920.5.27]와 상동제[1924.4.3]를 올렸고, 1924년 10월에는 각 가정에도 대마大麻와 역의 반포를 통해 천황지배를 공고히 하고자 하였다. 1925년 6월 27일에 '조선신사'라는 명칭을 "조선인은 예부터 전례격식을 중히 여겨 사격을 어떤 것으로 하느냐 하는 것이 조선인에게 던져 줄 감상에 대해서도 깊이 주의하지 않으면 안 되고 더욱이 신궁의 명칭은 조선에 있는 일본인에 대하여 극도의 기쁨을 줌과 동시에 숭경의 뜻을 환기하여 신영토의 개발에 관하여 매진케 할 수 있기 때문"安部俊二이라 하여 '조선신궁'으로 바뀌었다내각고시(內閣告示) 제6호. 1925년 10월 15일에 진좌제가 열림으로써 조선신궁이 완공을 보게 되었다.

1920년대에는 경성 남산에 조선신궁朝鮮神宮의 조영 전후로 신사 창립의 경향에 차이를 보이고 있다. 조선신궁이 창립된 1925년 이전보다 그 이후에 신사의 창립이 증가하는 현상을 보이고 있다. 이는 조선신궁의 조영이 신사 창립에 일정하게 영향을 끼쳤음을 엿볼 수 있는 부분이다. 1926년을 기준으로 1920년부터 1925년까지 창립된 신사神祠 수는 60개소이고 1927년부터 1929년까지 창립된 신사神祠 수는 71개소이다. 이러한 증가율은 무엇을 말해주는가. 이는 전체적으로 1920년대에 재조在朝 일본인의 수가 증가하고 있었다는 것과 조선신궁의 조영이 일정하게 끼친 영향의 측면을 보여주고 있는 것이라고 생각할 수 있다.

1941년 말 통계로 보면 신사神社는 창립 연대상 1910년대가 39
개소, 1920년대가 16개소, 1930년대가 10개소로 점차로 줄어드
는 추세에 있었는데 비하여 신사神祠는 1910년대 33개소, 1920년
대 71개소, 1930년대 319개소로 증가추세를 보이는 가운데에서
도 1930년대에 현저하게 증가되었다. 신사의 증가현상 가운데 특
히 1930년대 급증을 보이고 있는 지역은 전라남도이다. 전라남도
의 경우 1920년대의 신사 현황을 우선 보도록 한다.

〈표 6〉1920년대 전라남도의 신사(神祠) 현황

도별	창립	사호(祠號)	제신	진좌지
전남(11)	1921년	신명신사	천조대신	강진군 강진읍 남성리(南城里)
		신명신사	천조대신	고흥군 봉래면 신금리(新錦里)
	1922년	신명신사	천조대신	광산군 송정면 신촌리(新村里)·소촌리(素村里)
	1923년	신명신사	천조대신	장흥군 장흥면 남동리(南洞里)
		신명신사	천조대신	강진군 작천면(鵲川面) 삼당리(三棠里)
	1924년	코토히라신사	대물주신 스쿠쿠 천황	완도군 완도면 군내리(郡內里)
	1925년	신명신사	천조대신	함평군 함평면 기각리(箕閣里)
		신명신사	천조대신	영광군 영광면 무령리(武靈里)
	1927년	신명신사	천조대신	나주군 남평면(南平面) 남평리
	1928년	신명신사	천조대신	담양군 담광면(潭光面) 만성리(萬成里)
	1929년	신명신사	천조대신	영암군 영암면 동무리(東武里)·서남리(西南里)

〈표 6〉에서 알 수 있듯이 이 지역에는 1920년부터 재조 일본인
이 거주하고 있었다는 것을 보여주는 것은 분명하다. 1920년대 전
남의 신사 수는 1940년 말까지의 총 224개소의 겨우 약 5퍼센트
에 지나지 않았다. 1930년대에 다른 도의 증가율과 다르게 1939
년과 1940년에 급증을 보이고 있으나 1930년부터 1938년까지의

신사 수는 18개소로 1940년 말까지의 총 224개소의 8퍼센트를 차지하고 있다. 이러한 추세를 보이던 전남의 신사 수는 1939년과 1940년에 191개소로 급증한다. 1939년에는 134개소, 1940년에는 61개소가 창립되었다. 2개년 동안 195개소의 신사가 창립되어 전남의 총 신사 224개소의 약 87퍼센트를 차지하고 있다. 이것은 무엇을 의미하는가. 아무리 '1면面 1사祠'에 의하였다고 하더라도 다른 도에서는 나타나지 않는 급증이 왜 유독 전남에서만 나타나고 있는가. 전남의 신사 총수는 1940년 말 전국의 신사 총수와 비교를 해보아도 37퍼센트라는 높은 비율을 차지하고 있다. 연구中島三千男, 2013, 17쪽에 의하면 1900년부터 1945년에 이르기까지 대만에 세워진 사社는 116개소인데 비하여 조선에 세워진 신사神祠는 913개소로 큰 차이를 보이고 있다. 연구이동훈, 2019에 의하면 1925년 말의 통계인데 전남의 부군府郡에 거주하는 일본인 수를 보면 목포부가 6,709명으로 가장 많고 군 가운데에는 광주군이 5,653명으로 가장 다수를 차지하고 있고 곡성군이 223명으로 가장 적다. 13개도道 가운데 경기도가 가장 많은 일본인이 거주하고 있고 그 다음으로는 경남, 경북, 전남의 순이다. 이 추세로 미루어 보면 1939년과 1940년 전남의 재조일본인의 수는 증가하였을 것으로 추정할 수는 있겠으나, 다른 도의 재조일본인 증가 비율과 비교할 수 없는 상황에서 전남에만 나타난 신사 창립의 급증 현상의 이유를 황민화정책만으로 설명하기에는 부족하다.

히우라 사토코樋浦郷子, 2013, 187~194쪽도 전남의 이러한 급증현상을 주목하였고 이에 대해 전라남도만이 앞의 '1면 1사' 정책을 1939년 2월 말부터 1945년까지 급격하고 더욱이 대규모로 추진하였기 때문이라고 보았다. 그 정책의 실시에 의한 신사 창립의 급증현상을 설명할 때 또 주목할 만한 것은 이전의 신사 창립을 신청한 주체는 재조 일본인이었으나 1939년 이후부터는 '조선인 면장'으로 바뀌었다는 점이다. 이는 일본인 거주 상황을 고려한 것이 아니라 군郡 차원에서 행정적으로 신사神祠 신설이 본격적으로 이루어졌다는 것을 말해준다. 이렇게 하여 전남에서는 '1면 1사'에 의한 신사의 창립은 1941년에 완결되었으나 신사神祠가 신사神社로 승격한 예는 1939년 8월 15일 자의 여수신사麗水神祠 한 곳이었다. 그러나 히우라樋浦郷子, 2013, 190쪽에 의하면 전남에서 일어난 신사 창립의 급증은 현실적으로 실제의 건설이나 관리자 육성에 큰 차질을 가져왔다고 한다.

7

조선신궁의 초대궁사로 취임한 다카마쓰 지로高松四郎는 1929년 1월 21일자로 조선총독부의 조선신궁에 대한 무관심에 불만을 표명한 「야마나시 조선 총독에게 올리는 글」을 내각에 보고하였다. 그는 사전社殿의 방한防寒 및 방우防雨공사 등에 대한 예산을 삭감하였다든지 궁사가 칙임대우임에도 불구하고 관사가 없고 거주공간조차 비가 새는 등의 열악한 대우였고, 무엇보다도 조선신궁이 진좌된 이래 기년제祈年祭 2회, 신상제神嘗祭 3회가 열렸지만 총독이나 정무총감은 조선신궁에 참배하지 않았다는 점을 폭로했다. 그 외에노 수선신궁 조영 이래 17회에 걸친 여러 제의祭儀에도 총독이나 정무총감의 참배는 없었다는 점을 들어 조선총독부의 신사 정책을 비판하였다. 이에 대해 란기欄木壽男는 "당시, 극단적인 천황주의자, 신기神祇 사상가에 의한 사상운동도 있었지만 그것과 관련하여 일본의 고유신앙을 해외, 식민지의 현지인들에게 그 민족성과 전통을 무시하고 강요할 수 있는가에 대한 논의가 있었다. 그리고 지식층 사이에서는 오히려 부정적인 견해가 대부분이었다. 그것을 제국정부는 무시할 수 없었다……. (일본 국내의 신사제도와는 달리 -역자) 해외 식민지에서는 교화敎化의 실제적인 면에서는 아직 정책화政策化를 보증할 수 있는 신사제도가 존재하지 않았다"라고 미未참배의 배경을 파악했다. 그러나 다카마쓰 시로의 '폭로' 이후 일본 내각에서는 총독에게 '경고'를 보낸 이후 조선 총독도 조선신궁 행사에 참배하게 되었다.

조선 총독을 비롯한 식민지 관료들도 신사참배를 하게 된 가운데 1930년대에 들어서서 조선총독부 촉탁에 의한 조선의 민간신앙에 대한 조사, 특히 무속조사 결과, 무속신앙과 신사신앙간 '접목'가능성이 신중하게 제기되고 있었다. 우가키 가즈시게宇垣一成 총독은 1931년 6월 17일에 조선 총독에 취임한 이래 1936년 8월에 총력전의 전개와 함께 일본을 둘러싼 국내외의 변화에 주목하여 그것을 극복하기 위한 여러 식민지정책들을이 강구하였다. 그 가운데 '비상시非常時'를 극복하기 위해서는 '민심의 작흥作興'이 가

장 중요하다고 판단한 그가 생각해 낸 것이 심전개발心田開發운동이
었다.

총독 자문기관 중추원의 신앙심사위원회는 1935년에 '심전개
발에 관한 강연회'를 개최하였다. 이는 조선총독부의 식민지정책
에 부합하기 위한 움직임의 하나였다. 이 강연회에서 조선의 '고유
신앙固有信仰'에 대한 정의와 함께 '심전개발心田開發'의 방법이 제시
되었다. 강연자들은 조선총독부 촉탁 무라야마 지준村山智順 등 조
선무속의 조사와 연구에 종사하는 조선인최남선, 이능화과 일본인으로
구성되었다. 그들은 조선의 고유신앙이 형성된 시점을 유교 이전
의 삼국시대로 설정하고 '유교색'이 없는 '범신론적이고 귀신신앙'
적 형태로 식민지 시기 낭시에노 '산존'하고 있음을 깅고히였다.
조선의 고유신앙 가운데 특히 무속에 주목하였다. 한편 일본 국내
에서도 '고신도古神道'가 조선의 고유신앙에서와 마찬가지로 '경신
敬神'을 공통적인 요소로 하고 있음에 주목하고 양자의 결부 가능성
이 타진되었다. 그들에게 '경신'이야말로 양자를 묶을 수 있는 키
워드적인 요소로서 이를 통해 심전개발의 방향도 설정할 수 있다
는 가능성이 제기되었다.

1936년 7월 31일은 조선에서의 신사 정책 역사에서 기억할 만
한 날이다. 그간 공포된 칙령을 개정하거나 새롭게 칙령을 발포한
것인데 5건제250~254호 가운데 제253호를 제외하고 모두 개정된 칙
령의 공포였다. 「관국폐사직제官國弊社職制」칙령 제27호, 1902.2.10 중 제11
조에 조선 총독에 관한 규정이 없었기 때문에 칙령 제250호는 그

부분을 첨가한 것이다. 그 결과 "본령 가운데 내무대신의 직권은 조선에서는 조선 총독, 지방장관의 직권은 조선에서는 제2조의 경우를 제외한 외에는 조선 총독이 그것을 수행한다"는 점이 부가되었다. 칙령 제251호는 「관폐대사 및 신궁신부서신직임용령官幣大社及神宮神部署神職任用令」에 새로운 조항으로 제13조에 "조선에 있어서는 본령 가운데 주무대신에 속하는 직권은 조선 총독이 이것을 행하고 제3조 가운데 주무성으로 되어 있는 것은 조선총독부, 제9조 중 문부대신으로 되어 있는 것은 문부대신 또는 조선 총독으로 하고 조선 총독이 선임하는 신직고등시험위원은 전형에 한해 그것을 행한다"로 정해 놓고 있다. 이렇게 신사에 관한 직권을 조선총독부나 조선 총독에게 부여한다는 방향으로 바꾸었다.

칙령 제252호는 1925년 9월 11일에 칙령 제276호로 공포된 「조선신궁직원령」 제9조의 '급권궁사及權宮司'와 제10조를 삭제하였다. 이 조치는 1936년 8월 1일에 공포되는 여러 규정을 위한 기반 구축이었다.

① 「국폐사제식國幣社祭式」부령 제67호을 정해 대제식, 중제식, 소제식, 수발修祓, 축사祝詞, 잡칙雜則으로서 순서나 규정이 정해졌다.

② 「국폐사신직재계國幣社神職齋戒에 관한 건」부령 제68호을 정해 제사祭司에 임하는 자는 "오예汚穢에 저촉될 수 없다"라 하여 신사의 신성성을 높였다.

③ 「국폐사신직복장규칙」부령 제69호

④「국폐사신직봉급규칙」^{부령 제70호}을 정하여 궁사宮司 : 갑호 1~13급는 고

등관 봉급 지급의 예에 의하여, 예의禰宜 및 주전主典 : 을호 1~10급은 판

임관 봉급 지급의 예에 의하도록 정했다.

⑤「국폐사직원여비규칙」^{부령 제71호}

⑥「국폐사 출사出仕에 관한 건」^{부령 제72호}

⑦「국폐사 회계규칙」^{부령 제73호}

⑧「국폐사에서 항례로서 이루어지는 의식 및 그 의식의 차례, 요배

사遙拜詞, 발물祓物 및 대발사大祓詞의 격례格例」^{조선총독부훈령 제15호}

⑨「국폐사 처무규정」^{조선총독부훈령 제16호}

⑩ 조선총독부고시 제434호로 경성신사와 용두산신사를 국폐소사

國幣小社로 결정했다.

또 '신직고등시험위원회'를 설치하여 위원장에 조선총독부 정

무총감을, 조선총독부 내무국장을 비롯한 3명을 위원으로 임명했

고 '신직심상尋常시험위원회'를 설치해서는 조선총독부 내무국장

을 위원장으로, 4명을 위원으로 임명했다.

1936년 8월 5일에 우가키 총독 후임으로 미나미 지로南次郎 총

독이 취임했다. 전임 총독의 심전개발운동을 통한 내선융화內鮮融和

를 신사 정책의 강화를 통한 황국신민화정책으로 더욱 추진해 갔

다. 1936년 8월 11일에는 조선총독부령 제49호¹⁹¹⁶「신사의 제식

항례식 민 재계에 관한 건神社ノ祭式恒例式及齋戒ニ關スル件」의 일부를 개

정하였고 31조에 걸친 「신사규칙」^{부령 제76호}과 17조에 걸친 「사원규

칙」^{부령 제80호}을 정하고 부령 제81호에 의하여 「신사사원규칙」을 폐시했다. 1937년 중일전쟁 이후에는 그해 9월 9일에 국민정신총독원에 관한 내각총리대신의 고유告諭와 총독의 유고諭告가 발표되었고 매월 1일을 애국일로 정하여 일본의 국체에 토대하여 조선인을 황국의 신민으로 규정하였다. 이에 따라 조선인은 천황의 신민으로서 신사참배, 궁성요배, 황국신민서사 낭독 등을 강요받았다.

'1면 1사'에 따라서 1940년 12월 말 통계에 의하면 전국 설치된 신명신사神明神祠 등이 602사였는데, 이를 각 지방별로 보면 아래와 같다. 경기도 67개소, 충북 16개소, 충남 30개소, 전북 20개소, 전남 225개소, 경북 47개소, 경남 38개소, 황해도 27개소, 평남 20개소, 평북 37개소, 강원도 36개소, 함남 20개소, 함북 19개소였다. 전남에 건립된 신사가 전체의 37퍼센트로 압도적으로 많았고 그다음이 경기도로 전체의 11퍼센트를 차지하고 있다. 이렇게 신사가 전남에 집중되고 있는 이유는 무엇인가. 우선 면의 숫자를 살필필요가 있다. 왜냐하면 1면 1사의 원칙이 적용되었기 때문이다. 사호祠號별로 보면 신명신사가 전체의 93퍼센트를 차지하고 지명이나 일본의 신사명을 따라 사호를 정한 예가 전체의 7퍼센트로 낮은 비율을 차지하고 있다.

조선신궁의 조선인 참배자 수는 1930년에 63,900명이었던 것에 반해 1935년에는 225,488명으로 증가하여 5년 사이에 3.5배의 증가를 보였고 그 이후에도 1936년에는 340,909명으로 1년 동안 115,421명으로 증가하여 약 51퍼센트의 증가율을 보이고 있다.

1938년에 관공서와 관공립사립학교에서 '어진영봉대^{御眞影奉戴}'가 이루어졌다. 그것은 천황에 의한 지배의 확대이기도 한 식민지 사람들에게 '만세일계^{萬世一系}의 천황'의 신민이라는 의식을 불러일으키려는 역할을 하였다. 교과서에 교육칙어를 실었을 뿐만 아니라, 전국의 학교에서는 천황의 생일인 천장절, 초대 천황 진무^{神武}의 즉위기념일 기원절, 1월 1일에는 교육칙어를 낭독하였다. 마을 입구에는 신사^{神祠}와 봉안전^{奉安殿}을 지어놓고 마을의 행사가 있을 때마다 제사를 지내곤 하였다. 경성의 학교에서 소풍을 가는 곳은 남산의 조선신궁, 경성신사 등이었다.

조선신직회^{朝鮮神職會}는 도^道를 단위로 하여 부^府, 군^郡 섬에 지부, 읍면에 분회를 두고 있는 '신궁대마봉재회^{神宮大麻奉齋會}'를 조직하여 대마의 배포에 그 역할을 수행하였다. 조선신직회는 매년 10월 하순까지 각도 봉재회는 매년 11월 상순에 각 지부는 매년 11월 중순에 신사^{神社}가 없는 곳에서는 신사^{神祠}의 사전^{祠前} 또는 군도청^{郡島廳} 회의실에서 대마반포시봉고제^{大麻頒布始奉告祭} 및 반포식을 거행하고 '아마테라스 오미카미^{天照大神}의 새^璽, 옥새'인 대마를 반포하였다. 1933년부터 1937년까지 5년 동안 신궁대마반포를 보면 45,501¹⁹³³, 48,915¹⁹³⁴에서 1935년에는 81,061로 크게 늘었다가 1936년 75,364로 조금 줄었다가 1937년에는 179,413으로 2배 이상이 증가하였다.「朝鮮總督府時局對策調査會諮問案參考書」, 『日帝下支配政策資料集』, 고려서림, 1993, 10~11쪽. 이것은 종교와 전쟁과의 관련성을 단적으로 보여주는 것으로 조선 곳곳에서 신사신앙을 토대로 한 '국민정신

총동원운동'이 진행되고 있었던 점을 말해주고 있다.

대동아전쟁의 빌발과 함께 징용에 의하여 전쟁터로 나가기 전에 각 지역에서는 가족과 마을 사람들과 함께 근처의 신사에 참배를 한 후 천황신의 가호하에 '성전聖戰'에 임하는 각오를 다졌다.

8

이상 이주 거칠게 그 간 손을 잠깐 놓고 있었던 식민지 신사의 일단을 시마조노 스스무島薗進의 『국가신도와 일본인』의 번역을 계기로 그 책에서는 다루지 않은 일제 강점하 조선에 초점을 두고 역자 나름으로 스케치해 보았다. 『국가신도와 일본인』을 통해서 근대 일본역사상 국가신도의 근대적 창출과 그 전개와 확산뿐만 아니라 국가신도를 둘러싸고 패전 후 연구자 간의 시각 차이 등 많은 것을 알게 되었고 식민지종교 연구의 진전을 위해서 큰 도움을 받았다.

역자의 관심은 식민지 신앙 또는 종교의 '근대적 변용'에 있다. 식민지 지배라는 역사적 상황에서 식민지의 전통신앙과 종교가 식민지권력을 배경으로 식민지에 침투한 외래의 종교와 신앙과 접촉하였을 때 나타나는 그 변용양상을 살피는 것이 그 주된 목적이다. 이를 위해서는 단순히 역사학적 접근뿐만 아니라 종교사회학·종교학적, 현지조사 방법 등이 요구된다. 이런 점에서 보면 역자에게 식민지 종교의 연구는 매우 초보적 단계에 머물러 있다고 말할 수 있다.

광복 후 여러 학문들은 일제의 조선 식민지 상황에서 만들어진 '식민지학문'의 본질과 정체, 식민지 통치의 시녀 역할 등을 정치하게 파헤쳐야 하였으나, 역대 친일 인사의 정권 장악으로 그 기회를 상실했다. 이제부터 시작하면 상대적으로 빠를 수 있다는 위안 아닌 위안이라든가 과거를 되돌아보지 않으면 현재도 미래도 없다는 상투적인 말로 꾀임을 당하여 식민지 학문 연구의 힘을 받을 수도 있겠다. 그러나 역자의 경험으로는 연구에도 때가 있다고 말할 수 있다. 왜 기회를 놓쳤다는 것인가. 일제의 조선 식민지 상황에서 생산된 문헌이나 자료는 검열제도를 고려하면 일정하게 조선총독부 등에 의한 검열을 통과한 것들이다. 따라서 그것을 있는 그대로 받아들이는 것은 연구 방법상 오류를 저지르는 일이 된다. 식민지 연구를 더 이상 늦출 수는 없다는 주장에는 역자도 동감한다. 그러면 일제의 조선 식민지 상황에서 생산된 식민지지식을 어떻게 해체할 것인가.

　앞서 시기를 놓쳤다는 것은 다름 아니라 일제의 식민지를 몸소 체험한 사람들을 대상으로 인포먼트informant 조사의 기회를 잡지 못했다는 것을 말한다. 그 때 놓친 기회를 그 후에도 다시 잡지 못했다. 정부의 연구 지원은 단발성에 그치는 경우가 많다. 지속가능한 연구 환경을 만들어내지 못한다. 그 지원이 갖는 '진실'이 연구의 진전 그 자체가 있지 않기 때문일 것이다. 역자 앞에는 20세기민중생활사연구단에 의한 한국민중구술열전 시리즈가 쌓여 있다. 이 민중생활사 연구는 그 시기에 생활을 한 사람들의 생애사를 총

체적으로 기록, 해석하고 또 온 국민이 이용할 자료를 집성하겠다
는 야심으로 출발하였으나, 그 연구는 지속되지 못하였고 많은 구
술 자료로 남아 있다. 이 자료의 이용 가치는 접근 방법에 비추어
판단된다. 그러나 이 연구의 방법상 오류를 지적하라고 하면 그것
은 면접조사 현장에서 면접자가 일방적으로 피면접자에게 질문을
던지고 있다는 것이다. 면접자의 전공은 현장조사 방법과 관련이
있는 인류학이나 민속학에 그쳤고 근대의 사회학, 역사학 등 앞서
언급한 것처럼 그 시대를 '총체적'으로 질문할 수 있는 전공 폭의
확대에 의한 접근은 보이지 않았다. 아무튼 우리는 중요한 인포먼
트를 잃었다. 역자도 큰 반성과 후회를 하고 있다.

　종교와 관련된 여러 학회가 있으나, 정작 방법적으로 식민지 종
교에 대한 연구는 문헌 연구에 그치고 있다. 문헌 연구가 중요하지
않다는 것은 아니다. 실체를 파헤치기 위해서는 총체적인 방법이
요구되는 지난한 과정이기 때문이다. 지금 종교 이론도 중요하지
만 현실에 바탕을 둔 실학적이고 기초적인 식민지 종교 연구가 이
루어지기를 바란다. 일본 국내의 대학 중 가나가와대학神奈川大學 상
민문화연구소常民文化研究所, 대학원 역사민속자료과학연구과, 외국
어학연구과 중국언어문화연구가 일체가 되어 문부과학성의 연구
비로 대만, 조선, 사할린, 남양제도에 설치된 신사를 대상으로 지적
도에 의한 위치景觀 확인과 역할 등을 조사하여 패전 후 부활 또는
재건, 방치된 해외 신사神社를 소환하고 있다. 조선의 경우에는 앞
서 언급한 전남지역부터 1939년과 1940년에 급증한 신사를 대상

으로 그 조사 지역을 넓히고 있다. 그 조사연구의 성과가 단행본中島三千男, 2013으로 출간되기도 했다. 앞서 언급하였듯이 일제의 조선 식민지 상황에서 신사의 창립에 따른 지역의 민간신앙의 변용이 라는 주제에 관심이 있어 국립민속박물관 재직 시 연구 과제로 하자는 역자의 제안은 받아들여지지 않았다. 지금도 여전히 관심이 없는 것은 마찬가지이다. 식민지시대를 주제로 일본을 비롯해 대만 등과 대화를 하려면 철저한 연구준비가 있어야 함은 말할 필요조차 없는 것이다. 국가가 나서서 연구를 독려하여 그 준비를 할 때이다. 알아야 보인다는 말을 새삼 새기면서 역자 후기를 마친다.

참고문헌

赤坂憲雄,『象徴天皇という物語』, 筑摩書房, 1990.

曉鳥敏,『神道・佛道・皇道・臣道を聖德太子十七條憲法によりて語る』(北安田パンフレット第47), 香草舍.

다알 아사드, 中村圭志 譯,『宗教の系譜－キリスト教とイスラムにおける權力の根據と訓練』, 岩波書店, 2004(Talal Asad, *Genealogies of Religion : Discipline and Reasons of Power in Christianity and Islam*, The Johns Hopkins University, 1993).

_____,『宗教の形成－キリスト教, イスラム, 近代』, みすず書房, 2006(Talal Asad, *Formations of Secular : Christianity, Islam, Modernity*, Stanford University Press, 1996).

葦津珍彦, 阪本是丸 註,『新版 國家神道とは何だったのか』, 神社新報社, 2006(初版, 1987).

畔上直樹,『村の「鎭守」と戰前日本－國家神道の地域社會史』, 有志社, 2009.

阿滿利磨,『日本人はなぜ無宗教なのか』, 筑摩書房, 1996.

飯島忠夫,「長谷川昭道と其の學說」, 信濃教育舍 編,『長谷川昭道全集』上卷, 信濃毎日新聞社, 1935.

石井硏士,『戰後の社會變動と神社神道』, 大明堂, 1998.

石井良助,『天皇－天皇統治の史的解明』, 弘文堂, 1950.

稲田正次,『教育勅語成立過程の研究』, 講談社, 1971.

今井宇三郎 外 校注,『日本思想大系 53 水戶学』, 岩波書店, 1973.

大原康男,『神道指令の研究』, 原書房, 1993.

沖田行司,『日本近代教育の思想史研究－國際化の思想系譜』, 日本圖書センター, 1973.

小栗純子,『日本の近代社會と天理教』(日本人行動思考7), 評論社, 1969.

小澤三郎,『内村鑑三不敬事件』, 新教出版社, 1961.

헤르만 옴, 黑住眞 外譯,『德川イデオロギー』, ぺりかん社, 1990年(Herman Ooms, *Tokugawa Ideology : Early Constructs, 1570~1680*, Princeton University Press, 1985).

海後宗臣,『元田永孚』(日本教育先哲叢書 第19卷), 文教書院, 1942.

_____,『教育勅語成立史の研究』(海後宗臣著作集 第10卷), 東京書籍, 1981(初刊 1965).

海後宗臣,『歷史教育の歷史』, 東京大學出版會, 1969.

勝部眞長・渉川久子,『道德敎育歷史－修身科から道德へ』, 玉川大學出版部, 1984.

桂島宣弘,『幕末民衆思想の研究－幕末國學と民衆宗敎』, 文理閣, 1992.

鹿野政直・今井修,「日本近代思想史のなかの久米事件」, 大久保利謙 編,『久米邦武の研究 久米邦武著作集 別卷』, 吉川弘文館, 1991.

河合雄,『中空構造 日本深層』, 中央公論社, 1982.

木下道雄,『側近日誌』, 文藝春秋, 1990.

久野收, 鶴見俊輔,『現代日本思想－その五つの渦』, 岩波書店, 1956.

皇學館大學,『創立九十年再興十年 皇學館大學史』, 學校法人皇學館大學, 1972.

河野省三,『國體觀念の史的硏究』, 日本電報通信社出版部, 1942.

_____,『皇道の研究』, 博報堂, 1942.

國學院大學八十五年史編纂委員會 編,『國學院大學八十五年史』, 國學院大學, 1970.

阪本是丸,『明治維新と國學者』, 大明堂, 1993.

_____,「國家神道體制の成立と展開－神社局から神祇院へ」, 井門富二夫 編,『占領と日本宗敎』, 未來社.

_____,『國家神道形成過程の研究』, 岩波書店, 1994.

_____,『近代の神社神道』, 弘文堂, 2005.

_____,『近世・近代神道論考』, 弘文堂, 2007.

信濃敎育社 編,『長谷川昭道全集』上卷, 信濃毎日新聞社, 1935.

島薗進,「新宗敎と敗戰・占領－修養團捧誠會の場合」, 井門富二夫 編,『占領と日本宗敎』, 未來社, 1993.

_____,『時代のなかの新宗敎－出居淸太郎の世界 1899~1945』, 弘文堂, 1999.

_____,「日本人論と宗敎」,『ポストモダンの新宗敎－現代日本の精神狀況の底流』, 東京堂出版, 2001.

_____,「國家神道と近代日本の宗敎構造」,『宗敎研究』329號, 2001.

_____,「總說 19世紀日本の宗敎構造の變容」, 小森陽一 外編,『岩波講座 近代日本の文化史2 コスモロジーの近世』, 岩波書店, 2001.

_____,「國家神道－天皇神格化からみた大本敎」, 網野善彦・安丸良夫 編,『岩波講座 天皇と王權を考える4 宗敎と權威』, 岩波書店, 2002.

_____,「戰後の國家神道と宗敎集團としての神社」, 圭室文雄 編,『日本人の宗敎と庶民信仰』, 吉川弘文館, 2006.

_____,「神道と國家神道・試論－成立への問いと歷史的展開」,『明治聖德記念學會紀要』復刊 第43號, 2006.

島薗進,「國家神道・國體思想 天皇崇敬－皇道・皇学と近代日本の宗教狀況」,『現代思想』第35卷 卷第10號, 2007.8.

_____,「書評と紹介 阪本是丸 編『國家神道再考－祭政一致國家の形成と展開』」,『宗教研究』353號, 2007.

_____,「國家神道はどのようにして國民生活を形づくったのか？－明治後期の天皇崇敬・國體思想・神社神道」, 洗建・田中滋 編,『國家と宗教－宗教からみる近現代日本』上卷, 法藏館, 2008.

_____,「宗教史敍述の罠－神道史國家神道史を例として」, 市川裕・松村一・男渡辺和子 編,『宗教史とは何か』上卷, 2008.

_____,「近代日本の(宗教)と(神道)－宗門・皇道・文明觀」,『明治聖德記念學會紀要』復刊 第45號, 2008.

_____,「日本の世俗化と宗敎槪念」, 羽田正 編,『世俗化とライシテ』, 東京大學グローバルCOE共生のための國際哲學敎育研究センター, 2009.

神社新報社 編,『神道指令と戰後の神道』, 神社新報社, 1971.

_____,『增補改定 近代神社神道史』, 神社新報社, 1976・1982・1986.

神社本廳 敎學研究室 編,『神社本廳憲章の解說』, 神社本廳, 1980.

神社本廳 敎學部 調査課 編,『神社本廳5年史』, 神社本廳, 1951.

神社本廳 中央研修所 編,『神社本廳史稿』, 神社本廳中央研究所, 1976.

末本文美士,『日本佛敎史－思想史としてのアプローち』, 新潮文庫, 1996(初刊, 新潮社, 1992).

鈴木正幸,『皇室制度－明治から戰後まで』, 岩波書店, 1993.

윌프레드 캔트웰 스미스,『宗敎の意味と目的』(Wilfred Cantwell Smith, The Meaning and End of Religion, Fortress Press, 1962・1963・1991).

全國神職會 編,『全國神職會沿革史要』, 全國神職會, 1935.

副田義也,『敎育勅語の社會史－ナショナリズムの創出と挫折』, 有信堂高文社, 1997.

高橋紘,『象徵天皇』, 岩波書店, 1987.

_____,『平成の天皇と皇室』, 文藝春秋, 2003.

武田秀章,『維新期天皇祭祀の研究』, 大明堂, 1996.

_____,「近代天皇祭祀形成過程の一考察－明治初年における津和野派の活動を中心に」, 井上順孝・阪本是丸 編著,『日本型政敎關係の誕生』, 第一書房, 1987.

玉懸博之,「幕末における宗敎と歷史－大國隆正宗における宗敎論と歷史論との關連をめぐって」,『東北大學文學部研究年報』第31號, 1981.

존 다우어, 『敗北を抱きしめて－第二次戰後の日本人』上·下, 三浦陽一·高杉忠明·田代泰子 譯, 岩波書店, 2001(John W. Dower, *Embracing Defeat : Japan in the Wake of World War II*, W.W.Norton and Company, 1999).

塚本勝義, 『會澤正志の思想』, 昭和圖書, 1943.

辻本雅史, 「國體思想」 子安宣邦 監修, 『日本思想史辭典』, ぺりかん社, 2001.

出口王仁三郎, 「大正維新に就て」, 安丸良夫 編, 『出口王仁三郎著作集』 第2卷, 讀書新聞社, 1973.

德富蘇峰(猪一郎), 『皇道日本の世界化』, 民友社, 1938.

中西輝政, 「序章 なぜ日本に天皇という存在が必要なのか」, 中西輝政·福田和也, 『皇室の本義－日本文明の核心とは何か』, PHP研究所, 2005.

中村政則, 『象徵天皇制への道－米國大使グルーとその周邊』, 岩波書店, 1989.

西垣晴次, 『お伊勢まいり』, 岩波書店, 1983.

新田均, 『近代政敎關係の基礎的硏究』, 大明堂, 1997.

_____, 「「國家神道」論の系譜」上·下, 『皇學館論叢』 第32卷 第1·2號, 1999.

_____, 『「現人神」「國家神道」という幻想－近代日本を歪めた俗說を糺す』, PHP研究所, 2003.

野本永久, 『曉烏敏傳』, 大和書房, 1974.

原武史, 『可視化された帝國－近代日本の幸行啓』, みすず書房, 2001.

_____, 『昭和天皇』, 岩波書店, 2008.

롤랑 바르트, 『象徵の帝國』, 宗左根 譯, 筑摩書房, 1996(初刊, 新潮社, 1974年. Roland Barthes, *L'Empire des Signes*, d'Art Albert Skira S.A., 1970).

尾藤正英, 「水戶學の特質」, 今井宇三郎 外 校注, 『日本思想大系 53 水戶學』岩波書店, 1973.

_____, 「國體論」, 『國史大辭典』, 吉川弘文館, 1985.

平野武, 『政敎分離裁判と國家神道』, 法律文化社, 1995.

藤田大誠, 「神道人 葦津珍彦と近現代の神社神道」, 葦津珍彦, 阪本是丸 註, 『新版 國家神道とは何だったのか』, 神社新報社, 2006.

후지타니 다카시, 米山リサ 譯, 『天皇のページェント－近代日本の歷史民族誌から』, 日本放送出版會, 1994.

홉스 봄·랭거, 前川啓治·梶原景昭 外譯, 『創られた傳統』, 紀伊國屋書店, 1992(Eric Hobsbawm and Terence Ranger, eds., *The Invention of Tradition*, Cambridge University Press, 1983).

丸山眞男, 『日本の思想』, 岩波書店, 1961.

三島由紀夫, 『文化防衛論』, 新潮社, 1969.

宮地正人, 「近代天皇制イデオロギーと歷史學」, 『天皇制の政治史的研究』, 校倉書房, 1981.

村上重良, 『國家神道』, 岩波書店, 1970.

_____, 『慰靈と招魂－靖國の思想』, 岩波書店, 1974.

_____, 『天皇の祭祀』, 岩波書店, 1977.

_____, 『國家神道と民衆宗教』, 吉川弘文館, 1982(復刻版, 2006).

_____, 『天皇制國家と宗教』, 日本評論社, 1986.

牟禮仁, 「藩校と皇學」, 『皇學館大學神道研究所所報』 第62號, 2002.3.

安丸良夫, 『神々の明治維新－神佛分離と廢佛毀釋』, 岩波書店, 1979.

_____, 『近代轉換期における宗教と國家』, 安丸良夫・宮地正人 校注, 『日本近代思想大系5 宗教と國家』, 岩波書店, 1988.

_____, 『近代天皇像の形成』, 岩波書店, 1992.

_____, 「現代日本における「宗教」と「暴力」」, 磯前順一, 아사드 編, 『宗教を語りなおす－近代的カテゴリーの再考』, みすず書房, 2006.

安丸良夫 編, 『出口王仁三郎著作集』 第2卷, 讀書新聞社, 1973.

山住正己, 『教育勅語』, 朝日新聞社, 1980.

山本信良・今野敏彦, 『近代教育の天皇制－イデオロギー明治學校行事の考察』, 新泉社, 1973.

_____, 『大正・昭和教育の天皇制イデオロギーＩ－學校行事の考察』, 新泉社, 1973.

유르겐마이어, 阿部美哉 譯, 『ナショナリズムの世俗性と宗教性』, 玉川大學出版部, 1995(Mark K. Juergensmeyer, *The New Cold War : Religious Nationalism Confronts the Secular State*, University of California Press, 1993).

吉田久一, 『日本近代佛教史研究』, 吉川弘文館, 1959.

루오프, 高橋紘 監修, 木村剛久・福島睦男 譯, 『國民の天皇－戰後日本の民主主義と天皇制』, 共同通信社, 2003(Kenneth Ruoff, *The People's Emperor : Democracy and the Japanese Monarchy, 1945~1995,* Harvard University Asia Center, 2001).

和辻哲郎, 『國民統合の象徴』, 勁草書房, 1948(收錄 『和辻哲郎全集』 第14卷, 岩波書店, 1962).

참고문헌_역자후기

嚴昌燮, 「朝鮮に於ける宗敎の槪況」, 『朝鮮』 제239호, 조선총독부.

中濃敎篤, 「朝鮮 "皇民化" 政策と宗敎」, 『世界』 제327호, 1973년 2월.

安部俊二, 「日本統治下朝鮮における神社政策の展開」, 『九大法學』 제35호, 九州法學會, 1977.

김승태, 「일본 神道의 침투와 1910·1920년대의 神社문제」, 『한국사론』 16, 서울대 국사학과, 1987.

阿部洋, 「倂合直前の韓國におけるキリスト敎主義學校」, 『韓』 No.115, 韓國硏究院, 1989.

藏田雅彦, 「天皇制國家の朝鮮植民地支配と文化宗敎政策」, 『朝鮮史硏究會論文集』 29, 1991.10.

조선총독부, 「朝鮮總督府時局對策調査會諮問案參考書」, 『日帝下支配政策資料集』, 고려서림, 1993.

최석영, 『무속론과 식민지권력』, 서경문화사, 1999.

本田總一郞, 『日本神道がわかる本』, 일본문예사, 2002.

오동석, 「일제하 '지방자치' 관련 법제의 변화」, 『법사학연구』 30호, 한국 법사학회, 2004.

다시로 가즈이(田代和生), 정성일 역, 『왜관』, 논형, 2005.

김승, 「개항 이후 1910년대 용두산신사와 용미산신사의 조성과 변화과정」, 『지역과 역사』 20호, 부경역사연구소, 2007.

류시현, 『최남선평전』, 한겨레출판, 2011.

최석영, 『일제의 조선연구와 식민지적 지식생산』, 민속원, 2012.

中島三千男, 『海外神社跡地の景觀變容』, 御茶の水書房, 2013.

樋浦鄕子, 『神社·學校·植民地』, 교토대학학술출판회, 2013.

아오노 마사아키(靑野正明), 배귀득·심희찬 역, 『제국신도의 형성－식민지 조선과 국가신도의 논리』, 소명출판, 2017.

박규태, 『신도와 일본인』, 이학사, 2018.

李東勳, 『在朝日本人社會の形成』, 明石書店, 2019.

문혜진, 『경성신사를 거닐다』, 민속원, 2019.

宮內彩希, 「三·一獨立運動後の朝鮮民間信仰に對する認識·政策の變容－崇神人組合の設立と活動を中心に」, 『朝鮮學報』 제257집, 조선학회, 2021

川瀬貴也, 「植民地朝鮮における國家神道－檀君をめぐる「同床異夢」」, 伊藤聰·齋藤英喜 編, 『神道の近代』, 勉誠出版, 2023.

찾아보기